Relembrando o Passado

Relembrando o Passado

Edgard Armond

Aliança

3ª Edição, outubro/2009, do 9º ao 10º milheiro

Título

Relembrando o Passado

Autor

Edgard Armond

Revisão

Maria Aparecida Amaral

Diagramação

Alline Garcia Bullara

Capa

Alline Garcia Bullara

Impressão

Vida & Consciência Editora e Gráfica Ltda.

Ficha Catalográfica

Armond, Edgard, 1894-1982
A763r Relembrando o Passado / Edgard Armond
3ª edição - São Paulo: Editora Aliança - 2009
160 págs.
ISBN 978-85-88483-47-7

1. Espiritismo 2. Mediunidade I. Título

CDD - 130

EDITORA ALIANÇA

Rua Major Diogo, 511 - Bela Vista - São Paulo - SP
CEP 01324-001 - Tel.:(11) 2105-2600 - Fax: (11) 2105-2626
www.editoraalianca.org.br editora@editoraalianca.org.br

SUMÁRIO

Relembrando, Revivendo

A nossa conversa já estava em fase de conclusão quando o Comandante estendeu o braço e apanhou a grossa pasta que se encontrava sobre a mesa de centro.

— Aqui está, disse-nos, dê uma olhada na matéria e faça dela o que bem entender.

Foi nessa tarde de agosto que teve início a história desta publicação. Sobre a capa havia a seguinte legenda: Narrativas Espiritas.

Curiosamente, corremos os olhos pela matéria e, sem delongas, descobrimos que estávamos diante daquilo que tanto almejávamos: um condensado das experiências do Comandante Armond no decurso de 35 anos de vivência espírita!

— Olha, prosseguiu o Comandante, cuide primeiro da impressão dos fascículos (os da série Iniciação Espírita) e quanto a isso, você tem toda liberdade de publicar ou não, de suprimir trechos, enfim fica ao seu critério.

— Mas Comandante, consideramos, o titulo Narrativas Espíritas não nos parece muito significativo para uma obra como esta.

— Já disse que você tem carta branca.

Foi assim, amigo leitor, que aproveitando a carta branca mudamos o título para Relembrando o Passado cientes, entretanto, que jamais obteremos a aprovação para este gesto, muito menos no que se refere à fotografia da capa.

Para finalizar, desejamos salientar que dentre os fascinantes casos focalizados neste volume não localizamos aquele que elegemos como o mais belo de todos: a reforma moral experimentada por centenas e centenas de trabalhadores que encontraram nas Escolas de Aprendizes do Evangelho — a Estrada de Damasco — e hoje testemunham o aprendizado traduzindo-o em obras de grande alcance social disseminadas por esse imenso Brasil, contribuindo largamente para a edificação do futuro glorioso da Pátria do Evangelho!

São Paulo, janeiro de 1975.

Jacques André Conchon
Diretor-geral da Aliança Espírita Evangélica

EXPLICAÇÃO NECESSÁRIA

Os episódios narrados neste livro não abrangem todos os aspectos dos planos de atividades inferiores, mas unicamente fatos isolados de agrupamentos menos equilibrados e responsáveis que, pela conduta, se expõem a serem conhecidos, apontados e focalizados.

Há nesses planos esferas diversas e até mesmo de Espíritos infelizes que não aproveitaram as oportunidades que todos temos de esclarecimento espiritual e testemunhação e merecem constantes cuidados de resgate por parte de entidades e fraternidades do Espaço devotadas a estes trabalhos de caridade evangélica.

Por outro lado não temos o menor intuito de criticar ou menosprezar irmãos nossos ainda carentes de maiores conhecimentos das leis e da criação divinas, que sempre são feitas para o amor e não para o ódio, para o bem e não para o mal.

De nossa parte somente focalizamos verdades para fins de cultura e de mostrar caminhos mais suaves de fraternizar os seres humanos e aproximá-los de Deus.

São Paulo, 18/03/77

O Autor

PREÂMBULO

Mais de vinte e cinco anos de atendimento a necessitados de toda ordem em casas espíritas e fora delas, permitiram-nos catalogar inúmeros casos interessantes sob vários aspectos doutrinários, alguns dos quais separamos para incluir nesta publicação.

Este livro aborda fatos, cenas e aspectos os mais variados da vida em nosso plano e no espiritual, em trabalhos com médiuns bem desenvolvidos e que adquiriram experiência após longa e custosa preparação; nada, porém, classificável como "científico", aspecto que talvez possamos abordar futuramente.

A parte dos trabalhos práticos mais pesados, de socorro em regiões inferiores, só foi possível com grupos adestrados e médiuns de sensibilidade adequada, em correntes de base segura e cobertura espiritual previamente organizada.

As narrativas foram escritas com o intuito de focalizar aspectos diferentes e interessantes do trabalho mediúnico, visando instruir médiuns novos que precisam ampliar conhecimentos práticos e mostrar, embora de relance, aspectos da vida nos planos invisíveis em condições e situações para muitos ainda pouco conhecidas.

A natureza do trabalho nessas zonas inferiores exige médiuns devotados, corajosos, desprendidos, obedientes aos dirigentes e, muitas vezes, às inspirações que recebem no momento e possuidores, é claro, de conhecimentos técnicos e traquejo mediúnico, sobretudo nos campos da vidência e dos desdobramentos.

É preciso também que sejam Espíritos abertos a realidades, constem elas de livros ou não pois que, via de regra, nesses trabalhos em mundos inferiores, constantemente os médiuns enfrentam cenas, condições e circunstâncias imprevisíveis que nunca se repetem do mesmo jeito.

Porém, quando bem apoiados em correntes firmes, os médiuns podem lançar-se ao trabalho, atendendo-se às diretrizes recebidas previamente, nos dois planos, porém nunca sozinhos ou sem auxílio, local ou a distância.

Um alto ideal de servir, essa é a força que os move em trabalhos tão penosos, incertos e tantas vezes atemorizadores. Desde, porém, que tenham confiança nos Instrutores, na corrente de base e em si mesmos (pelo que aprenderam e pelo que sabem) nenhum mal lhes advirá, mas, ao contrário, benefícios espirituais, por concorrerem em trabalhos que visam unicamente o bem de necessitados.

E fica-lhes também a certeza de que estas mesmas qualidades e circunstâncias, oportunamente lhes abrirão portas largas para o intercâmbio com outros planos espirituais, onde somente existem luzes, harmonia e beleza.

*

Malgrado reservas que possam ser feitas, julgamos conveniente a publicação como aqui está, porque o Espiritismo não deve cristalizar-se em conhecimentos somente teóricos ou formalísticos, necessários sem a menor dúvida, mas atualmente muitas vezes afastados das necessidades da propagação doutrinária neste setor delicado e afrontante, que outras correntes paralelas estão levando a largos desdobramentos nas áreas populares, com crescente dinamismo e dos quais o Espiritismo não pode mostrar-se ausente por razões óbvias.

Obs.: Este trabalho somente agora está sendo publicado para se poderem fixar atividades mediúnicas desenvolvidas em períodos anteriores.

São Paulo, 1975.

O Autor

— 1 —

Revivendo o Passado: O 21 de Abril

Veem-se as grades de uma vasta prisão, a cujos flancos as ondas se esbatem rumorosamente. O preso que ali está sozinho é moço, alto, calmo, cabelo comprido e a barba caindo sobre o peito mostram que a reclusão já vem de longe.

Na sua solidão, medita sempre sobre dois assuntos preferidos: os males que pesam sobre a pátria e que não terão mais remédio tão cedo e a sua pequena família, na casa abandonada, tão distante.

Vê-se o quadro em um arrabalde da cidadezinha montanhesa: a casinha modesta com pequeno jardim nos fundos e uma moça alta, morena, com os cabelos amarrados na nuca, movimentando-se dum lado para outro, aflita, inquieta.

— Oh, meu Deus! Tem pena de nós. Prefiro a morte a esta situação horrível de nada saber, nada poder, ter de esperar sempre, sem data certa e sem certeza de nada!...

Pensa fortemente no companheiro, fechado há tanto tempo na prisão distante, muito fora do seu alcance, a não ser para recados curtos e sem resposta, de longe em longe.

*

Ouvem-se passos que se aproximam. São alguns homens conhecidos e amigos. Entram e sentam-se à roda de uma pequena mesa, na sala de fora e um deles traz um documento na mão. Conversam um pouco, disfarçam e, depois, abrem o documento e lhe dizem o que está escrito. Eram notícias tristes; não havia mais quase nenhuma esperança para a salvação do preso.

A moça abate-se sobre o banco onde estava e desmaia; não suportou o golpe que lhe aniquilou as últimas esperanças, apesar de esperá-lo há muito tempo e às vezes mesmo desejar que viesse logo, para que não enlouquecesse. Transportam-na para a cama.

O amigo que trouxe o documento diz aos companheiros, em voz baixa:

— Precisamos fazer alguma coisa; temos conhecimentos, recursos e não devemos nos acovardar, pois isso não é justo; ele não deve pagar sozinho pela dívida de todos.

Os companheiros abanam a cabeça, desanimados, irresolutos e por fim concluem:

— Nada mais podemos fazer e é melhor que termine logo a agonia desta infeliz e a dele.

Vão saindo aos poucos, em silêncio, cabeça baixa. Reconheciam que também tinham culpa e que o companheiro, generoso, ocultando seus nomes, lhes salvara a vida; porém, que poderiam fazer agora que a sentença já estava dada e ia ser executada? Qualquer coisa que fizessem desencadearia sobre eles a vingança do governo.

O mais familiar à casa permaneceu junto à moça, fê-la voltar a si e confortou-a como pôde.

— Tu não deves desesperar. Tens ainda muita vida na frente e tua filha pequena para criar. Tenha coragem e reze. Talvez possa ainda haver um milagre.

Por fim, também se retirou e ela ficou sozinha, ao lado da filha, entregue aos seus sofrimentos.

Mais tarde o amigo voltou: vinha despedir-se porque ia dizer adeus ao preso e poderia levar uma carta dela.

— Carta não, falou ela decidida. Quero ir com vocês. Temos que estar juntos na vida e na morte. Vou de qualquer jeito.

— Mas é uma viagem muito longa e trabalhosa; uma mulher não aguenta isso.

— Eu aguento; ando bem a cavalo. Isso não me assusta. Peço que me ajudem e me levem também. Deus Todo Poderoso há de pagar isso.

— E a menina?

— Ela fica, eu arrumo.

— Está bem, vou providenciar as coisas.

Os companheiros, consultados, concordaram; é justo, disseram eles.

E sem demora partiram. Viajaram dia e noite, descansando aqui e ali para poupar os animais e ainda chegarem a tempo. Ela resistiu como qualquer deles, sem o menor desfalecimento.

Quando conseguiram entrar na prisão, aproximaram-se, temerosos, de um postigo aberto na parede larga e viram o preso sentado, quieto, com a cabeça enterrada entre as mãos.

— Joaquim José?... Atenda às visitas, homem, gritou o guarda impaciente. Não ouviu chamar?...

Ele se aproximou, abaixando a cabeça para ver melhor através da abertura. Reconheceu logo os visitantes, companheiros entre os muitos que salvara mas, surpreendido e emocionado, prendeu-se ao rosto amado da companheira valorosa.

Um a um, os visitantes estendiam os braços para apertar-lhe a mão. Quando ela se achegou, foi sua cabeça que juntou-se à abertura para que a beijasse e o mesmo ele fez para juntar-se a ela pela última vez, rosto contra rosto, naquela despedida amargurada.

— Cumpriste teu dever e agiste com dignidade, disse ela; tens um coração grande e Deus levará isso em conta. Ele que te receba em sua santa glória e nós te guardaremos em nossos corações para sempre; tenha coragem até o fim.

— Mulher valorosa tu és; levarei para sempre em meu coração a tua lembrança. Dou-te agora a minha bênção que repartirás com nossa filha.

— Na tua hora, meu querido, estarei por perto, chorando e rezando por ti, se Deus permitir.

— O tempo acabou, falou o guarda; podem sair, acrescentou fechando o postigo.

Partiram e ele voltou a sentar-se no banco, alheio a tudo, como em transe. Seus pensamentos voaram para a casinha da província longínqua e, mentalmente, mediu a extensão das desgraças que se abateriam sobre os seus familiares; conhecia a ingratidão dos homens, a brutalidade dos verdugos e a impiedade dos julgadores, a insensibilidade dos governantes.

Chorou em silêncio, de saudade e de pena e somente uma força o sustentava: a consciência do dever cumprido e nenhum temor lhe vinha pela morte física.

*

Vê-se agora, no plano espiritual, a aproximação de dois Espíritos que se postam junto dele e o confortam, levantando-lhe as energias morais. Tinha somente um dia de vida e esse tempo ele o passou quase sem o perceber, engolfado como estava nos próprios sofrimentos e no cansaço de tantas e continuadas emoções, após três anos de contínuos depoimentos, acareações, ameaças, insultos, maus-tratos, fome e insônia, mas a ajuda espiritual não se arredou dele um só instante e, à medida que o momento final chegava, emergia ele de si mesmo com maior segurança, serenidade e desassombro.

*

Naquela linda manhã de sol tropical, caminhava ele entre as alas do povo, rodeado de guardas; e o forte rufar dos tambores abafava qualquer palavra de conforto e simpatia que lhe fossem dirigidas ao passar. Viu amigos que se fizeram bem visíveis e sorriu-lhes, acenando discretamente com a cabeça, despedindo-se; mas, inquieto, corria os olhos pela apinhada praça até que a distinguiu, num claro aberto pelos companheiros na multidão, para que fosse vista pelo condenado, oferecendo-lhe os últimos olhares de amor e resignação.

Após vê-la, ele prosseguiu com maior serenidade e altivez, caminhando firme até o tablado da forca, rodeada de guardas e autoridades.

Atendeu impaciente aos ritos costumeiros das execuções, desejando que tudo chegasse logo ao fim; subiu firmemente os degraus do tablado e, elevando a voz, gritou para os que podiam escutá-lo:

— Morro pela minha Pátria e, se a liberdade está agora vencida, eu sei que ela será a lei maior deste povo.

Mas raros as ouviram, abafadas que foram pela atroada surda dos tambores.

Minutos depois seu corpo foi atirado ao espaço vazio, suspenso pela corda; mas ele ainda murmurou num átimo derradeiro de tempo:

— Graças a Deus cumpri com o meu dever.

E quando ainda estremecia nas convulsões da morte violenta, já o Espírito estava sendo aconchegado aos braços amorosos dos muitos amigos dos planos etéreos, que acompanharam solícitos e edificados sua trajetória na futura Pátria do Evangelho.

*

Logo depois o povo debandou, cessaram os escandalosos folguedos e o ridículo aparato de forças militares desfez-se, esvaziando-se a praça; mas, quem levasse seus passos um pouco mais longe, depararia com outra cena terrificante e bárbara: magarefes hábeis no seu oficio esquartejavam, sobre uma mesa rústica, o corpo, ainda não de todo frio, do oficial justiçado e metiam os pedaços em sacos duplos de estopa, que eram entregues a soldados de uma escolta ali à espera que, incontinente largaram, disparados pela estrada que seguia para a província enlutada.

Quando partiram, o sol morria nos horizontes distantes, mas a cavalgada prosseguia dentro da noite, carregando archotes e deixando pelo caminho um rastro de sangue que pingava dos sacos, nos flancos dos cavalos velozes.

Ao se aproximarem de lugares habitados, o clarim dianteiro lançava nos ares acordes agudos e os habitantes, amedrontados, se reuniam quase à força, em praças ou lugares abertos, onde o chefe da caravana macabra, à luz dos archotes, lia a proclamação ameaçadora que traduzia o ódio da realeza reinante contra o infeliz justiçado, cujo sangue empastava os envoltórios baratos e apavorava os assistentes; e, quando o arauto enrolava o papel e o metia no bolso da túnica, o clarim vibrava de novo e a cavalgada lúgubre novamente disparava pela estrada escura.

E assim foi por várias noites e dias, os pedaços salgados do corpo deixados em determinados lugares até que chegassem a Vila Rica, a cidade infiel, onde a cabeça foi espetada em uma vara e levantada em um poste, à vista de testemunhas horrorizadas.

Dali, a escolta partiu de novo, dirigindo-se à casa onde residia a infeliz família do renegado, nos arredores da cidade, a qual foi imediatamente demolida, arrasada até os alicerces e depois espalhadas sobre o chão várias camadas de sal, porque nem mesmo o mais humilde capim ali deveria nascer para que tudo servisse de testemunho e escarmento para sempre, ninguém mais se atrevendo a desejar liberdade para a colônia, que era a fonte inesgotável dos recursos em ouro e gemas, que davam à corte, na metrópole, invejável fartura e esplendor.

*

Nos lances mais dramáticos da vida de indivíduos e de nações há sempre lugar para vítimas, algozes e traidores; o traidor deste feito, após receber o preço de sua mísera atitude, comprou uma fazenda em Barbacena, mas ninguém se aproximou dele, ninguém o recebeu e a solidão o envolveu como uma mortalha, obrigando-o a asilar-se no Maranhão, onde viveu miseravelmente, odiado pelo povo.

Sua traição o traiu e sua ambição resultou somente em cinzas e remorsos; e, para ambos, o julgamento da posteridade já se fez, elevando um aos pedestais da glória, porque morreu pelo bem dos seus semelhantes e o outro, renegando à gelidez do desprezo público, por ser filho da baixeza e da iniquidade.

2
Esferas do Astral

Para melhor entendimento de algumas narrativas, transcrevemos a seguinte nota do livro *Desenvolvimento Mediúnico*[1]:

Para maior facilidade de compreensão podemos dividir o Plano Espiritual adstrito à Terra, na parte inferior, em três setores: *Trevas*, *Umbral Inferior* e *Umbral Médio.*

*

Esferas das Trevas

São várias e, para esquematizar, admitimos que se contam a partir da crosta terrestre para baixo.

Desce-se através de centenas de quilômetros, podendo-se verificar que os cenários variam, não só no aspecto físico como nos seres que os habitam. Estes, que nos pontos mais altos são seres humanos retidos em covas, poços, grutas, corredores e furnas escuras, vão se apresentando, à medida que descemos, cada vez mais rudes e degenerados, enquanto que os ambientes vão ficando cada vez mais desertos, inóspitos e quentes.

---

[1] Obra do mesmo autor, Editora Aliança. (Nota da Editora)

Abaixo de 100 quilômetros, vão surgindo espaços mais vazios, habitados por seres disformes e monstruosos, que se locomovem lentamente nas sombras e, logo em seguida, seres quase sem forma humana, olhos vermelhos afogueados que se arrastam como répteis pelo chão pedregoso e ardente, formando grupos mais ou menos numerosos.

O acesso a esses lugares de sombra e horror nunca deve ser tentado sem a custódia de guias e protetores conhecedores da região e dos recursos a lançar mão em casos de necessidades imprevistas. A descida deve ser efetuada em lances sucessivos, permitindo adaptações frequentes do perispírito dos médiuns às terríveis pressões físicas e psíquicas a que ficam sujeitos.

As camadas de cima, mais junto à crosta, são habitadas por Espíritos que conseguem comumente liberdade de locomoção, da qual se utilizam para abandonar seus refúgios tenebrosos e invadirem a superfície livre da Terra, para ataques a seus habitantes, encarnados e desencarnados. Isto ocorre constantemente, sobretudo às vésperas dos fenômenos e cataclismos que precederão a passagem do milênio, porque as portas do umbral agora estão se abrindo, permitindo a liberdade e a reencarnação de milhares desses seres, para que todos tenham oportunidades finais de melhoria espiritual e redenção.

Nestas camadas situam-se os centros e organizações diretoras das forças das trevas, orientadas por entidades maléficas, dotadas de ampla capacidade de ação.

*

Esferas do Umbral Inferior

São várias. Pela mesma esquematização, começam na superfície do solo e estendem-se circularmente para cima, ou melhor dito, para fora, caracterizando-se pela natureza dos seres que as habitam. Pode-se dizer que formam linhas concêntricas e superpostas na aura da Terra, conquanto a realidade seja outra (do ponto de vista espiritual), porque o que existe verdadeiramente é interpenetração vibratória, com fronteiras vibratórias bem definidas. Nas esferas desse astral da Terra formigam inúmeros seres sem destino certo, sem orientação, obedecendo mais que tudo a impulsos e atrações vibratórias.

São habitadas sucessivamente por:

1) **Elementais:** Seres rudimentares da natureza, em trânsito entre os diversos reinos; os elementais humanos são também chamados "espíritos da natureza", que se afinam com os quatro elementos naturais do globo: terra, ar, água e fogo e co-participam amplamente dos fenômenos e da vida física do globo.[2]

2) **Espíritos de formação embrionária; Espíritos primitivos; Espíritos retardados e ignorantes**; todos agrupados por afinidades vibratórias, em comunidades mais ou menos numerosas. *Espíritos-malignos*, que agem com liberdade e livre-arbítrio, muitas vezes atuando como **agentes inconscientes do carma** e que, comumente, escravizam milhares de outros, fracos e irresponsáveis, para a execução de suas ações maléficas.

---

[2] Para maiores esclarecimentos sobre este assunto, consultar *Iniciação Espírita,* capítulo "A Evolução nos Diferentes Reinos" e *Mediunidade,* capítulo 14, "Os Elementais", ambos da Editora Aliança. (Nota da Editora)

Esferas do Umbral Médio

Prolongamento da região anterior, desdobrando-se em círculos concêntricos (esquematicamente) habitados sucessivamente por:

1) **Espíritos sofredores** das mais diversas condições; **Espíritos suicidas; Espíritos desencarnados em provações de resgates,** recolhidos em colônias, abrigos e outras inúmeras instituições de assistência e recuperação.

2) **Espíritos parcialmente esclarecidos**, em servidões evangélicas, prestando serviços os mais variados nas instituições desse tipo e já em condições espirituais apreciáveis, no sentido ascensional.

— 3 —
Recordando Jesus

Uma tarde fria e uma reunião recordativa de discípulos desorientados. Vê-se um barco no lago. O sol descamba, enquanto os barqueiros conversam. Falam de Jesus, o profeta de Nazaré.

Dizia um:

— A vinda d'Ele foi como esta brisa refrescante; já estávamos cansados de esperar, mas agora voltou a alegria.

Olham para a margem ainda distante e remam com mais vigor.

Fala outro:

— Se não nos apressarmos não vamos poder estar junto d'Ele hoje.

— Também, com este vento contra!... Reclamava um terceiro.

Entre eles está Tomás de Tolemaida, aquele que, no futuro, ficaria conhecido como — Tomé, "o que duvida". — Permanece em silêncio, alheio à conversa.

— Remem com mais força, pede o que está sentado no rebordo da popa.

E os remos, então, batem mais depressa nas águas ondulantes que começam a encrespar-se com a brisa forte da tarde.

*

Olhando longe, viam-se as cúpulas douradas dos monumentos dos palácios de Tiberíades, a cidade edificada por Herodes em honra do César Romano insulado em Capri e, mais perto, outros barcos, correndo velozes para a praia; sequiosos para chegar, os olhos dos remadores não se despregam desta. Não é fácil descrever o brilho que neles havia, nem perceber o que se passava nos seus corações, de ansiedade e esperança.

O barco vai encostando agora e, alvoroçados, os pescadores saltam à água e puxam-no depressa para o seco. Trabalharam o dia todo e esperam agora a palavra consoladora que lhes encherá os corações de alegria.

Outros barcos varam a praia e outros pescadores vão chegando, saltando e agrupando-se, conversando baixo, esperando...

Diz um deles (que está aqui presente e faz a descrição):

— Os pássaros cantavam com mais alegria quando Ele passava e, debruçados nos galhos, olhavam curiosos para baixo, sem temor dos homens; o verde das plantas ficava mais virente e a grama que Ele pisava se levantava mais viçosa sob seus passos. E como saltavam de emoção, em nossos peitos, os pobres corações, nesses instantes inesquecíveis!... E quando, enfim, Ele chegava, em passadas leves, rodeado dos discípulos, todos corriam, saudando, reverentes, enquanto Ele, sorrindo, com os olhos claros cheios de amor, respondia, sempre andando: Shalom, Shalom...

E logo se sentavam, formando roda e Ele começava a pregar, contando as lindas parábolas, tão do agrado do povo místico e ignorante. E quem passasse mais tarde por aquele lugar, veria o mesmo quadro, sem alteração; as figuras imóveis, como numa pintura, absortas, com os olhos pregados n'Ele, tal o enlevo em que se deixavam envolver pelas suas palavras, cujo magnetismo as penetrava fundo.

E assim era todos os dias até que desaparecia com o sol se pondo nas águas.

*

Vê-se agora, uma nova reunião, tempos depois, quando já se passaram os dias sombrios e terríveis do Calvário. Haviam chegado naquele dia e estavam na praia rememorando fatos, cenas, sobretudo a ordem que o Mestre dera a Maria, a pecadora, para que fossem esperá-lo na Galileia. Perto de Tomás, estava João, de olhos de um azul profundo e suave. Subitamente ele aponta para um ponto ali perto, e pergunta, excitado:

— Não é Ele que está ali? Não é Ele que vem vindo?

Todos olham e nada veem. Tomás cerra o sobrecenho e guarda silêncio; nem virara a cabeça porque, de vez em quando, havia dessas ilusões entre eles. Mas o outro insiste, tocando-lhe o braço:

— Veja, olhe, você não está vendo? É o Mestre! Hosana! Ele está aqui!

Tomás não olha mas começa a sentir uma atração irresistível que vinha de Jesus, ali perto, parado, sorrindo para eles.

Tomás duvida, como sempre lutando consigo mesmo. Não será mais um engano? Todos não estão quietos? Quantas vezes já não fora assim? Mas a atração aumenta e ele começa a sentir forte angústia no peito, enquanto o outro torna a gritar:

— Olhem, é Ele mesmo, vai indo embora, vamos com Ele. E saiu correndo.

Alguns foram, outros correram atrás e somente Tomás continuou ali, parado. Mas logo depois sente uma intensa reação no seu íntimo, como se algo ali se houvesse partido e uma dor aguda no coração apertado. Não suporta mais, vira o rosto e olha e vê também o Mestre que já vai indo longe; olhando para ele como que para aguardar os que se aproximam mais, pára e olha-os, saindo-lhe dos olhos uma grande luz confortante de bondade e de amor, impossível de descrever.

— Sim, clama Tomás; agora vejo que é Ele mesmo. E grita bem alto para ser ouvido longe:

— Oh! Senhor! Perdoa a minha dúvida, a minha dureza de coração. E sai correndo na direção do vulto refulgente, que já mal se enxerga; mas logo se cansa, arqueja e encosta-se a uma árvore chorando emocionado.

E quantos de nós, até hoje, não continuamos a duvidar, apesar do Divino Mestre falar a todo instante em nossos corações endurecidos! E se acreditamos n'Ele, todavia não seguimos os seus ensinamentos!

– 4 –
Vampirismo

Na literatura espírita e espiritualista em geral, há milhares de casos de vampirismo, dentre os quais ocupa destacado lugar o vampirismo sexual, que certas correntes doutrinárias classificam como casos de "Íncubos e Súcubos" (íncubo quando o protagonista encarnado é masculino, e vice-versa)[3], havendo obras escritas especialmente para elucidar estes casos, muitas vezes tenebrosos, que terminaram nas fogueiras da Idade Média.

O espiritismo os resolve pelo esclarecimento pacífico de ambas as partes, recuperando-se a ambos para a vida normal, segundo as Leis de Deus.

Hoje, os casos de vampirismo são mais vulgarizados, muito variados, apresentam-se sob muitas formas e facilmente confundem-se com obsessões ou com fenômenos baixos de efeitos físicos.

Na forma corrente, clássica, é entendido como o corpo físico de uma pessoa morta e enterrada que a determinadas horas da noite levanta-se do seu ataúde e sai à procura de pessoa sensível que possa hipnotizar, dominar e sugar o sangue do pescoço. A literatura popular está cheia desses acontecimentos, que sem-

---

[3] Vide, do mesmo autor, *Mediunidade,* capítulo 13, "Fenômenos Correlatos". (Nota da Editora)

pre causam arrepios nas pessoas nervosas mas, na realidade, esses casos de vampirismo são muito mais comuns do que se pensa e ocorrem muitas vezes sob nossos olhos sem que os percebamos.

*

Era uma moça muito bonita e atraente que viera do interior para tentar a vida nesta Capital. Possuía uma boa voz, quente, cheia, meio rouca, muito apreciada para canções populares.

Em sua terra deixara um noivo, pessoa humilde, com quem rompera definitivamente, para poder partir. Ambicionava conforto, grandezas, renome artístico. Aqui chegando, aproximou-se de pessoas que cantavam ou trabalhavam em restaurantes, boates e, com tanta habilidade, que em pouco tempo tornou-se conhecida, requestada, sobretudo porque tinha grande capacidade para atrair amigos.

Procurou-nos uma noite, em nosso trabalho de atendimento, acompanhada de um homem de idade madura, que tinha aconselhado a visita, e que foi logo dizendo que ela estava numa situação difícil e nos pedia que a ouvíssemos, para ajudá-la.

Depois de acalmá-la, pedi que falasse:

— Vim de Mato Grosso, começou ela, faz cinco anos e rompi com meu noivo, para ganhar liberdade; ele era muito ciumento; não gostou da minha resolução, prometeu vingar-se e rogou-me uma praga, que até...

— Que disse ele? — interrompi.

— Disse: "Você me despreza e quer ir embora para longe; seu coração está cheio de ambição; mas chamo a Deus por testemunha de que minha maldição te acompanhará onde você for; nunca será feliz e nunca te deixarei". Foi isso.

— Continue!

— Todas as noites, depois do meu número, continuou ela, costumo sair e reunir-me com alguns amigos num restaurante conhecido, longe da boate onde trabalho atualmente, cantando alguns números populares. Há um mês, ao passar em frente ao bar interno, notei que o barman era outra pessoa, muito diferente. Estranhei o fato e perguntei aos amigos:

— Vocês não estão notando nada no barman?

— Não. Não vemos nada diferente; por quê?

— Por nada, disfarcei.

Mais tarde quando saímos e passamos outra vez pelo mesmo lugar, olhei e vi que o barman era mesmo outro e muito parecido com o meu ex-noivo. Senti um frio na espinha, mas disfarcei e fui embora. Pensei que estava alterada dos nervos.

No dia seguinte a mesma coisa aconteceu, tanto na chegada como na saída. Tornei a perguntar aos que me acompanhavam e que eram outros:

— Vocês não acham que o barman é outro, hoje?

Depois de olharem para ver, caçoaram:

— Eh! Glória: Você está com alguma coisa errada. Tome cuidado!

Saí por outra porta e, do meu apartamento, telefonei para o gerente, para tirar a limpo o caso:

— Sr. Jerônimo, o barman ainda é o mesmo, ou foi substituído nestes dias?

— Quem é que quer saber?

— A Glorinha.

— Ah! Pois não. É sempre o mesmo, o Fontana. Por que pergunta? Quer falar com ele?

— Não, não, obrigada.

No dia seguinte passei um telegrama para minha terra e a resposta foi que Jorge tinha se matado, havia uns seis meses.

Nessa noite não fui ao restaurante e meti-me mais cedo na cama. Não tinha sono, só pensava na notícia. Na certa que ele se matara por minha causa e lembrei-me então de sua praga: "Nunca serás feliz e nunca te deixarei". Senti um arrepio forte na nuca, que me desceu pelas costas, puxei a coberta até o pescoço mas, mesmo assim, sentia muito frio. Tomei um calmante e ainda assim não dormi. Resolvi ir ao médico sem falta no dia seguinte.

A persiana do quarto e a vidraça estavam levantadas por causa do calor e somente uma cortina leve tapava a janela, balançando com o vento e refletindo as luzes dos outros prédios próximos. Estava pensando no caso quando, pelo lado de fora, através da cortina, vi a cara de Jorge me olhando firme; depois entrou e veio vindo até sentar-se na beira da cama.

Não era um fantasma, era de carne e osso, pois quando sentou-se a cama rangeu e meu primeiro pensamento foi de espanto, por não saber como é que ele podia ter subido até a janela do décimo oitavo andar... Depois fui me arrepiando de medo e comecei a suar.

— Então ele não morreu e veio aqui para se vingar, pensei. Ele, nesse momento deitou-se ao meu lado na cama e me agarrou; quis gritar e não pude e aí desmaiei, mas voltei logo e lutei com ele como podia.

Rezando alto, consegui que ele me largasse e então sumiu. Na certa, que saíra pelo mesmo lugar, porque a cortina ficou aberta, a porta do quarto fechada e a chave na mesinha da cabeceira.

— Nunca mais ele voltou? — perguntamos.

— Tomara que fosse. Desde esse dia, concluiu ela, torcendo as mãos, nervosa, ele entra pela janela e passa a noite inteira comigo e não posso evitar isso. Eu não queria e agora não sei mais nada.

— Por que não pode?

— Porque quando ele aparece do lado de fora e me olha, eu sinto uma moleza muito grande e fico sem vontade de nada; por isso não posso.

— E que diz ele nessas horas?

— Fala que eu era dele e não vai mais me largar.

— Por que não convida alguma companheira para dormir no seu quarto?

— Já convidei sem dizer nada; mas no dia em que uma delas vem, ele não vem e dá na mesma; e desse jeito acabo passando por louca e perdendo meu emprego.

E o pior é que agora, naquela horinha, apesar do horror que sinto, deixo sempre a janela aberta para ele entrar e sinto desejo que ele venha e tudo isso me deixa muito perturbada, sem forças, desanimada, com vontade de morrer.

— Por isso é que a trouxe aqui, disse o acompanhante.

*

Era um caso típico de vampirismo sexual, com materialização; o Espírito desencarnado hipnotizava a vítima, tirava-lhe a capacidade de resistência e a dominava mentalmente, de tal modo, que ela sentia-se desejosa dele.

Foi feito o tratamento necessário; o rapaz foi esclarecido com certa dificuldade mas deixou a pobre moça em paz, por algum tempo; mas, como reincidiu, faltando ao compromisso, foi internado em uma colônia de recuperação do Espaço. E ela, por fim, libertou-se.

— 5 —

Visita Proveitosa

Como derivação e repouso à intensidade do trabalho a que nos devotávamos nesse período de colaboração, fomos convidados, todos os companheiros, a visitar, naquela tarde, a Morada Santa, casa de auxílio no umbral médio.

Chegávamos agora: um pavilhão retangular com inúmeras janelas, todas batidas por um sol radioso. Instituição destinada a recuperação e reequilíbrio de desencarnados, já dotados de certa compreensão, vitimados por moléstias destrutivas de órgãos internos e de pele, como câncer, lepra, tuberculose, etc.

A construção estava ao centro de lindo gramado.

À porta, fomos recebidos por um auxiliar do dirigente — o irmão Simplício —, na ausência momentânea do diretor.

Caminhamos por corredores de pisos brilhantes como espelhos, com portas que se abriam de ambos os lados, enquanto o atencioso auxiliar nos fornecia informações de interesse: cinquenta leitos destinados exclusivamente a doentes enviados pela sede central da instituição maior, da qual esta fazia a parte que lhe tocava.

Entramos nas enfermarias; em todas elas, doentes acamados, contidos nas camas; o atendimento era a terapêutica psicológica na seguinte gradação, conforme o estado deles: contenção, repouso, ambientação, distrações no grande parque nos fundos da instituição e tratamento. Alimentação: caldos de vegetais curativos e de frutas, terapêutica respiratória e energética.

Logo à entrada do doente, aferem sua condição espiritual e o equilíbrio psíquico, por uma escala de cores: depois ele sobe a um estrado, ligado a um marcador e este acusa um som global, que é a sua tonalidade vibratória; em seguida faz uma vibração mental, com um dispositivo eletrônico aplicado à cabeça, e assim se mede a sua flexibilidade mental; depois ele faz uma prece, com dispositivo aplicado à região precordial e assim se mede sua emotividade.

Quando entramos, os testes apenas começavam, com um doente recém-chegado da Terra e pudemos acompanhá-lo verificando, neste caso, que tudo fora favorável: cor verde, nº 8 para a tonalidade[4], teor mental índice 2, emotividade equilibrada.[5]

Simplício informou haver entrado, na véspera, uma freira, que estava no quarto ao lado, isolada. Fomos até lá. Já havia reagido bem, saindo da inconsciência e adquirido certa lucidez e compreensão da situação nova, pelo menos do lugar onde se encontrava. Trocamos algumas palavras com ela, achegando-nos ao leito alvo. Era uma moça risonha, de olhos brilhantes e inteligente. Entre outras coisas perguntamos se antes do desencarne, acreditava mesmo em penas eternas. Balançou a cabeça negativamente, guardando silêncio; dissemos-lhe que a bondade de Deus assegura redenção e felicidade eterna a todos os seus filhos, sem levar

---

[4] Cor verde nº 8 = fundo espiritual tranquilo.

[5] Teor mental é uma frase que que dizer: área mental limpa, aberta à recepção de ideias e impulsos vindo do Espírito e do meio ambiente.

em conta as filiações religiosas, desde que a conduta seja boa e o coração a Ele se ligue pelo amor que é universal; compreendeu e sorriu enlevada. Desencarnara com um câncer no estômago; sofrera muito, mas agora sentia-se feliz.

Passamos a visitar o parque. Árvores frutíferas em meio a canteiros floridos, exalando deliciosos perfumes. Frutas diversas, vermelhas, amarelas, pardas, verdes, numa variedade exuberante. Vimos como a seiva leitosa subia pelos caules do arvoredo, muitos deles cobertos de flores admiráveis, pendentes dos galhos, de mistura com os frutos, como que se oferecendo à colheita.

Passamos a um lago espelhante, tranquilo, rodeado de relvados e flores, com assentos confortáveis, onde inúmeros doentes repousavam, recuperando-se; enfiando a mão naquela água brilhante tinha-se a impressão de ser uma massa suave, deslizante, carregada de magnetismo natural.

Encerrando a visita, voltamos ao pavilhão, a tempo ainda de sermos apresentados ao diretor — o irmão Eugênio — que acabava de chegar. No livro de visitas escrevemos: "O que se visita, vale pelo que se aprende e aqui aprendemos coisas úteis, inclusive verificando que o Evangelho se cultua, de forma piedosa, pelo amor que se devota aos necessitados desconhecidos".

— 6 —

A Macumba do Boneco

Os índios, quando desencarnados, formam legiões bem ou mal conduzidas, tomando parte em trabalhos da mesma forma bem ou mal dirigidos, exatamente como acontece com os Espíritos de escravos africanos, levando estes, entretanto, a vantagem de haverem, quando encarnados, convivido muito mais com os brancos, o que lhes permite fazerem com mais facilidade opções entre o bem e o mal.

Este processo é, por assim dizer, clássico; desde a mais remota antiguidade, os feiticeiros e sacerdotes de cultos bárbaros o empregavam para ferir suas vítimas; comporta várias modalidades, das mais simples às mais complexas, mas todas maléficas e traiçoeiras, acarretando para seus executores pesadas responsabilidades espirituais, no presente e no futuro.

Há, entre confrades espíritas mais achegados aos setores filosófico e científico da Doutrina, a suposição de que os trabalhos de nível inferior não afetam as pessoas de conduta moral elevada ou suficientemente virtuosas para se tornarem imunes a tais maquinações; mas esquecem-se das ligações cármicas, como também de que este mundo é formado de material humano inferior, em sua maior parte, e poucos podem se gabar de ser imunes ao mal. O próprio Jesus não disse, no horto, para conter o desejo de represálias de Pedro e outros discípulos — "esta é a hora do príncipe das trevas"! De modo que, publicando estes casos que envolvem trabalhos de macumba e outros quejandos, dirijo-me indistintamente a todos, para alertá-los e incitá-los a se evangelizarem, como defesa maior ou, no mínimo, para merecerem a interferência benéfica e poderosa dos nossos benfeitores espirituais, nas horas de necessidade.

*

Mas eis o nosso relato:

Um de nossos fieis companheiros adoeceu e os exames espirituais mostraram que se tratava de envolvimento de natureza inferior; havia tido uma dívida de negócios com outra pessoa e a resposta era aquela...

Examinando o caso, vimos que não havia impedimento cármico e acompanhando os fios etéreos, fomos dar a uma floresta onde se encontrava uma turma de primitivos índios, grosseiros, muito pintados de vermelho, no rosto e no peito.

Disse o nosso instrutor:

— Instrumentos inconscientes de homens ainda piores.

— Já repararam, continuou, que na maior parte destes trabalhos pesados, encontramos sempre índios?

— Tanto do lado bom como do mau, acrescentamos.

— Sim, é verdade. De preferência são utilizados índios para lidar com coisas pesadas, feitas por caboclos, pretos ou índios, porque conhecem os processos, nas suas variações, conhecem bem os vegetais e são mais aptos a obter, mais depressa, os resultados necessários.

— Mas notem também o seguinte, concluiu, jamais fazem, os índios, o mal por si mesmos, são sempre conduzidos por outros encarnados ou desencarnados, de condição intelectual ou funcional superior à sua.

*

Aproximamo-nos para ver o que faziam: três deles, ao centro de uma roda, trabalhavam agachados, manipulando um boneco de palha, que representava o companheiro doente.

Ao lado acenderam um fogo de gravetos, onde deveriam, depois, jogar o boneco, para remate da magia e perto, no chão liso e limpo, haviam desenhado a carvão, a silhueta, de corpo inteiro, do nosso companheiro. Enquanto terminava o desenho, muito rústico, naturalmente, o artista cantava uma melopeia fanhosa e os outros respondiam em coro.

Depois de tudo pronto, a turma dividiu-se: uma parte para junto do boneco, outra para a silhueta. O trabalho era fincar espinhos no coração dos dois engenhos e, a cada espinho que fincavam, dançavam e cantavam cantigas monótonas.

Percebemos logo que era uma magia para efeito imediato, diferente das de efeitos mais remotos.

*

Entramos em cena vibrando em silêncio, para neutralizar o trabalho deles: com as primeiras vibrações os artistas dos espinhos começaram a mostrar inquietação, olhando uns para os outros, farejando algum perigo. Logo, logo, nossos batedores entraram também em cena, produzindo um vento forte, que espalhou o fogo, enquanto um deles, saltando no meio da turba, arrebatou o boneco e com o pé desmanchou a silhueta, ao mesmo tempo em que muitos outros surgiram de todos os lados, na pequena clareira, cercando os malfeitores surpreendidos.

O que arrebatara o boneco, correu com ele para junto do dirigente, para a extração dos espinhos já fincados e o chefe dos índios maus foi trazido também ante ele, após ter lutado bastante.

— Por que faz serviço ruim?

— Tupã mandou. Homem branco disse.

— É mentira; enganou você. Vai ser castigado e você também.

— Índio não sabe quando é mentira.

— Eu ensino, se você prometer, agora mesmo, ajudar a socorrer o doente.

— Ajuda. Pode falar.

Escutou atento, depois chamou os companheiros; fizeram roda novamente e cantaram com o boneco no chão, ao centro, para devolver os fluidos que tiraram do doente, a distância, e utilizaram para saturar com eles o boneco.

Depois foram todos levados e doutrinados.

O guia índio bateu palmas: serviço terminado; muito bom. E, sorrindo, acrescentou: Jesus paga!

– 7 –
SINGULAR OPERAÇÃO

Atendíamos, nesse dia, a um pedido de socorro urgente, para enfermo ausente, em lugar longínquo, onde falhavam recursos.

Examinando o caso a distância, verificou-se que o perispírito da doente estava exteriorizado, com deformações escuras, envolto em sombras, sobretudo no ventre.

Um dos médiuns foi destacado, em desdobramento, para servir como agente de trabalho no local. O caso ficou mais melindroso quando foi constatado que os chacras do corpo etéreo estavam quase apagados o que mostrava a necessidade de se iniciar o trabalho diretamente sobre eles, porque isso indicava que os elementos vitais já estavam rareando no corpo da doente.

O começo foi uma preliminar reativação dos chacras[6] com grande esforço para fazer funcionar o "esplênico" por onde entram os recursos cósmicos de vitalização, sobretudo o prana ou força vital; quando isso foi conseguido, passou-se à normalização da circulação sanguínea das pernas até os quadris, daí passando à revitalização da coluna, até a nuca. Quando essa área

---

[6] Vide, do mesmo autor, *Passes e Radiações,* capítulo 2, onde consta o conceito, localização e funcionamento dos chacras, ou centros de força. (Nota da Editora)

começou a reanimar-se, levamos a revitalização ao sistema vegetativo, descendo ao ventre, que se apresentava completamente inerte e escurecido, não reagindo às aplicações de fluidos alaranjados, estimulantes; foram feitas doações fortes de ectoplasma até que os órgãos internos começaram a reagir, assimilando pelo umbigo, o que demonstrava que o etéreo já se havia reintegrado; a partir daí a temperatura foi subindo, os intestinos retomando seus movimentos peristálticos, o mesmo sucedendo com os demais órgãos dessa região.

O trabalho agora foi para o tórax, no ajeitamento cuidadoso do dispositivo cardiovascular e respiratório e, por último, para a cabeça, restabelecendo-se as ligações do cérebro com os troncos nervosos e, por último, limpando a área mental para restabelecer a ligação com o Espírito: quando isso se deu, concluiu-se que o perispírito estava também normalmente integrado ao conjunto orgânico.

Este, revitalizado, mostrava agora uma moça esbelta, de olhos tristes, cabelos pretos que, ao sair do natural torpor, levantou-se, ajoelhou-se junto ao leito do quarto onde estava sozinha e pronunciou sentida prece, pedindo sua cura, ignorando o quanto havia recebido de auxílio pela mão dos benfeitores espirituais invisíveis a seus olhos, naquele momento.

Na realidade "ressuscitara", pois que quase todos os elementos de vida normal já se haviam desligado do corpo orgânico.

Enquanto isso, entidades escuras, nos arredores da casa, gritavam, enfurecidas, ameaçando, impotentes, os agentes da bondade e do amor. Uma delas, mais raivosa, adiantou-se e levantando os punhos, gritava que tinha direitos sobre a doente, pois que foram quase todos, ali presentes, vítimas de suas maldades no passado.

Um dos benfeitores, ainda presente, dirigiu-lhes a palavra, explicando e colocando o problema em seus devidos termos; e o fez com tanta proficiência e bondade que, aos poucos, os perseguidores se acalmaram e debandaram.

De nossa parte, o trabalho terminara.

Obs.: A doente recuperou-se em parte, mas desencarnou pouco tempo depois, segundo informações recebidas "a posteriori"; apesar de ser um caso cármico, irreversível, as preces e a boa vontade dos servidores que por ela se interessaram, possibilitaram o atendimento e uma certa reabilitação a curto prazo.

— 8 —
JETATURA

Haverá mesmo isso? Gente de mau-olhado? Que olha para uma criança e ela definha; para uma planta e ela morre? Isto é o que muita gente pergunta.

Sem dúvida que há e com várias modalidades e aspectos.

Caso parecido com estes vamos aqui narrar, mas conhecemos outros.

Venâncio[7], fazendeiro goiano, era um homem bondoso, cheio de boa vontade para com todo mundo. Tinha facilidade de dinheiro e estava sempre pronto a ajudar, socorrer. Mas, toda vez que ajudava, as coisas pioravam. Se estava alguém doente e era pobre, ele atendia logo, arranjava médico, dava dinheiro para as despesas e visitava o doente sempre que podia, mas, desde o princípio, as dificuldades iam surgindo: o médico errava o diagnóstico, o remédio não fazia efeito, o enfermo piorava ao invés de melhorar e a cura nunca que vinha.

Como era rico (e antes que o defeito se tornasse conhecido), era convidado para padrinho de casamentos, batizados, etc., mas, sempre acontecia algo que complicava as coisas, na hora do ato, ou logo depois: surgia briga na festa, chuva de pedra estragava a plantação, etc.

---

[7] Nome fictício.

Se visitava um colono ou arrendatário da fazenda (que ficava longe de qualquer cidade), alguém na casa ficava doente, ou morria o cavalo de estimação da família e assim por diante.

Por fim todos compreenderam e fugiam dele, disfarçando para não ofendê-lo e não aceitavam nada que ele oferecesse, com medo das consequências; que, aliás. não se faziam esperar. "O homem tem mau-olhado", diziam, benzendo-se.

Ele gostava muito de crianças mas, quando aparecia, elas corriam e se escondiam, porque as mães metiam medo nelas.

Na sua própria casa (casarão tipo antigo e muito vasto), ninguém mais queria servir e ele acabou ficando sozinho, tendo de fazer a própria comida. No fim também começou a estranhar a situação; mas, quando fazia perguntas, todos desconversavam. Só passava melhor quando viajava por outros lugares, ou fora do Estado, onde não era conhecido.

Um dia, adoeceu repentinamente; teve de ir para a cama e com muita dificuldade arranjou uma preta velha para cuidar da casa e servir-lhe de enfermeira. A preta também era conhecida como macumbeira... por isso é que aceitou, diziam... Não tenho medo de nada; conheço essas coisas... respondia ela.

Um dia ela lhe disse:

— Por que o patrão não se casa, como todo mundo? Quando ficar velho quem vai tomar conta de vassuncê? Seu tempo já está passando...

Ele, então, pela primeira vez, pensou seriamente naquele assunto.

Quando melhorou, passou a visitar alguns fazendeiros vizinhos, chefes de famílias numerosas; havia muitas moças, mas nenhuma delas, conforme lhe diziam, queria casar... ainda era cedo.

Ele, então, mais para fazer pique, mandou publicar um anúncio na capital e gostou de uma das candidatas, descendente de alemães, das muitas que mandaram retrato.

Casou na capital, onde não era conhecido e, na volta, pegaram uma tempestade na estrada e o carro enguiçou, obrigando-os a uma caminhada a pé, bem puxada, até encontrar abrigo, porque o motorista alugado não queria deixar o carro abandonado.

Depois de vários contratempos, chegaram à fazenda. A esposa, não acostumada a intempéries, adoeceu com gripe muito forte, ficando acamada quinze dias; e logo estranhou que na casa não houvesse servidores domésticos, sendo ele mesmo quem cuidava dela, com ajuda da preta velha, que quase não podia andar, de reumatismo.

Ele explicou: aqui é assim mesmo; esta gente daqui não trabalha para os outros e só cuida de suas plantações. Mas a preta, que sabia de tudo, ficou com pena deles e abriu-se com a esposa; contou a fama de mau-olhado que ele tinha e que, por isso todo mundo fugia dele.

— Mas isso tem propósito? exclamou a moça. Nunca vi tamanha tolice!

— É verdade mesmo, retrucou a preta. Vosmicê converse com os outros moradores e vai ver.

Assim que saltou da cama, a moça começou a visitar os moradores, trabalhadores, meeiros, vizinhos. Foi bem recebida em toda parte e, como era muito despachada, ia logo diretamente ao assunto e todos também respondiam com franqueza, citando casos e mais casos, testemunhas e mais testemunhas.

— E vocês nunca disseram nada a ele? Nem para ajudar?

— Credo, moça. Isso não se diz a ninguém; é perigoso. Se ele ficasse inimigo da gente, só Deus sabe o que aconteceria.

— E deixaram o coitado todo esse tempo passar até necessidades por causa dessa bobagem de superstição?

— Não é bobagem não; a senhora mesma já viu; há poucos dias chegou e quanta coisa ruim já não lhe aconteceu!...

Foi então a vez dela ficar apreensiva; relembrou essas coisas ruins sucedidas em tão poucos dias, a ponto de não ter tido nem mesmo lua de mel, que todos os que se casam têm.

— E se for mesmo verdade, pensava ela, que vida irei levar casada com um homem assim?

Então lembrou-se de uma amiga íntima, espírita, que morava em São Paulo e escreveu-lhe uma carta urgente contando a história; aguardou a resposta muitos dias, até que esta chegou para a cidade mais próxima, de onde um camarada, especialmente pago, veio trazer o aviso. "Venham logo fazer tratamento aqui".

O que leu levou-a a ter com o marido, nesse mesmo dia, uma conversa muito séria; expôs-lhe toda a questão; chamou sua atenção para todos os fatos e o convenceu de que realmente era portador de uma faculdade maléfica, que lhe tornava a vida tão difícil e da qual ela não estava disposta a partilhar, a não ser que ele concordasse em fazer um tratamento especial em São Paulo, imediatamente. Mostrou-lhe a carta que recebera e no que consistia o tratamento.

— Está bem, disse ele: Se é assim, estou pronto a fazer o que for preciso, mesmo porque tenho amor a você e não quero que você me abandone.

Viajaram no dia seguinte.

*

Quando se apresentaram aqui, verificou-se que não seria difícil obterem bons resultados, porque ambos estavam decididos a lutar por eles e eram de fundo humilde e bondoso. Os exames revelaram que Espíritos vingativos provocavam todos os contratempos, por causa dos malefícios que ele tinha feito a uma moça pobre e ignorante, de sua fazenda, a quem prometera casamento e depois abandonara, tendo ela se matado de vergonha e tristeza, havendo um filho que ele não quisera reconhecer como seu.

Não fizera isso por maldade, mas por leviandade, por ver como os seus iguais agiam em condições semelhantes, em obediência a preconceitos humanos de diferenças sociais e de riqueza.

Mostraram-lhes o caminho certo: depois de apurar o caso, reconhecerem o filho; compensarem o mais que pudessem o mal que ele tinha feito, dando uma pensão à família da vítima; realizarem, nas terras de sua propriedade, um trabalho assíduo, discreto, de evangelização no seio das famílias, criando organização assistencial para todos os necessitados, já que recursos materiais não faltavam.

Jurou fazê-lo, e recuperado, partiu de volta: e creio que cumpriu o prometido porque seu coração era cheio de bondade espontânea; reconhecera seus erros e se comprometera a corrigi-los.

Mas, sobretudo, porque gostava da esposa e esta o abandonaria imediatamente, como declarou, se ele voltasse atrás do compromisso assumido.

Obs.: Este é um caso simples mas de grandes efeitos nos amplos resultados que proporcionaram a inúmeras pessoas daquela fazenda e das vizinhanças, visto que ambos adotaram a Doutrina Espírita e se devotaram à sua propagação em toda aquela região.

— 9 —

Elos da Corrente

Naquela noite o Instrutor espiritual nos conduziu a um bairro periférico da cidade. Paramos junto a uma colina perigosa, em cujo centro havia uma larga reentrância, dentro da qual vimos vários casebres, de paredes de tijolos sem reboque. À volta destes notavam-se alguns Espíritos desencarnados por ali vagando.

Penetramos em um deles; sobre uma cama baixa estava deitado, de bruços, um mulato forte, de meia-idade. Paredes escuras, sem pintura e aos fundos um armário rústico, que o instrutor abriu, mostrando entre outras coisas, um punhal de lâmina manchada.

A um dos cantos do cômodo, de súbito, delineou-se a figura de uma entidade baixa e atarracada, com um boné militar e sabre na cintura; fitava, com olhos chamejantes de ódio, o homem que dormia. Não nos via. Estendeu o braço direito na direção da cama e o mulato logo virou-se, imobilizando-se, com as feições crispadas. Notamos que estava se exteriorizando e, assim que isso se efetivou, caminhou para a entidade visitante e atracaram-se os dois, emitindo ambos terríveis ondas de fluidos vermelhos, e assim permaneceram unidos por algum tempo, saturando-se das mesmas emanações de ódio.

Como um dardo, o Instrutor lançou sobre eles, com as mãos, uma fulguração de luz, que os separou imediatamente, fugindo ambos, amedrontados, em direções diferentes.

— Retiremo-nos agora, disse o Instrutor e, a partir de hoje, iremos acompanhar este caso; será uma boa experiência para vocês.

*

Em nova visita encontramos o morador do casebre sentado à mesa, bebendo. O Instrutor apontou, na sua aura cinzenta, três rostos, bem nítidos, emoldurados de halos avermelhados, como em medalhões.

— São vítimas que ele sacrificou em vidas anteriores, explicou.

Estava, como da primeira vez, rodeado de sombras e, a um canto, via-se a mesma entidade de olhar odiento que o fitava fixamente. Ao fogo daquele olhar e sob os efeitos do álcool, o mulato descontrolou-se e começou a gritar palavrões, enfurecido, dando socos e pontapés nos móveis e nas portas, caindo, por fim, em profunda sonolência, sobre uma poltrona.

— Esperem para ver, disse o Instrutor.

Logo vimos que exteriorizou-se, como da outra vez, e novamente atracaram-se os dois, ficando imóveis, instilando-se reciprocamente, venenos dos mais baixos produtos mentais.

— Este é um caso, explicou o Instrutor, em que obsidiado e obsessor atraem-se reciprocamente, pelas fortíssimas vibrações que emitem e das quais dificilmente se libertarão. Vamos ajudar de novo. Como da outra vez, projetou fortes raios de luz que, em breve tempo, os separaram.

*

Quando voltamos, pela terceira vez, encontramos Antônio, o mulato, recostado molemente em uma cadeira, bebendo, aos goles, aguardente forte, tendo em volta inúmeras entidades inferiores aspirando os vapores do álcool. O ambiente era pesado e opressivo.

O Instrutor aplicou sobre ele passes longitudinais, enquanto nos dizia:

— Vamos examinar o primeiro medalhão; é uma história suja.

Era, como já víramos antes, o rosto descarnado de uma mulher.

Eis o que vimos: caía a noite na grande cidade e Antônio caminhava rapidamente por uma rua esburacada e pobre, parando em uma esquina, junto a uma construção em início.

Assobiou e logo saiu de uma porta e veio vindo para ele uma mulher meio embriagada, tropeçando; ao alcançá-lo, enlaçou-o molemente com o braço direito, recebendo logo um empurrão que a jogou no chão lamacento.

— Chega pra lá, vagabunda.

— Vamos, meu nego; vamos fazer as pazes hoje, respondia ela, levantando-se custosamente e limpando a roupa. Prometo te acompanhar, fazer tua comida, lavar tua roupa, e te ajudar a ganhar o sustento em qualquer serviço.

— Não quero nada de você. Vim aqui para te dizer isso e suma-se de minha vida, se não quiser se arrepender.

— Mas, Antônio, sempre não vivemos juntos? Não fui boa companheira tanto tempo? Não fui sempre fiel? Por que então queres me despachar agora?

— Não te quero mais. Me aborreci de você, chega.

— Mas para onde é que eu vou? Você me tirou de minha gente, me desgraçou e agora me joga na rua?

— Vá para onde quiser; não me incomodo, mas suma-se de minha frente.

Ela, então já mais lúcida, mudou de tom, enfurecida.

— Então é assim? Ou tu tens outra mulher? E pensas que vou me agachar? Antes quero morrer que ver você com outra, seu malvado.

Nessa altura, alguns vizinhos já estavam saindo à janela; Antônio, então, pegou-a pela braço e disse que era melhor não dar escândalo e arrastou-a para o casebre, que ficava perto. Ali, a discussão recomeçou logo, ainda mais violenta, com insultos e ameaças de parte a parte.

— E você pensa que vou deixar que você ponha outra na cama que eu mesma comprei, quando posso, com poucas palavras, te mandar para a cadeia? E as mortes que você fez? E a muamba que vendeu e nada me deu? Pensa que não sei? Conto tudo, fique sabendo.

— Cala a boca, sua peste, gritou ele enfurecido, dando-lhe um soco violento na boca, que se pôs logo a sangrar.

— Calo nada. Você não passa de um covarde assassino. Vou-me embora, sabe para onde? Para a Delegacia e pode preparar a trouxa, para ir para a cadeia, seu miserável. E foi saindo mas, antes que alcançasse a porta, ele segurou-a por detrás e com o punhal deu-lhe um golpe firme no peito e ficou segurando, enquanto ela caía devagar, estirando-se, por fim, no chão.

Limpou o punhal na roupa dela mesmo, fechou bem a porta e recomeçou a beber até alta noite quando, então, saiu com ela às costas e a jogou em um terreno abandonado, bem longe dali.

Com isso, apagou-se o quadro.

*

Antes de nos retirarmos olhamos mais uma vez para sua aura e lá estava ela, bem no alto, à direita, com os cabelos desgrenhados, o olhar parado, um ricto de ódio na boca larga de beiços grossos.

Na quarta vez, quando chegamos, Antônio estava desperto, sentado junto à janela, lendo um jornal. Aproximando-se, o Instrutor projetou-lhe fluidos fortes no cérebro, provocando-lhe sonolência depois, sobre a mente, fixando ali a figura do segundo medalhão; logo a ligação do subconsciente foi feita e Antônio começou a recordar os fatos, revivendo-os com nitidez.

Via-se um botequim sórdido, à beira de uma estrada, fora da cidade onde, em companhia de José Maria, com quem andava na ocasião, bebia aguardente, encostados no balcão. Antônio foi até a porta, olhou para fora e viu que tudo estava deserto; chamou o companheiro e saíram caminhando pela estrada iluminada pela luz branca de um luar pleno. Mas não punham reparo na beleza da noite; ambos seguiam o rumo dos próprios pensamentos e sombrias paixões, que a bebida ainda mais avivara. Pensavam ambos na mesma mulher, que cortejaram num baile, há dias, e que a ambos repeliu, por perceber que se tratava de gente perigosa; mas eles ferviam de ódio, reciprocamente se acusando pela conquista frustrada.

Caminhando meio trôpego, José Maria tropeçou num objeto duro e, quando abaixou-se para ver do que se tratava, Antônio cravou-lhe o punhal nas costas e ainda o empurrou para que caísse mais depressa. Depois foi se afastando pela estrada deserta, assobiando alto, para não ouvir os gemidos de sua vítima.

Então, uma turma de Espíritos desencarnados, que tomara parte ativa no drama, instigando os contendores, recebeu ali mesmo José Maria, auxiliando seu desligamento e carregando logo com ele.

Auxiliado por eles, José Maria fez sua readaptação ao plano e assim que pôde, voltou à crosta, com o mesmo grupo, rumando diretamente para a casa do morro, onde sabia encontrar seu matador. Passou então a atacá-lo nos seus pontos mais fracos, onde sentia menor a reação dele, e assim prosseguiu o processo de envolvimento, cada vez com maior intensidade, até que, à sua simples aproximação, Antônio sentia dores violentas e pontadas agudas nas costas, como se um punhal o estivesse atravessando.

Um dia, desesperado, foi procurar um curandeiro das vizinhanças, o qual, a um simples olhar, foi logo dizendo da presença de um Espírito, em tudo semelhante a José Maria, que o feria continuamente com um estilete comprido.

Antônio, então, apavorado, começou a definhar chegando a ponto de não poder mais se levantar da cama.

— Isso não pode continuar assim, disse a mulher com quem ele vivia. Agora vou chamar já e já o preto Romualdo.

— Vá, então, porque eu não aguento mais, respondeu Antônio.

O preto curador veio, examinou a casa por fora e depois entrou; fez fumaça com defumador, riscou o chão em volta da cama; sentou dentro do círculo e começou com seu trabalho, tentando afastar o obsessor inimigo, o que por fim conseguiu com ajuda dos Espíritos que trabalhavam com ele e a troco de pinga e fumo. Quando terminou, chamou a mulher e disse que tinha fechado o corpo dele, só por algum tempo, porque se tratava de vingança justa: recebeu seu dinheiro e foi embora, mas na aura de Antônio, lá ficou o rosto de José Maria como o víamos, como um selo da Justiça Divina, para futuros ajustes.

*

Estava em pleno curso a guerra mundial de 1914. Na planície ampla, as trincheiras estavam lotadas de soldados exaustos. Inumeráveis dias de combates que não cessavam; o fogo de barragem de metralhadoras e fuzis impedia o menor movimento daquela divisão, sepultada no solo úmido e frio. Os soldados enregelados, imóveis nos seus postos, suspiravam pela hora abençoada da paz, para poderem dormir, sem o corpo encolhido, o sono que não descansa com os trovões surdos do bombardeio incessante.

Num posto avançado de companhia um capitão, de pé, entregava a um sargento, jovem e corpulento, um documento secreto, que vinha do PC e deveria ser entregue com urgência às tropas aliadas, que combatiam em outro setor da retaguarda da linha inimiga. Era uma missão perigosa e mortífera; era preciso atravessar a *terra de ninguém*, espaço aberto entre as trincheiras inimigas e depois, em uma brecha nessas linhas, esgueirar-se pela retaguarda delas até localizar uma posição amiga em algum lugar, arriscando a vida milhares de vezes, até entregar o documento ao seu destinatário.

Partiu rastejando, acobertado pelas sombras da noite, guiando-se pelos clarões dos disparos e, após ingentes esforços, atingiu o cimo de uma colina, onde o esperava uma surpresa mortal, pois caiu justamente nos braços de uma patrulha de reconhecimento alemão, sendo escoltado imediatamente para um posto de polícia da retaguarda.

Ali, sem perda de tempo, vieram os interrogatórios, aos quais resistiu firmemente, passando então a sofrer torturas violentas, às quais também resistiu desesperadamente mas, por fim, aplicaram-lhe no ventre pontas de sabre aquecidas ao rubro, aumentando cada vez mais a profundidade do ferimento, à medida que sua resistência continuava, pois que havia urgência no caso. Estava prestes a revelar o que sabia quando lembrou-se da cena da partida! O capitão, de pé, entregando-lhe o documento e dizendo que dele dependia a vida dos companheiros e que se caísse prisioneiro deveria morrer, mas nada revelar.

— Prometes?

— Prometo.

— Parte, então, e boa sorte.

A lâmina aquecida entrava-lhe na carne e a fumaça sufocante produzia náuseas; a dor era tão forte que estava perdendo os sentidos enquanto ouvia o oficial alemão gritar-lhe ao ouvido:

— Quero o código. Fala depressa ou morres, seu idiota.

Sua vista apagou-se e tudo cessou de súbito e, quando acordou, encontrou-se rodeado de companheiros fardados e um deles falou-lhe:

— Bem, Lucien. Penso que agora percebes o que sucedeu: foste preso e torturado; comportaste-te bravamente, mas os ferimentos foram mortais e então vieste para cá, onde estamos nós.

— Mas que lugar é este? perguntou inquieto. E o documento?

— Estamos na igrejinha do burgo, em cujos arredores a tua divisão se entrincheirou; e, como tu, somos mortos vivos. Quanto ao documento, procura esquecer, isso agora já não vale mais nada. Resta-te somente a vingança e, se confiares em nós, te entregaremos o teu torturador de pés e mãos amarrados, que tal?

— E tu, quem és? perguntou Lucien, ainda meio desnorteado.

— Que importa? Um prisioneiro como tu, também torturado, fuzilado e suspirando por vingança.

— Do mesmo algoz que me assassinou?

— Não, de outro. Mas deixemos isso para depois. Somos irmãos pelo infortúnio e também o seremos pelo esforço de vingança. Que resolves?

E como ele vacilasse, insistiu:

— Queres ficar conosco? Não há melhor chance... Senão, para onde vais?

— Está bem, aceito. Ensina-me e guia-me, pois ainda não entendo o que está acontecendo. Morri e estou vivo, no meio de companheiros de armas.

— Depois te explicaremos. Vamos começar o nosso trabalho.

Depois, vê-se Lucien enlaçando o oficial alemão, como um cipó enlaça um tronco na mata virgem. O oficial, alto, robusto, materialista até a medula, era um alvo difícil de atingir, por não possuir quase nada de sensibilidade psíquica. Continuava em suas atividades normais e subira de posto rapidamente. Mas, dia após dia, as garras de Lucien, enterradas em seu coração e em seu cérebro, produziram perturbações tamanhas, que os médicos militares o removeram para um sanatório na retaguarda, de onde nunca mais pôde sair.

*

Na última visita que fizemos ao casebre do morro, lá estava de novo a entidade, de pé, a um canto, fixando Antônio com olhares mortíferos.

— Este é Lucien, disse o Instrutor, que prossegue na sua vingança, mesmo após o desencarne do graduado general alemão. Como podem ver é o mesmo do terceiro medalhão.

— E Antônio, perguntamos, onde entra nisso?

— Não perceberam? É o oficial alemão, reencarnado no Brasil, em classe social muito baixa.

— E qual será o fim disso tudo? - insistimos.

— O de sempre, para todos os casos: o credor, na força da vingança justa (segundo julga) ataca sempre, tentando apressar o desencarne de sua vítima para, no umbral, fazer dela sua escrava, torturando-a até que as contas sejam ajustadas. Neste caso, elas ainda não o foram, por qualquer circunstância.

*

E enquanto regressávamos naquele dia, pensávamos nas voltas que o mundo dá, como diz a intuição popular, para serem pagas, até o último ceitil, as transgressões do passado culposo.

— 10 —
Acordo Amistoso

Apresentava-se ameaçadora e negra a atmosfera espiritual dos arredores do grande orfanato, situado em vasta gleba a sudeste da capital, que pertencera, há mais de um século, a um sacerdote que notável atuação teve nos fatos históricos referentes ao Brasil monárquico; ela era agora disputada por pessoas criminosas, cujo intuito era se apoderarem da terra e aniquilarem a obra grandiosa realizada por uma irmã nossa, já desencarnada, de nome muito conhecido no setor das obras de benemerência espírita.

Fechado há algum tempo e rodeado de fluidos e vibrações mortíferas, o grande edifício se apresentava sombrio e quase que inacessível. Somente com a interferência de uma jovem índia, muito bela e cheia de luz espiritual, foi possível transpor os degraus da entrada e penetrar no grande vestíbulo, de onde foi possível constatar, rapidamente, que o prédio estava ocupado por inúmeras entidades desencarnadas.

Após colocarem à entrada um guarda índio e reunidos para examinarem a situação, compareceu ao nosso local de trabalho uma entidade sacerdotal, trazendo túnica bege e uma cruz vermelha ao peito o qual, com desembaraço e sem o menor constrangimento, declarou que viera espontaneamente nos procurar, após entendimento prévio com o chefe índio encarregado da vigilância espiritual da propriedade, na parte exterior.

Explicou que instalara no casarão um posto de socorro, para recolher companheiros desencarnados que permanecem estagiando, até que tomem rumo. São independentes no seu trabalho e, se ali se estabeleceram, foi porque encontraram o prédio praticamente abandonado; e consolidaram a ocupação porque o abandono, ultimamente, se completou (o que era realmente exato). Demos-lhe os motivos do abandono, efetivado pela direção anterior do orfanato e lhe afirmamos que se tratava de uma situação transitória.

Continuou dizendo que, reconhecendo as mudanças que se estavam agora operando e tomando conhecimento indireto dos planos a serem executados pela nova administração (que lhes criaria; na certa, ambiente incompatível), desejava saber como solucionar o problema, em entendimento pacífico e cristão.

Reconhecendo a honestidade do visitante em resolver o problema amistosamente o que, em outras condições, seria trabalhoso e de resultados problemáticos no campo espiritual, fizemos imediatamente um apelo ao Plano Espiritual Superior, pedindo instruções.

A solução veio, sem tardança, na presença de um emissário de Ismael — o sábio e bondoso condutor nacional — que, dando importância ao assunto e considerando a sinceridade do nosso irmão visitante, determinou solução pronta e deu-lhe sua bênção pelos bons propósitos.

Levando o visitante pela mão, o emissário afastou-se com ele e, ainda antes que encerrássemos nossa reunião, vimos as construções por ele idealizadas tomarem forma e serem levitadas para um ponto pitoresco do litoral norte do nosso estado, onde ficariam melhormente instaladas, a partir daquele momento.

O visitante voltou para despedir-se e então lhe explicamos que, para se prosseguir na reorganização da obra assistencial estagnada, era conveniente um local limpo, desembaraçado de qualquer influência diferente daquela que era sua finalidade específica.

Ele concordou e assim o entendimento, verdadeiramente cristão e harmonioso, fora e acima de qualquer filiação religiosa ou preconceito menor, pôde ser efetivado, ali mesmo, com uma prece que fizemos em comum, de agradecimento a Deus e votos de recíproca e futura colaboração.

Nesse mesmo dia, todas as entidades desencarnadas que habitavam o edifício, o abandonaram, rumando para seu novo destino e, então, pode-se ver, em projeção antecipada, numeroso grupo de crianças desvalidas, em correrias alegres pelos pátios internos do casarão, em seus folguedos infantis.

— 11 —

A Força do Amor

Em trabalhos anteriores, vimos como forças interessadas, ligadas a agrupamentos maléficos, atacavam devotados companheiros, visando afastá-los da cooperação evangélica; e como os processos utilizados eram muito variáveis, segundo as circunstâncias; mas que os mais grosseiros eram os da macumba do boneco, no qual praticavam os malefícios que desejavam produzir nos organismos das vítimas.

Verificamos também que essa onda de atentados fora ordenada por uma entidade maligna poderosa, que chefiava uma legião de Espíritos escravos, e que deveria ser neutralizada em suas atividades perniciosas.

Em embates anteriores foram aprisionados auxiliares seus, de confiança, e um deles, dos mais hábeis, tínhamos agora conosco, como informante.

Nossa caravana era conduzida por um chefe índio que à nossa frente, sob a cobertura de alguns batedores, escoltava esse Espírito e, dessa forma, nos aproximamos do núcleo perigoso, na subcrosta. Devolveríamos esse auxiliar (que, aliás, se revelara rebelde a todo esforço de esclarecimento) e esperávamos convencer o Espírito maligno a cessar seus ataques, que estavam em franco desenvolvimento nesses dias.

Seguimos, atravessando regiões cada vez mais sombrias, até atingir as margens de um riacho, de águas escuras e fétidas.

Espíritos de formas monstruosas, com cabeças de animais, rodeavam uma espécie de trono, situado em lugar mais alto, onde se assentava o chefe; alguns dos escravos estavam sentados ao redor dele, imóveis, e de cabeça baixa. Estavam em uma praça bem larga, rodeada de paredes de pedra avermelhada e a atmosfera era cheia de fumaça densa e sufocante.

O guia índio avançou até bem perto e foi-se identificando aos poucos, condensando-se, até que se tornou bem visível a todos; acalmada a reação produzida por sua presença, fez avançar também o prisioneiro, até então escondido e, sem perda de tempo, propôs o acordo: o chefe desistiria de suas hostilidades contra os trabalhadores amigos e o prisioneiro lhe seria devolvido ali mesmo, naquele instante; sabia, continuou ele, que o prisioneiro era de muita importância e acreditava que a proposta era aceitável.

O chefe negro ouviu tudo imóvel, em silêncio e não deu resposta; seus olhos estavam pregados, com ódio e desprezo, no prisioneiro:

— Por que deixou-se prender, covarde? gritou ele, enfurecido.

E como o outro não respondeu, também silenciou, mas víamos bem, em sua mente, o trânsito do pensamento de um golpe súbito para reavê-lo.

— É inútil pensares em arrebatar o preso, disse o chefe índio; estamos prevenidos. Melhor será que aceites o acordo e o cumpras rigorosamente para evitar castigos. Há algum motivo legítimo que justifique tuas hostilidades?

Continuou o silêncio; somente os olhos avermelhados do chefe se moviam devagar, olhando em torno, ou fixando-se no índio; e dentro de sua mente pervertida, os pensamentos eram os mesmos: atacar de repente e escapar daquele aperto, castigando o adversário insolente, que viera desafiá-lo em seu próprio domínio.

Prolongando-se a demora, vimos que era proposital, para esperar reforço de fora. O índio fez, então, um sinal discreto e tambores invisíveis começaram a bater, em cadência triste, formando um círculo em torno da praça; era uma advertência necessária; o índio sabia que a situação era de perigo, porque as garras do chefe negro atingiam longe.

Os tambores batiam cada vez mais perto, apertando o cerco, mas a situação não se modificava em nada. Entramos então a vibrar fortemente para o Alto, pedindo auxílio.

— Aceitas ou recusas o acordo proposto?

O chefe negro levantou-se, penetrou em uma furna ao lado e voltou trazendo na mão direita vários papeis, que sacudia, raivoso, no ar.

— Aqui estão os motivos dos meus ataques; altos interesses estão sendo prejudicados; as atividades de vocês estão se ampliando perigosamente, multiplicando a heresia amaldiçoada[8]. Não cederei; afastem-se do meu caminho e não se atrevam, porque atrás de mim há poderosos exércitos. Vocês sabem disso.

Nesse instante o Alto interveio; veio descendo lentamente para o centro da praça, como um pára-quedas, um veículo prateado, de forma oval que, aos poucos, foi-se condensando para ser visto por eles; enquanto isso os tambores começaram a bater em ritmo muito

[8] Um índio dirigindo o grupo era a forma mais convincente no momento adotada por um Espírito de maior hierarquia.

mais vivo e bem mais perto. O veículo, já bem visível, desceu junto ao trono do chefe negro, com grande espanto de todos eles. Abriu-se uma porta lateral e escapou para fora uma névoa leitosa, que se espalhou em torno, envolvendo tudo, mas principalmente, o chefe, no seu trono.

Dentro dessa névoa surgiu, por fim, uma linda entidade feminina, de uns quinze anos aproximadamente, cabelos louros como um nimbo de sol e olhos azuis profundos e límpidos; esses olhos estavam fixados no chefe, enquanto que a entidade lhe sorria, graciosa e angélica.

Ele ficou profundamente alterado; fitava a aparição, surpreendido, embasbacado e notava-se que fazia um esforço enorme para ligar fatos, lembrar-se de algo. De sua testa começaram então a cair escamas, enquanto, do Alto, desceu sobre sua cabeça um raio de luz branca.

Repentinamente ele começou a lembrar-se; quis fugir, mas vacilou e abateu-se pesadamente sobre o espaldar do trono largo.

— Recorda-te, meu pai, dos compromissos que assumiste com o Evangelho santo? Não é isto que estás fazendo agora. Que loucura se apoderou de ti, cegando-te de tal maneira?

Ele fez um grande esforço e respondeu dizendo:

— Desde quando, filha de minh'alma, anseio por te ver e agora vens a mim justamente num momento destes! Dediquei a minha vida a destruir essa doutrina herética e agora vens e dizes-me que estou louco! Tolhes-me os passos neste momento decisivo da minha luta! Meu coração anseia por ti, mas a razão ordena o prosseguimento. Que fazer? Dize-me.

— Pesa bem o que tens feito. Escravizas teus semelhantes, perseguindo um engano, uma suposição de fanático. Usas de violência e morte, quando o Evangelho santo aponta o amor e o perdão. A misericórdia do Pai Celeste cai sobre ti agora, oferecendo-te esta nova oportunidade de reabilitação. Aceita-a, peço-te. Abandona este antro escuro. Vim para levar-te às esferas mais claras. Vem comigo, pai querido.

Aniquilado por aquela emoção indizível e por aquele poder maior, ele não se movia mas, de súbito, levantou-se, arrojou para longe os papeis que tinha na mão e dirigiu-se para a entidade angélica, mas esta estava agora subindo no seu veículo leitoso; ele rojou-se no chão e pediu que ela esperasse; disse que se arrependia de tudo o que fez, que mudaria de vida agora mesmo; mas o veículo sobe sempre e a menina sorri, olhando-o bem nos olhos e por fim, com as mãos, envia-lhe um beijo carinhoso, gritando-lhe de longe:
— Espero-te, pai querido!

Ele chorava, mas o índio aproximou-se e disse-lhe: poderás vê-la de novo, nas esferas azuis do mundo espiritual, onde todos os seres se devotam ao bem. Vem comigo e com a devida reabilitação te farás um homem diferente.

Envolto ainda nos efeitos da visão radiosa, ele gritou para os auxiliares estatelados de espanto:

— Joguem fora essas máscaras; agora são livres; chega de maldade; se quiserem seguir-me em novos caminhos, podem vir. São caminhos diferentes em terras diferentes, onde haverá luz e paz para os nossos Espíritos renegados. Sois todos livres, de agora em diante.

Os tambores batem num ritmo alegre e rápido e os servos dançam de alegria pela sua libertação.

Depois, sob a direção de um servidor do nosso grupo, formam uma coluna numerosa que vai rapidamente desaparecendo de nossa vista.

Ao regressar perguntávamos: será crível e estável uma transformação assim tão súbita e radical?

— Sim, respondeu o chefe índio, imensa é a força do amor; abaixo de Deus essa é a força que opera, no universo, as transformações mais profundas.

Rejubilemos, acrescentou ele, porque hoje integrou-se um valoroso combatente no exército invencível do Cristo de Deus.

— 12 —

Cura Pela Fé

O ensinamento evangélico diz que "a fé move montanhas..." e essa frase muitas vezes se torna realidade, como se pode ver em muitos episódios narrados pelo Evangelho.

*

Vê-se uma pequena aldeia da antiga Judeia, que se situava nas proximidades do rio Jordão.

Numa casa humilde, encostada ao flanco de uma colina, uma mulher do povo, já envelhecida, varre o pátio fronteiro, enquanto uma menina ruiva, de uns quinze anos, sentada em um tamborete junto à porta, olha tristemente para o que a mãe faz. Tem sobre o corpo uma túnica leve, amarrada à cintura por um cordão escuro.

— Você precisa ir, minha filha; não podes mais ficar aqui; é contra a lei e os costumes de nossa terra; qualquer dia os guardas vêm aqui e te levam à força; isso será pior.

A menina chora e nada responde; mas bem sabe o fim que a espera...

Dos fundos da casa vem outra jovem, um pouco mais idosa, que a toma pela mão, leva-a perante a mãe dizendo:

— Pede a sua bênção e vamos. Eu te levarei. Não podemos esperar mais.

E vai puxando-a na direção da estrada que passa um pouco além; mas a menina volta, joga-se nos braços da mãe e choram todas as três, longo tempo, desconsoladamente.

Por fim, elas partem. Vão por um atalho que leva ao vale amaldiçoado dos leprosos, onde a menina deveria ficar, aos cuidados de uma mulher conhecida, que lá já estava há muito tempo. Amedrontada, ela era quase arrastada pela irmã, até que horas depois param, ofegantes, à entrada do vale.

— Não te desesperes, minha irmã; ainda há um meio de te salvares.

— Que mais queres que eu espere — clama a doente — senão matar-me para livrar-me desta doença maldita?

— Não, não. Tenha fé. Há um rabi de Nazaré que cura muitas doenças e poderá também curar-te.

Assenta a irmã sobre uma pedra larga e diz-lhe:

— Vou descobrir onde ele está e depois voltarei. Amanhã cedo trarei alimento. Daqui a pouco vem Raquel te encontrar, mas diz-lhe que espere até amanhã cedo, para te conduzir com ela.

Afasta-se correndo sem olhar para trás, enquanto a doente grita, chamando-a inutilmente. Estava desesperada, apavorada, mas repentinamente sente uma onda de calma invadi-la e, intuitivamente, pensa no rabi ao qual sua irmã se referiu e então perde o medo e aquieta-se, confiante.

*

Era ao tempo em que Jesus andava por toda parte pregando ao povo e quantos infelizes já não tinha Ele curado?

Chegando em casa, a moça despede-se da mãe, põe numa sacola um pedaço de pão e afasta-se pela estrada larga, gritando-lhe:

— Vou procurar o rabi para ele curar a Beníah.

Andou muitas horas, descansando de vez em quando. Por fim chega a uma aldeia próxima, pergunta por ele, mas ninguém sabe onde está. Prossegue e por toda parte todos dizem o mesmo: ele passou por aqui faz tempo. Prossegue sempre, caminhando o resto do dia. Já estava exausta e amedrontada quando foi alcançada, na estrada, por um terapeuta essênio[9], já conhecido, que percebeu logo que ela estava quase caindo de cansaço.

— Para onde vais, minha filha, assim tão cansada?

— Vós sabeis que minha irmã está doente e vou procurar o rabi da Galileia para curá-la. Sei que ele pode fazer isso, se eu lhe pedir.

— Mas está ela assim tão mal?

— Está com a doença maldita e quer se matar.

Penalizado, o terapeuta responde:

— O teu caminho é o certo, irmãzinha, e se não o encontrares eu levarei tua irmã para os nossos abrigos das montanhas e será ali muito bem tratada, posso afirmar-te.

— Sim, sim, eu acho muito bom, mas quero primeiro encontrar o rabi.

— Está bem, mas vem agora comigo, porque a noite está caindo depressa e são muitos os malfeitores

---

[9] A Fraternidade dos Essênios era uma ordem religiosa mística, estabelecida na Palestina e países vizinhos, à época de Jesus, baseada na prática da Refoma Íntima. A ordem dos terapeutas trabalhava curando e ensinando nas vilas e aldeias. Para maiores detalhes, vide *O Redentor*, do mesmo autor. (Nota da Editora)

que rondam pela estrada. Ficarás comigo esta noite, na choupana de um conhecido, aqui perto.

Na manhã seguinte ele a abençoou e ela partiu de novo; andou o dia inteiro e era sempre a mesma resposta: "ele passou por aqui não faz tampo"; "vai depressa que o alcanças". E logo adiante: "talvez ainda esteja na herdade do velho Matias, ali atrás daquela colina; talvez passe a noite lá". Bem à tardinha um mendigo, na estrada, apontou com o dedo: "vê aquela árvore alta? Agora pouco estava lá, pregando ao povo. Vai depressa que ainda o alcanças". Ela correu, tropeçando de cansada e, a uma volta da estrada, viu uma multidão de gente que vinha vindo, alguns homens correndo na frente, agitando ramos. Amedrontada, refugiou-se junto a um muro baixo, fechou os olhos, ofegante e fez, pela vigésima vez, a prece agoniada: "oh! meu santo rabi, cura minha pobre irmãzinha."

Esteve muito tempo assim até que notou que o barulho tinha de repente cessado e, abrindo os olhos, viu parado à sua frente, um homem jovem, aureolado de luz, que estendeu-lhe a mão e lhe disse: "Estava à tua espera; como demoraste!" Ela respondeu: "Era muito longe e eu estava muito cansada."

— Que queres de mim?

— Minha irmã está com a doença maldita e quer se matar. Eu mandei que ela esperasse até que eu te encontrasse.

— Para quê? perguntou ele, sorrindo.

— Para eu te pedir que a cures; sei que podes fazer isso.

— Quem te disse?

— Meu coração me disse e sei que é verdade. E, ajoelhando-se aos seus pés, olhando-o com os olhos lacrimosos, disse: peço-te, rabi, cura minha irmãzinha.

O rabi voltou-se para seus acompanhantes e disse, apontando para a menina ajoelhada:

— Feliz quem tem uma fé assim tão grande!

E voltando-se para ela:

— Minha filha, pedes muito, porém maior que isso é a tua fé. Faça-se portanto de acordo com ela. Vai em paz: tua irmã ficará curada.

E seguiu o seu caminho.

— 13 —

No Curso Médico

Na atmosfera azulada da esfera espiritual sobreposta à grande cidade, ergue-se a "Casa de Bezerra" ostentando sua majestosa frente ornada de altas colunas.

Em um dos setores funciona um curso de formação de médicos, destinados a trabalhos espirituais. Jovens de aventais brancos imaculados, atentos ao instrutor que, assim, visto a distância, parece com o venerável diretor espiritual Bezerra, com feições mais moças.

Sobre um suporte, vê-se uma estátua translúcida, representando o corpo humano, mostrando os órgãos internos em perfeita transparência. Lembramo-nos de André Luiz que, em uma de suas obras[10], descreveu coisa semelhante; além da parte anatômica, funciona como um organismo vivo e mostra as atividades fisiológicas em pleno curso. Vê-se como o coração pulsa, recebendo e expelindo sangue; o estômago, contraindo-se e distendendo-se, para saturar de seus sucos os alimentos; o cérebro, fulgurando e, como uma estação eletrônica que é, recebendo e emitindo impulsos provenientes do corpo físico e de fora dele, e os centros de força do perispírito brilhando, alguns, como sóis.

---

[10] *Missionários da Luz,* André Luiz, psicografia de Francisco Cândido Xavier, FEB. (Nota da Editora)

O Instrutor discorre no momento sobre o coração, indicando os pontos delicados e explicando como reage às emoções vindas do exterior, através dos sentidos e referindo-se a detalhes não conhecidos ainda pela medicina da Terra.

A atenção dos alunos é profunda e facilmente absorvem os ensinamentos avançados que deverão utilizar na futura organização física do homem encarnado neste orbe, já então, renovado. Pacíficos, idealistas, evangelizados, esses alunos introduzirão na Terra ensinamentos mais evoluídos, na preservação de organismos humanos mais perfeitos, aptos a uma conduta compatível com esse novo mundo futuro.

Esses jovens são instruídos na medicina a prevalecer na Terra futura, em regime terapêutico mais avançado, sem os sofrimentos físicos do presente.

Essa cirurgia avançada não faz violências, não extirpa órgãos que muitas vezes podem ser renovados nos próprios moldes perispirituais. Conforme o caso, fazem-se desintegrações ou desmaterializações do que deva ser eliminado, como por exemplo: areias, pedras, tumores, quistos, cânceres, etc., e isso sem dores físicas e com utilização de aparelhos mais perfeitos.

Como as matrizes etéreas constituem a tessitura original dos agregados celulares do corpo físico, as interferências que neles se dão repercutem em determinado tempo nas mesmas áreas e órgãos do corpo físico.

Intervenções desse tipo já estão sendo popularizadas em nosso plano por Espíritos benfeitores que trabalham com determinados médiuns de efeitos físicos; utilizando energias novas por meio destes, atingem os órgãos etéreos matrizes e desmaterializam também as ferramentas que usam para tornar a operação invisível aos olhares humanos.

Operam promovendo afastamento celular diretamente no corpo orgânico, para poderem alcançar as camadas musculares ou os órgãos doentes, sem que haja rupturas ou hemorragias; ou cortam nos tecidos e nas vísceras, também sem sangue e sem dor, com cicatrização instantânea.

Estas e outras muitas serão as conquistas nos séculos vindouros, quando se praticará uma medicina de fundo eminentemente espiritual, conquanto desde já o Plano Espiritual esteja preparando o lançamento de várias revelações científicas que alterarão métodos, processos e concepções do conhecimento e das práticas espíritas.

São uns cinquenta e o Instrutor os ama profundamente o que, aliás, demonstra de forma evidente pela atenção e cuidados que dispensa a cada um em particular.

Essa casa espiritual está situada no espaço circundante a alguns quilômetros acima das emanações pesadas e venenosas da crosta terrestre. Começou a ser construída em 1940; possui todos os órgãos e setores necessários aos atendimentos assistenciais e evangelizantes.

Torres altas ostentam faróis que varrem, com sua luz deslumbrante, as cercanias escuras e, ao seu redor, várias das Fraternidades, que há muitos anos colaboram no movimento espírita nacional, erigiram suas sedes ou acampamentos e é também um centro de coleta das vibrações que são feitas diariamente, sobretudo pelos alunos das Escolas de Aprendizes do Evangelho e trabalhadores em geral.[11]

---

[11] Vide *Vivência do Espiritismo Religioso,* capítulo 6, Editora Aliança. (Nota da Editora)

— 14 —
MACUMBA FEIA

O ataque fora violento, cumprindo ameaça anterior. Quando seguimos os fios, fomos dar em uma turma de índios primitivos, ligados a um dirigente que ostentava insígnias religiosas mal definidas e que, no momento em que nos aproximamos, estava junto deles.

Quando nos percebeu gritou:

— Desta vez acabo com vocês. Não me humilharão mais. O vexame que sofri não sofrerei outra vez (atacara anteriormente um companheiro nosso e neutralizáramos seu empreendimento maligno). Vocês são uns intrusos, bradava ele; devem ser castigados.

Quando começamos a cercá-lo, para pô-lo fora de ação, fincou um punhal no chão e correu para junto dos índios. Começamos a vibrar a distância contra ele, visando neutralizá-lo; enfurecido, rebolava no chão e apertava o peito com força, enquanto os índios corriam para o mato, amedrontados.

Pontas de lanças luminosas brilharam na noite e auxiliares nossos, muito hábeis, cercaram-no e o levaram dali. No lugar vazio, um dos batedores arrancou do chão o punhal e viu que estava cravado junto ao coração de um cabritinho, que ali fora enterrado não há muito tempo. O batedor tomou nas mãos o coração do animalzinho e lentamente, com cuidado, começou a cuidar dele, tentando reanimá-lo, refazendo o tecido ferido, promovendo a cicatrização rápida e, por fim, recolocando-o no lugar, restabelecendo as ligações anatômicas, enquanto, todos nós, juntos, nos empenhávamos em revitalizar, com vibrações e ectoplasma, o pequeno corpo quase exangue.

Depois, o batedor levou as mãos à boca e gritou algumas palavras que ecoaram pela floresta e, em breve, foram surgindo os índios, amedrontados, alguns pintados de várias cores, que o batedor convidou a se aproximarem, falando-lhes assim:

— Não façam mais serviço assim, serviço ruim, porque serão castigados. Levem o cabritinho para consertar o mal que foi feito e quero isso já.

Os índios obedeceram imediatamente, tomaram o animalzinho, acenderam depressa um fogo com gravetos secos, fizeram um círculo, dançaram em roda, cantando uma melopeia monótona e cada um deles jogou no fogo um punhado de erva, que queimava fazendo fumaça sufocante.

Suspenderam o corpinho inerte sobre a fumaça, unindo as mãos direitas estendidas, todas juntas, sobre o fogo, cantando cada vez mais alto e mais energicamente, com os pés batendo fortemente no chão; e então vimos que, da boca do animalzinho, começaram a sair fluidos negros, espessos, enquanto o corpinho magro estremecia em convulsões repetidas.

Colocaram-no então no chão, ao centro do círculo e esfregaram nele ervas verdes, que amassavam e mascavam repetidamente, e que tiravam de um cestinho preso à cintura, até que por fim o cabritinho reviveu, levantou-se nas perninhas trêmulas e, logo em seguida, com um salto, aterrorizado, fugiu para o mato.

Por fim, reuniram-se, como no princípio, dançando, demonstrando alegria e o nosso batedor entrou também na roda, dançou com eles e, por fim, agradeceu o trabalho que eles fizeram, mandando que se retirassem para suas malocas.

Ao regressar, indagávamos de nós mesmos, como pôde o batedor conseguir o ressuscitamento do cabritinho? O restabelecimento das conexões venosas cortadas no coração do corpo enterrado vivo?

E concluímos pensando que, realmente, há muita coisa que o Pai concede aos humildes e pequenos e nega aos sábios do mundo, e muita coisa que podem fazer os Espíritos desencarnados. Lembramo-nos de que Jesus, nas suas prédicas, ensinava isso mesmo aos seus discípulos.

— 15 —

Comemoração no Espaço

O significado da data[12] prenunciava alguma coisa de maior interesse nesse dia, mas fomos realmente tomados de surpresa pela intensa movimentação das cenas que se desenrolaram desde o início da reunião.

A grande área, forrada de capim verdejante, limitava-se ao fundo por um riacho de águas mansas e claras; à direita, colinas encadeadas formavam uma muralha revestida de floresta densa; à esquerda, uma fita de estrada vinha, não se sabe de onde, larga, limpa e lustrosa; e lindo bambuzal arredondado marcava a entrada certa da área onde os fatos se desenrolaram.

Uma rica equipagem, formada de jovens com cabeças coroadas de flores e palmas nas mãos, ladeava uma carruagem dourada, que vinha na direção do campo.

Viam-se até muitos escravos, com as mãos acorrentadas, uns ajoelhados, outros em altivo porte, enquanto grupos de africanos, vestindo camisolas largas, cingidas à cintura por cordéis grossos e índios ornados com penas coloridas chegavam em tropel e ali penetravam procurando lugar para se acomodarem.

Chegam também homens vestidos de roupas finas e chapéus altos e alguém os aponta e diz: são os abolicionistas. Em seus rostos manifestam grande emoção.

---

[12] 13 de maio.

São doze e também se movimentam procurando lugar, pois o campo já estava cheio de gente.

A carruagem chega à boca do cenário pela esquerda e abrem-se alas para ela passar. Dentro vê-se uma mulher de meia-idade, olhos suaves, pele clara e leve sorriso a iluminar-lhe o rosto. Não desce do carro; baixa o véu sobre o rosto e recosta-se, imóvel, como que esperando alguém.

Ao lado da carruagem, militares com seus uniformes vistosos, calças brancas e barretinas vermelhas, davam uma nota alegre à paisagem solene, que um céu de brilhante azul coroava. Atiram flores sobre a carruagem e estas, caindo, atapetam o chão, enquanto que, do alto, desce sobre todo o campo um imenso facho de luz dourada.

Aproxima-se um garboso jovem; parece que saiu de dentro do facho de luz. É o enviado de Ismael, grita uma voz. Seus cabelos alourados caem-lhe sobre os ombros. Abre a porta da carruagem, saúda e oferece a mão para apoio da moça que vai descer; leva-a até o centro do campo onde, então, ela descobre o rosto, por onde lágrimas deslizam, enquanto as cabeças se abaixam em saudação reverente. Saudando com a mão, ela agradece as manifestações de carinho e amor que lhe vêm de todos os lados; pela mão do jovem condutor dá volta ao campo e, por fim, abriga-se de novo na carruagem, que logo se afasta pela estrada larga e avermelhada.

*

Daquele campo festivo, fachos luminosos e ondulações fluídicas e coloridas penetram nas zonas inferiores do Umbral, onde desaparecem, como vanguarda de uma imensa onda de amor e de ternura que vem de cima e que se espalha em vastas áreas, afastando por momentos as sombras espessas que ali dominam.

Ouvem-se lamentos e choros desesperados, de Espíritos mergulhados em charcos e trevas profundas, enquanto sobre eles perpassa o canto monótono e cadenciado dos pobres negros, que perderam a vida e muito sofreram na escravidão; o canto reboa, prolonga-se e se esvai por fim, imprimindo nos corações dos sofredores e dos réprobos, uma forte emoção e um frêmito de esperança; e muitos deles, naquela hora abençoada são levados por servidores solícitos, para colônias de recuperação, por intercessão daquela que se chama "Isabel — a Redentora".

16
Um Caso de Obsessão

Era uma moça vistosa, forte, casada de pouco, possuidora de recursos e de posição social elevada.

Antes do casamento, rompeu firmemente com um namorado antigo com o qual, irrefletidamente (ou romanticamente, no enlevo dos primeiros amores), firmara um pacto de não se casar com outro. Ele sofreu um acidente e morreu logo, mas teve tempo de deixar-lhe um recado triste: "Se a vida não nos uniu, a morte o fará".

Depois do segundo filho, ela começou a sentir impulsos irresistíveis de escrever e, mais por curiosidade, deixava que o lápis corresse ligeiro sobre o papel, com comunicações assinadas por ele, lembrando o pacto que firmaram e intimando-a a separar-se do marido.

Ela não levava as coisas a sério e ele, então, passou a agir tentando separar o casal, instilando-lhe sentimentos de ciúmes.

— Você está sendo traída pelo Carlos, escrevia. E ela, também escrevendo, zombava: "Não acredito; tenho absoluta confiança nele".

No dia seguinte:

— Afaste-se de sua amiga Dulce; está virando a cabeça do Carlos. Ela, brincando, escrevia: "Ele nunca gostou dela, nem antes de casar comigo".

Ele insistia:

— Já reparou como ele agora vem tarde para casa? Você sabe onde ele vai?

— Sim, sei: vai a reuniões de negócios na fábrica; é coisa urgente.

— É o que você pensa, sua tola. Procure saber.

E assim, aos poucos, foi envenenando o espírito dela, destruindo a harmonia que entre ela e o marido sempre existira.

Ela então começou a recusar-se a escrever, dando a aventura como terminada, mas o Espírito a hipnotizava e obrigava a continuar, passando, logo depois, a tentar incorporações, primeiramente quando ela dormia, pedindo a um companheiro que a mantivesse afastada do corpo enquanto ele fazia a tentativa; e, quando conseguiu isso, azucrinava o marido com lamentações de ciúme, não o deixando dormir a noite toda; tendo ele se aborrecido e mudado de quarto, perseguia-o lá, batendo ruidosamente na porta, quando ele a fechava e, em seguida, incorporava-se a qualquer hora durante o dia mantendo-a sob insuportável domínio.

Ela, então, aconselhada por uma amiga, abriu-se com o marido, contando-lhe o que acontecia e os motivos anteriores a que atribuía a ocorrência. Este também não levou a coisa a sério e mandou-a passar uma temporada com familiares, no interior.

*

No dia em que regressou, tudo recomeçou como antes, logo à hora do almoço:

— Quer servir-me um pouco de arroz?, pedia ele.

— Não, respondia ela, o arroz te faz mal.

— A mim? Que bobagem é esta? Nunca fez.

— É que você não se lembra.

— Vamos, meu bem, deixe de brincadeiras, estou com fome.

— Você não vai comer esse arroz, porque não quero.

Ele disfarçou, terminou o almoço e procurou esquecer.

*

À tarde, quando saiu com ela, de carro, para uma visita, fingindo agrados ela atirou-se a ele, cobrindo-lhe a visão à frente do pára-brisas, obrigando-o a parar, para evitar um acidente.

— Que modos são esses? Não faça outra vez, é perigoso!

Mas logo adiante ela gritou de repente:

— Pare aí; quem é aquela mulher!

— Que mulher?

— Aquela que te fez sinal e vai indo ali. E saltou do carro e, quase a correr, foi atrás da mulher que ele nunca vira.

*

De noite ela quase não dormia e não deixava dormir. Mudou a voz para um tom grosso e autoritário de homem.

— Você está rouca, Marisa?

— Não, não tenho nada; minha voz é esta mesma.

Então ele convidou-a a ir ao médico.

— Não tenho doença nenhuma, Carlos; que ideia é essa?

*

Virou-se ele, então, para um amigo psiquiatra: “Deixe isso por minha conta; eu resolvo o caso, prometeu o amigo; deve ser nervos”.

Foi almoçar no dia seguinte com eles. À mesa o médico começou a conversa:

— A senhora está um pouco cansada, não é verdade?

— É engano seu; estou muito bem, respondeu ela, com voz de homem.

— A senhora está resfriada? Fala com voz muito rouca. Vou dar-lhe um bom remédio para isso.

— O senhor tornou a enganar-se. Mas deixemos de consultas médicas e coma o senhor o seu bife, que está muito bom.

E assim o almoço foi inútil, porque ela desconversava, sempre levando vantagem.

No outro dia foi fazer-lhe uma visita e fez-se anunciar, mas ela não quis recebê-lo. As coisas então chegaram a extremos e o médico levou à casa dela uma ambulância, com enfermeiros e tudo o mais.

Quando entraram, com instruções prévias do marido às empregadas, ela estava na sala de estar, vestida para sair. Quando o médico aproximou-se, os enfermeiros ficaram à porta; ele explicava que ela precisava de um tratamento sério e vinha atendê-la em casa mesmo, para não lhe dar o trabalho de ir ao consultório.

Ela abriu a bolsa e tirou um pequeno revólver de defesa pessoal.

— Se quiserem me fazer violência, atiro.

E como se aproximaram um pouco, falando coisas ambíguas para a iludirem, ela apertou o gatilho e atirou junto ao pé do médico, ameaçando:

— Fique avisado de que atiro muito bem...

Atemorizado e para evitar coisas piores o médico retirou-se.

O marido, então, recorreu a um advogado para conseguir desquite.

*

Neste ponto a família já estava alarmada e uma irmã dela trouxe-a ao trabalho espiritual, como se fosse para outra coisa.

Ela entrou na sala falando forte e autoritariamente:

— Não quero que ela venha aqui. Ela me pertence.

Sentamo-nos e aguardamos que os benfeitores espirituais a envolvessem e controlassem o obsessor. Feito isso, conversamos algum tempo, ele sempre incorporado. Ele gostou da conversa e acabou prometendo que iria evitar as incorporações e abandonar a ideia de fazê-la desencarnar, para se unirem no Espaço.

No outro dia, concordou em deixá-la dormir normalmente, o que não acontecia há muito tempo.

— Concordo, disse ele, desde que esteja sozinha no seu quarto.

Numa terceira conversa, mais séria, prometeu deixá-la dormir novamente com o marido; depois, em ir-se desligando aos poucos, para não sentir muita falta dela e, por fim, entusiasmou-se com a ideia que lhe inculcamos, de transformar-se em protetor espiritual dela, cumprindo as instruções que lhe fornecíamos, ali, no mesmo instante.

*

Neste ponto, devíamos passar ao tratamento direto, em corrente e, tendo a família concordado, obtivemos o concurso dos amigos espirituais, para ajudarem o obsessor no desempenho de sua nova atividade. Cumpriu a palavra: aos poucos foi compreendendo, desligando-se, afastando-se de companheiros inconvenientes no plano inferior, onde se encontrava, e a moça, por fim, livrou-se completamente da obsessão, empreendendo o indispensável desenvolvimento mediúnico regular.

*

Daí por diante, de vez em quando, em alguma reunião, um Espírito, de improviso, aproveitava uma brecha e se incorporava, dizendo, numa voz grossa, que o identificava: O ex-obsessor Francisco Teixeira, presente.

E nós completávamos a frase dizendo: o bom soldado do invencível exército do Cristo...

— 17 —

Reconciliação Frustrada

Naquela noite, em nossa reunião de trabalho, lêramos o texto evangélico que diz: "Reconcilia-te com o teu inimigo, enquanto estás no caminho com ele".

Mal termináramos a leitura, deu-se a incorporação de um Espírito de nome muito conhecido nas letras nacionais e que teve morte trágica. Saudou sobriamente e disse:

— Não sei se você guarda na memória detalhes dos acontecimentos que produziram meu último desencarne, há muitos anos.

— Conheço bem o assunto, respondemos, que teve, aliás, na época, profunda repercussão nacional.

— Preciso do teu auxílio, disse, e cometo-te a delicada incumbência de procurá-lo (pois é teu amigo) e dizer-lhe que em meu coração não remanescc ressentimento algum; o que entre nós houve, o tempo, para mim, esvaeceu. Podes fazer isso?

— Com muita alegria o faremos.

— O texto que acabaste de ler foi por mim mesmo posto em pauta, por se ajustar bem ao nosso propósito; é, portanto, com o escudo do ensino do Divino Mestre que me abalanço a pedir isso. Conseguirei?

— O que se pede em nome de Jesus, sendo justo, o Pai nos concede.

— Diga-lhe que seu tempo está chegando ao fim e que desejo uma fraternização entre nós, antes do desencarne, posto que isso também lhe será de grande ajuda. Diga-lhe que você está por mim autorizado a promover um encontro mediúnico quando, então, conversaremos. Podes afirmar-lhe que, realmente, o tempo urge e que somente sentimentos de solidariedade cristã me movem a propor este encontro.

Desligou-se, prometendo voltar em breve e ficamos a meditar sobre o melhor meio de nos desobrigarmos da delicada missão, mormente por não conhecer bem ao íntimo, as condições espirituais do nosso amigo encarnado. Por fim optamos por uma jogada franca, falar claro.

Procuramo-lo no dia seguinte, em sua casa e expusemos-lhe o problema claramente, sem levar em conta qualquer circunstância ou preconceito social ou religioso: o homem que ele matara num duelo histórico propunha uma fraternização, leal e cristã, e avisava que se apressasse, porque pouco tempo lhe restava de vida, aqui. Permaneceu impassível, austero; respondeu que estava saindo para uma viagem e ao regressar, dois ou três dias depois procurar-nos-ia para conversar.

Passaram-se os dias em vão e, na próxima reunião, logo de início, o Espírito voltou a falar:

— Sei que o procuraste e agradeço a colaboração; mas volta a ele, peço-te e diga que ainda há tempo, mas que se apresse.

No dia seguinte telefonamos e não o encontramos. Deixamos recado dizendo que o esperaríamos nessa noite, sem falta, às 20 horas, em nossa casa de trabalho. Telefonou explicando que motivo urgente impedia-lhe o comparecimento.

No dia seguinte, ao almoço, comparecemos novamente à sua residência: acabava de sair para o aeroporto, informou a empregada, com destino ao Rio, a negócios.

Percebemos que se furtara ao encontro, ou não levara a sério a oferta, por não confiar ou não conhecer bem o trabalho mediúnico; mas de qualquer forma, lastimamos o fato, por ambos.

No dia seguinte cedo, abrindo o jornal, lá estava bem visível a triste notícia: acometido de moléstia súbita, desencarnara naquela cidade.

Novos dias se passaram e, na próxima reunião de costume, logo de início, como sempre o faziam, falou mais uma vez o Espírito, contristado:

— Fizeste o que te foi possível. Lastimo profundamente não ter podido realizar o meu desejo honesto e justo. Mas digo para que o saibas: recebi-o em meus braços.

18

Reencarnação Completiva

Na cidadezinha pacata apareceu naquele dia, um rapaz alto, simpático, de olhos claros, que ninguém conhecia. Sentou-se no banco do jardim, frente à igreja e ali ficou muito tempo, quieto, olhando os que passavam por perto. Um morador, mais afável, achegou-se:

— O senhor não é daqui; procura alguém?

— Não; estou passeando, em férias.

— E já almoçou? - era mais de meio dia.

— Ainda não, obrigado. Não sou muito comilão, acrescentou irônico.

— Venha então almoçar comigo; ia indo para casa para isso. É aqui perto. Teria prazer em que fosse meu hóspede.

— Se isso lhe dá satisfação, aceito.

— Vamos, então.

*

Na casa modesta a mesa estava posta quando chegaram e, após as apresentações, sentaram-se para comer.

— Só isso? - perguntou a dona da casa, estranhando a sobriedade. - Será que não gostou da comida?

— Não é isso, senhora; gostei muito; é que como mesmo pouco.

— E como é que o senhor tem o corpo que tem?

— É que ele vai por si, sem muito enchimento, caçoou o hóspede.

Estavam nisso quando a velha Benta, lá da cozinha gritou:

— Sinhá, não tem mais lenha. Seu Jerônimo não veio hoje.

— E esta agora, diz seu Artur, o dono da casa; justamente hoje, que estou com este danado de reumatismo...

— Não se preocupem, disse o hóspede; eu corto a lenha. E foi levantando e entrando para o fundo da casa, como se já conhecesse o lugar do telheiro e, tomando do machado, rachou um monte de lenha que qualquer outro levaria o dia inteiro para igualar. Depois, lavou o rosto na torneira do tanque e, com a maior naturalidade, voltou para a sala e sentou-se numa poltrona.

Os hospedeiros, surpreendidos, não sabiam como agradecer e ele esquivava-se explicando que gostava de fazer exercício. E foi ficando e conversando, até que chegou a noite e lhe ofereceram pousada que ele, prontamente, aceitou. Arrumaram-lhe uma cama do quarto dos fundos e ali dormiu em paz até o dia seguinte.

Logo de manhã seu Artur encilhou o velho cavalo da família e disse que ia fazer compras na colônia próxima (onde tudo era mais barato); e o hóspede logo se ofereceu para acompanhá-lo.

— Mas só temos este cavalo magro, disse seu Artur.

— Não faz mal; eu gosto de andar a pé e ainda chegarei primeiro, porque seu cavalo está mesmo velhinho, coitado!

Quando voltaram, quatro horas depois, seu Artur trazia quatro volumes, em sacos com as bocas amarradas, dois de cada lado da garupa e o moço trazia os outros dois, um em cada ombro e não demonstrava o menor cansaço.

— Nunca vi sujeito mais ligeiro e mais forte, contava, logo depois, seu Artur à mulher e aos filhos. Saímos juntos e por mais que eu chegasse a espora no Barroso (o cavalo), o moço estava sempre junto, conversando e andando folgado, sem nem respirar forte.

Chegando lá, ainda ajudou os homens a debulhar milho, ralar mandioca e mexer o tacho de rapadura; e onde ele botava a mão, tudo saía depressa.

— É mesmo esquisito esse rapaz, falou no dia seguinte Justina, a dona da casa, mas é prestimoso. Parece que não tem família; me disse que não tinha e anda pelo mundo.

— Mamãe, interrompeu a filha Luiza, de seus vinte anos, já nas vésperas do casamento, convida ele para ficar conosco. Depois que eu casar a senhora fica meio sozinha e papai anda sempre doente...

Mas antes que Dona Justina respondesse, o rapaz, que vinha entrando e ouvira falou bem alto: "Voto a favor; eu fico. Gostei da família e quero parar um pouco de correr mundo".

A família então cresceu de mais um e todos ficaram alegres, até os vizinhos que já o conheciam.

*

Passaram-se vários meses e tudo na casa ficou mais fácil, com ajuda de Crispim (era o seu nome). Comia quase nada; levantava cedo, fazia compras, tomava conta da lenha e da limpeza do quintal, plantava a horta, podava as árvores, cuidava do jardinzinho de Luiza e tinha a mão abençoada para curar qualquer ferida, inflamação, reumatismo e outras doenças.

Começaram a chamá-lo para todas as coisas e nunca se vira um moço assim, que sabia tudo e resolvia tudo com facilidade.

A família estava passando apertos de dinheiro e ele saía cedo para arranjar algum "biscate" e logo voltava com dinheiro, porque todo mundo queria seus serviços. Na usina elétrica lidava com alavancas e botões como se fosse engenheiro; na fábrica de fósforo, enquanto um operário enchia duas caixas, ele enchia dez; na padaria, manipulava um saco de farinha como se fosse brinquedo. E quando venceu uma hipoteca da casa, por falta de pagamento e todos ficaram acabrunhados, com medo de perdê-la, ele resgatou a dívida dentro do último prazo de tolerância e ninguém soube de onde tirou o dinheiro.

De uma feita, Luiza, por brincadeira, disse:

— Se eu não fosse noiva casava com você. Mas ele, sorrindo respondeu logo — "desta vez não pretendo casar" — e foi-se da sala.

— Que queria ele dizer com "desta vez" minha mãe? Será que é viúvo?

— Não sei; ele diz coisas que ninguém entende.

*

Mas chegou o dia do casamento e quando todos já estavam nervosos, porque a costureira não trazia o vestido, esta apareceu correndo, **para provar mais uma vez,** exclamando: vamos correr, gente; estou atrasada demais. E foram para o quarto e quando voltaram, ela trazia o vestido na mão e desdobrou-o para todos o verem, cheios de admiração!

— E você que acha Crispim? perguntou Luiza, vendo-o quieto, em um canto.

Ele veio para perto, tomou o vestido e sacudia a cabeça aprovando: "Muito bonito. E que fazenda fina! Parece espuma! Cabe na palma da mão!" e enquanto dizia, foi amassando o vestido todo e o comprimindo na palma da mão direita, apesar da gritaria dos presentes, principalmente da costureira.

— Estragou tudo, gritava ela. Onde se viu essa maldade?

Mas ele, em seguida, sempre sorrindo, abriu a mão e jogou o vestido para cima, onde ele se abriu como um pára-quedas e foi caindo devagar, liso, esticadinho, como antes. Todos respiraram aliviados.

— Graças a Deus, que não aconteceu nada! Que susto!

— Mas como é que ele fez isso? Comentavam...

Depois do casamento, a família deveria mudar-se para outra cidade, mas ele disse que não poderia ir. Foi uma tristeza.

— Mas você faz parte da família e nós te estimamos como um filho, dizia Dona Justina, acabrunhada.

— Vai ser muito difícil agora viver sem você, Crispim, dizia seu Artur, contristado.

— E quem é que vai nos valer quando houver qualquer dificuldade grande? perguntavam uns aos outros.

— E quem rachará lenha para mim, que já estou tão velha e fraca? gemia a velha Benta, na cozinha.

Mas ele, sorrindo, abanava a cabeça que não; não podia.

— Mas afinal, rapaz, perguntou seu Artur, onde é que você vai ficar, se não tem família que te cuide?

— Ora, papai, que bobagem, falou a Luiza; muita gente há de querê-lo; ele não gosta mais de nós, dizia ela com os olhos cheios de lágrimas.

— Não é nada disso que vocês estão pensando; meu problema era vocês, respondeu ele, e já foi resolvido com o tempo que passou; o que eu tinha que fazer já fiz. O que tinha que pagar, já paguei.

Mas ninguém sabia o que ele queria dizer com aquelas palavras e ele também não explicou.

No dia seguinte, ainda ajudou a carregar o caminhão de mobília; depois desapareceu e não foi mais visto em lugar nenhum.

*

Na cidade onde foram morar, Dona Justina, dois anos depois, foi convidada para uma sessão espírita, numa casa conhecida. Era a primeira vez e estava desconfiada e meio aturdida.

Num dado momento um médium disse que queriam falar com ela.

— Comigo? Quem é? Não conheço ninguém aqui...

— Sim, com a senhora. É um Espírito.

E logo uma voz conhecida, que não se sabia de quem era, falou bem alto:

— Mãe Justina, como vai a senhora? Lembra de mim?

— Quem me chama deste jeito? perguntou ela, nervosa.

— Crispim.

— Crispim? Mas onde é que você está meu filho? Que saudade...

— No céu, com Jesus.

— No céu? Será que ele morreu, o coitadinho? Valha-me Deus.

— Eu tinha uma dívida com a senhora e paguei.

— Uma dívida comigo? Nós é que devemos muito a você pelo bem que você nos fez, nos ajudando daquela maneira. Deus te abençoe!

— Ora: esqueça isso; até um dia, mãe Justina.

E nunca mais voltou.

— 19 —

Vampirização — Outro Caso

O trabalho estabelecido para aquela noite era de socorro a um Espírito encarnado. O Instrutor espiritual encareceu sua importância, considerando a espécie de delinquente moral que iríamos enfrentar.

Penetramos no quarto de uma casa pobre, em bairro industrial, onde via-se, deitada, uma mulher ainda moça, demonstrando avançado depauperamento físico.

— Vejam mais a fundo, pediu ele, o intenso desequilíbrio psíquico e as fortes radiações maléficas que vêm de fora e envolvem o cérebro, cerebelo e a coluna, até a base, daí se irradiando para todo o organismo, já quase paralisado.

Acompanhando as radiações, demos com um Espírito ruim, de elevada estatura, calvo, olhos avermelhados e saltados. De suas mãos ossudas, compridas, de unhas recurvadas, partiam as radiações. Por esse processo estava dominando completamente a doente, de cuja medula sugava, como vampiro, as energias vitais, dia por dia, aniquilando-a fisicamente por uma anemia progressiva e profunda.

O Instrutor projetou sobre a doente poderosa corrente de fluidos reparadores, sob cujo influxo ela reagiu fracamente, reabrindo os olhos; colaboramos em novas transmissões até que ela pudesse sentar-se na cama, mais robustecida e animada.

Nesse ínterim o vampiro, inquieto, mas que não nos via, acudiu de longe, para junto de sua vítima e, percebendo mais ou menos o que se passava, precipitou-se para fora, aos saltos, indo cair na rede armada pelos companheiros de vigilância, que permaneciam no exterior. Lutou muito, mas foi dominado e conduzido a local adequado à sua contenção e tratamento.

De regresso, o Instrutor esclareceu que ambos estavam ligados por laços fortes do passado. Ela fora uma fazendeira rica, orgulhosa e dominadora e, ele, seu capataz de confiança, executor de todas as suas ordens, por mais perversas que fossem. Apaixonando-se por ela e ficando ousado, foi levado a uma emboscada e, aí, assassinado. No espaço, conforme a lei de atração, foi conviver com Espíritos de sua mesma condição vibratória inferior e passou a persegui-la na fazenda, transtornando-lhe quase todos os negócios a ponto de reduzi-la à miséria, dentro da qual ela desencarnou algum tempo depois.

No espaço, submeteu-a a seu domínio, maltratando-a de forma terrível, para o que, aliás, possuía determinada licença, fornecida por ela mesma, com o atentado que o fizera desencarnar.

Merecendo interferência de um familiar, conseguiu ela reencarnar de novo, casando-se cedo, mas permanecendo sempre uma mulher de más inclinações. Ele agora a vampirizava, visando provocar novo desencarne, para tê-la novamente em suas mãos, no Umbral. Foi o que confessou quando interrogado. Presos ambos na trama do ódio recíproco, vibravam no mesmo teor, estabelecendo afinidades e atrações que os levavam a se buscarem e a se repelirem ao mesmo tempo, mantendo assim uma terrível e recíproca simbiose obsessiva.

Quando em vigília, a mulher sofria os efeitos da dominação dele e, quando se desprendia pelo sono, atiravam-se um contra o outro em desesperada luta, sem solução.

Também devemos considerar que Espíritos como esses são impermeáveis a bons sentimentos, a influências amoráveis, porque seu diapasão vibratório é muito baixo e rude e não sintonizam com qualquer vibração diferente; não se deixam influenciar por palavras ou gestos, por eloquentes e generosos que sejam, porque só compreendem a linguagem do ódio e da vingança, da destruição e da violência e resultam estéreis e improdutivas as melhores e mais sinceras tentativas de esclarecimento, doutrinação e recuperação moral. Estes são casos que justificam a contenção e a reclusão em lugares apropriados do Espaço, providência essa que jamais pode ser da alçada dos servidores encarnados.

— 20 —

CROMOTERAPIA[13]

Assistimos agora em um laboratório do Espaço a uma demonstração curiosa: opera um benfeitor espiritual hindu, vestindo sobrecasaca escura descendo até os joelhos, trazendo na cabeça um turbante amarelo, em cujo centro brilha uma pedra verde.

Utiliza-se de projetores portáteis, porém dotados de forte potência; um para ondulações, outro para radiações; as ondulações saturam a área dos órgãos doentes e as radiações os atravessam, agindo diretamente sobre as células.

As cores a empregar variam, à medida que o tratamento prossegue e conforme as reações orgânicas locais.

Em um doente com estreitamento do esôfago vimos aplicar uma radiação azul sobre o cárdia, à entrada do estômago, onde acusa dores. Com as primeiras projeções não houve reação. Mudada a cor para o vermelho, o tecido reagiu logo, distendendo-se; o operador manteve a aplicação por alguns momentos e depois passou adiante.

Enquanto trabalha, o operador fala com o órgão doente, cujas células estão atentas e ouvem o que

---

[13] Nos trabalhos de cura espiritual, em geral as cores representam precioso elemento de recuperação, desde que aplicados com conhecimentos adequados. A Editora Aliança publicou em 1974 um trabalho de nossa autoria intitulado *Cromoterapia.*

ele diz e entendem o que se exige delas. Neste caso atual, de início estavam inertes mas, à medida que o tratamento prosseguia e o operador as exortava a se moverem e cumprirem com seus deveres, começavam logo a se movimentar, espreguiçando-se, distendendo-se, torcendo-se e, ao final, voltando todas às atividades que lhes eram próprias. O sinal de que tudo estava bem era a emissão, pelas células, da tonalidade vibratória musical, característica do órgão doente.

Descendo ao estômago e prosseguindo, o operador mantém a cor vermelha, projetada diretamente sobre a mucosa das paredes e, após obter sua uniformidade funcional, projeta o verde calmante e anti-séptico.

Prossegue depois, órgão por órgão, aplicando ora ondulações, ora radiações, segundo os diferentes casos.

Na vesícula, a situação era delicada: não havia atividade alguma e considerável depósito sobrecarregava a bolsa, e o canal de descarga no duodeno estava quase entupido. O operador fez uma projeção de ondas azuis fortes, durante um tempo relativamente demorado, para relaxar as fibras; depois aplicou radiações vermelhas no canal enquanto concitava as células a se moverem e trabalharem. Dentro de pouco tempo vimos como a bílis recomeçava a pingar no duodeno e o operador alternava, de instante a instante, as projeções azuis e as radiações vermelhas obtendo, por fim, um fluxo eliminatório quase normal, que permitiu também a eliminação de grande parte do depósito.

No seu giro, o operador passou por todos os órgãos internos, estimulando-os até que o conjunto geral fosse considerado bom, cada órgão emitindo seu acorde sonoro, um mais agudo, outro mais grave; um mais curto, outro mais longo, formando-se, afinal, uma orquestração musical alegre e viva, como a dizer que "agora estava tudo bem", todos os elementos produzindo o seu trabalho normal.

Foi uma experiência notável que demonstrou, além do mais, que o som, as cores, a harmonia e a beleza da criação de Deus podem ser surpreendidas em todas as coisas, do inseto ao homem, do grão de areia ao mundo que gira no espaço cósmico.

— 21 —
Entendimento

Eram inúmeros os pedidos de auxílio que estávamos recebendo de trabalhadores e médiuns atacados de muitos modos por Espíritos inferiores, criando embaraços ao prosseguimento de certos trabalhos de cura.

Levados à consideração dos Benfeitores Espirituais, recebemos informações de que haveria providências imediatas.

Satisfazendo o pedido de auxílio, Jaúary, o guia índio de um grupo de trabalhadores nossos, ia partir para uma excursão na zona trevosa e fomos junto. Eram índios que faziam trabalhos ruins. Em pouco tempo, descendo, entraram em zona escura, atravessando lugares áridos, pedregosos, onde se viam, isolados ou em pequenos grupos, Espíritos na mais abjeta e miserável condição.

Prosseguiram com mais cuidado até atingir uma escarpa rochosa de onde se avistava, lá para baixo, uma planície, com arvoredo raquítico em terrenos alagadiços.

— É perigoso prosseguir sem entendimentos prévios, explicou Jaúary; seria luta na certa, quando nosso objetivo é esclarecer e encaminhar irmãos nossos, ali refugiados, que servem de instrumentos para outros. Tentaremos um entendimento.

Fixou em uma vara uma folha de papel, onde rabiscou uns sinais e fincou-a num montículo bem visível; depois levou as mãos à boca e emitiu um silvo agudo e prolongado que ecoou bem longe, lá embaixo, na planície. E aguardou.

— Posso saber o que escreveu naquele papel? — perguntei.

— Tracei uns sinais de paz e amizade. Conheço os índios que vivem aqui; são muito atrasados e violentos.

Mal terminara, uma flecha sibilou e cravou-se no barranco, junto ao aviso e logo várias outras, formando um círculo a seu redor; eram setas pretas, com enfeites vermelhos.

O guia levantou o braço e traçou no ar vários sinais circulares que percebemos serem dirigidos a auxiliares seus que, provavelmente, estavam por ali, como proteção.

Pela trilha que vinha da planície, veio subindo a escarpa, sorrateiramente, um índio bronzeado cujo cocar, de penas amarelas e vermelhas, era bem visível; preso a este viam-se dois chifres curtos e recurvos, de pontas voltadas para os lados. Atrás dele, mais quatro índios, que também subiam, desconfiados, farejando o ar, como animais. Ao chegar ao barranco onde estava o papel, o índio examinou-o sem tocá-lo, olhando em torno, rosnando, grunhindo, suspeitoso.

O ar foi ficando pesado como um manto e um nevoeiro cinzento veio da planície, rente ao chão, quase que toldando a visão das coisas.

Jaúary, muito calmo, do esconderijo onde estava, emitiu novo assobio e o grupo de índios sumiu logo, escondendo-se no arvoredo. O guia repetiu o assobio, com um silvo diferente que, afinal, foi respondido pelo chefe índio, invisível no mato.

Jaúary, já bem visível, saiu, levantou os braços, mostrou que estava desarmado e gritou que queria falar com eles, para bem deles, porque era um amigo. A resposta veio do mato dizendo que ele podia ir. Foram então se aproximando devagar, até a alguns passos deles; quando se defrontaram, Jaúary estendeu a mão, mas o outro encolheu-se e perguntou:

— Quem és e o que queres aqui?

Jaúary limpou o chão com o pé, fazendo um círculo, acocorou-se dentro dele e convidou o outro a fazer o mesmo, pois queria conversar pacificamente, sendo afinal atendido. O índio era um homem enorme, com tatuagens de muitas cores, colares de ossos no pescoço e outros símbolos grosseiros no corpo nu. Fez sinal aos companheiros para que esperassem onde estavam.

— Somos amigos e queremos ajudar vocês.

— Não pedimos ajuda de ninguém, respondeu o outro, raivoso.

— Tua filha Iray pediu. Ela sabe que o pai e os irmãos até hoje não encontraram o caminho da paz. Viemos a pedido dela.

— Queres enganar-me, bradou o outro, levantando-se; não tenho filha com esse nome.

— Foi tua filha na encarnação passada e agora está encarnada na terra de teus pais. Tu sabes muito bem que ela existe e reza sempre a Tupã por ti. Ela te aparece sempre.

O índio agachou-se de novo, resmungando, ainda suspeitoso.

— Vou embora, disse; não tenho nada contigo.

Jaúary levantou o braço e, como por encanto, surgiram em volta de nós vários índios, armados de lança e rede.

— Eu poderia ter atacado vocês se quisesse, mas não vim aqui para isso. Conversemos em paz. É para teu bem e dos teus filhos. Por que vocês moram neste lugar ruim? Por que não se mudam para lugares mais claros, mais secos, onde o sol é mais quente, o mato mais alto, onde a vida é mais fácil? Por que vivem aqui como bichos? Você não é o chefe? E chefe é pai e deve dar vida melhor a seus filhos. Chefe índio bom, deve ser pai bom, que cuida dos filhos; e vocês vivem aqui na miséria; por quê?

Enquanto Jaúary falava, seus acompanhantes foram se aproximando, curvados para a frente, para ouvir melhor.

— Você está fazendo coisa errada, escravizando seus filhos neste lugar amaldiçoado por Tupã, havendo coisa muito melhor noutro lugar. Índio em toda parte é livre e você é escravo.

— É mentira; eu sou livre e mando aqui, gritou ele batendo no peito.

— Você é escravo de outros homens, que mandam você fazer maldade para nossos irmãos encarnados. Tupã é um só, o meu e o teu e manda que sejamos todos amigos. Saiam daqui, lugar ruim, chefe ruim; eu levo você e seus filhos para lugar melhor, vida melhor e Iray vai ficar alegre e todos vão ficar juntos.

O índio se emociona mas resiste; quer saber, faz perguntas, põe condições, mas nossa vibração amorosa o envolve por inteiro e do Alto desce, também, sobre eles, uma faixa de luz clara; e ele acaba cedendo e aceita. Todos concordam, mas têm medo do chefe deles.

— Não há perigo algum, diz Jaúary; somos poderosos e te protegeremos. — Queres ver? Levantou o braço e arrojou com força um petardo, que explodiu com fragor, lá embaixo, entre fulgurações violentas.

Atemorizado, o índio gritou que aceitava:

— Estou cansado de obedecer chefe malvado, não

sou escravo. Arrancou as flechas do barranco, juntou-as num feixe e ali mesmo quebrou-as.

— Está bem. Esperamos aqui; vão depressa, destruam tudo o que fizeram de mal, desmanchem tudo e voltem correndo. Nós protegemos.

Antes que partissem, um dos filhos gritou, já andando: se nosso pai não voltar, nós voltaremos e iremos contigo.

Mas voltaram em pouco tempo, perseguidos por outros Espíritos, cujas lanças voaram por cima deles, mas Jaúary lançou mão dos petardos e, amedrontados, os perseguidores fugiram.

*

Quando regressávamos, o guia nos disse: são índios ignorantes, ligados a trabalhos ruins, a troco de comida e bebida; faziam malefícios inúmeros, como instrumentos de trabalhos de terreiro na crosta. O que amoleceu a este, continuou, foi a lembrança da filha que, assim que nos pediu que o retirássemos dali, apareceu-lhe aconselhando.

Este trabalho, disse ele, é para nós um grande êxito, porque o coração dela agora vibrará de alegria e o nosso também. E, quanto a vocês, amigos, colaborastes para beneficiar um desconhecido. Não é assim que o Evangelho ensina?

E olhando nos olhos dele, agradecendo, quanta bondade vimos!...

— 22 —
Tratamento Diferente

O doente apresentava sintomas pouco definidos, e negativos foram os exames de laboratório e de radiografia; mas grande era o seu mal-estar físico, com irregularidade de batimentos e dispneia.

Eis como foi o tratamento espiritual: o perispírito do médium foi reduzido a tamanho mínimo, para poder enquadrar-se a coisas mínimas, e assim penetrou no baço do doente e verificou-se que ele estava infestado por uma infinidade de germezinhos pretos; recebendo, no momento, inspiração do necessário, apanhava com as mãos punhados deles e os esmagava, até que foram quase todos reabsorvidos pelo órgão.

Penetrou, em seguida, em uma veia e passou a percorrer todos os vasos da circulação sanguínea, desobstruindo os pontos que necessitavam de desafogo, inclusive as válvulas do coração; passou depois aos pulmões e verificou a existência de pontos em que se aglomeravam inúmeras células mortas que não haviam sido eliminadas e substituídas, formando-se assim focos de infecção, que dificultavam a respiração.

Neste ponto, colaborou no trabalho do Instrutor espiritual, que agiu energicamente sobre as células preguiçosas, estimulando-as ao desempenho do trabalho que lhes competia, tanto da multiplicação própria, como da recomposição dos tecidos lesados.

Viu como se estabeleceu naquele ponto um tumulto, as células se agitando, movimentando-se, agindo com incrível rapidez na multiplicação biológica; invadindo as áreas inertes, promoveram sua reconstituição, da forma mais satisfatória possível no momento.

Banhos de luz de várias cores e poderosas projeções de raios coloridos, vindos de outra direção, em socorro do esforço celular, colaboraram para a consolidação do trabalho, vendo-se agora como os pulmões se dilatavam e contraíam normalmente.

O médium encerrou sua interferência novamente no coração, onde penetrou para verificar seu ritmo funcional com os pulmões e se o sangue corria agora livremente e sem sobressaltos.

Terminada a inspeção, o médium voltou às suas condições normais e o trabalho terminou.

*

Uma excursão destas, feita com as minúcias que a redução perispiritual faculta, é uma lição imensamente proveitosa, que encerra ensinamentos que jamais se esquecem, conquanto tudo o que foi escrito possa parecer fantasia e uma pergunta ocorra:

— Não se podia observar tudo de fora, pela vidência?

— Claro que sim, mas, neste caso, que era grave, o benfeitor espiritual necessitava de um ponto de apoio na intimidade dos órgãos doentes; esse ponto de apoio foi o médium, que para ali potencializou as energias da corrente magnética de base, com a qual, em todo o tempo, permaneceu ligado.

— 23 —

O Caso do Cheque

Seriam umas 5 horas da tarde de um dia chuvoso. Uma pessoa parou à porta.

— O senhor é o diretor?

— Sim; que deseja?

— Posso entrar para falar com o senhor?

— Pode, entre.

E como ele estivesse fechando a porta do gabinete, disse-lhe que tal não era preciso; mas ele insistiu, pois o caso era delicado.

— Mas mesmo assim não há necessidade de fechar a porta; ninguém virá aqui interromper-nos.

Mas ele insistiu que preferia fechar e acabei dizendo que então fechasse e ficasse tranquilo.

Era um homem alto, grandalhão, queimado de sol, tipo de lavrador.

Puxou um cigarro de palha bem grosso e ia acender; mas fiz-lhe sinal negativo com o dedo indicador.

— Será que não posso fumar?

— Aqui não; deixe para depois.

— É que não sei falar direito sem fumar.

— Então fume, mas sente-se aqui ao lado e diga o que deseja.

Fez ainda alguns rodeios mas por fim começou sua história:

— Sou fazendeiro e moro em Goiás. Ainda hoje vendi uma partida de arroz que deu bom dinheiro.

Como não tivemos filhos, criamos uma menina e minha mulher é muito agarrada a ela. Está tudo claro?

— Está muito claro, respondi.

— Quando ela cresceu ficou uma moça e tanto, bonita demais e eu acabei gostando dela; minha mulher se implicou. Depois a coisa ficou de jeito que não aguentei mais viver com ela na mesma casa, como pai e filha, e minha mulher percebeu e disse uma manhã, com raiva: "Case essa menina bem depressa. Vou preparar as roupas".

Arranjamos o casamento com um rapaz correto, bonitão, empregado na fazenda. Montamos a casa deles na redondeza e no dia em que saíram, fiquei aliviado; estava livre da tentação.

Mas a paixão deu de crescer, em vez de diminuir, e acabei indo à casa dela quase todos os dias, quando corria o serviço da fazenda; ia lá como pai, eu dizia para mim mesmo, mas bem que sabia que não era assim. Está entendendo?

— Sim, estou.

— Ela já tinha percebido minha fraqueza e, invés de se retrair, até que me instigava com seus agrados; aguentei o que pude, até que no fim me entreguei na mão dela.

Tempos depois o rapaz deu de beber e não parava mais em casa, não sei se era por minha causa, porque eu dava sempre dinheiro para ajudar.

Eles já tinham duas crianças, quando, um dia, ao chegar, escutei uma gritaria e entrei na horinha em que ele estava dando uma surra nela. Fiquei enfurecido, peguei o moço pelo peito e o joguei para fora da porta; daí ele sumiu de uma vez. Passei então a sustentar a casa dela e, como minha mulher estava muito doente, fiquei com liberdade de passar lá o tempo que quisesse. Era seu pai adotivo e ninguém tinha coragem de maliciar nada.

Depois de quatro anos, o rapaz apareceu muito maltratado, arrependido, prometendo andar direito e voltar para casa. Achei bom porque, nessa altura, já havia um zumzum por fora e até minha mulher já estava outra vez me olhando de mau jeito e fazendo perguntas atravessadas.

Mas o rapaz recomeçou logo a beber; meteu-se numa briga e foi esfaqueado e agora não vale mais nada, está inválido; mas o zumzum continua e todos falam que ela não é mulher séria e que é por isso que o marido bebe.

Aqui parou um pouco, pensando, e aproveitei para perguntar:

— Tem certeza de que tudo isso não acontece por sua causa?

— Penso que não, o rapaz é que não presta.

— Continua ainda o amigo a viver com a moça?

— Não; só vou lá de vez em quando, para levar dinheiro. Agora o que eu quero é sair disso, antes que minha mulher venha a saber da verdade e sofra, porque ela já está velha e doente; mas também quero socorrer a moça e as crianças, para que não passem necessidade.

— O que é que deseja, então? perguntamos.

— Queria saber se durante o tempo em que vivi com ela, ela procedeu honestamente, ou me enganou com outra pessoa.

Fiquei olhando para ele e ele olhando para mim.

— Que é que o senhor diz? perguntou.

— Não tenho nada a dizer.

— Mas o senhor não é o diretor aqui? Me disseram que se a gente perguntar para os espíritos, eles dão a resposta certa e por isso é que fiz essa viagem.

— Esse seu problema, meu amigo, é um caso de consciência própria.

— Mas eu quero saber a verdade; por isso é que vim.

— Neste caso parece que deve procurar um detetive particular; posso dar o endereço de um bem sério.

— Não senhor; quero uma resposta. Abriu a carteira e tirou dela um cheque, que me passou. Era uma importância muito elevada.

— Deixo este cheque com o senhor. Se ela foi honesta comigo o senhor entrega o cheque a ela; se não foi, o senhor rasga.

— Mas o senhor não disse que queria amparar as crianças?

— Então, em vez de rasgar, o senhor manda internar as crianças num bom colégio até crescerem.

Vi que ele estava meio desorientado, mas admirei a confiança que ele depositava nos espíritos.

— O senhor é espírita? — perguntei.

— Não senhor; mas me garantiram que o senhor é homem sério e resolve o caso de qualquer jeito.

Refleti uns momentos, em silêncio; com essa ingenuidade e essa fé simples, se ele caísse nas mãos de pessoas inescrupulosas, na certa que perderia o dinheiro e seria mistificado.

— Guarde o seu cheque e volte daqui a 15 dias, que lhe darei uma solução.

— Não posso, é muito tempo, tenho o que fazer na fazenda.

— Oito dias então, pode ser? Às três horas da tarde?

— Isso pode; dou um jeito de esperar aqui mesmo.

— Qual o nome e o endereço da moça?

— Isso não; eu quero tudo em segredo.

— Mas é preciso. Não confia em mim? Ninguém saberá de nada.

— Está bom; vou dar. E deu o endereço, o nome e a idade.

*

Os dias passaram e, na multiplicidade dos afazeres, esqueci-me do compromisso e somente no último dia, mexendo na gaveta, dei pela coisa. Fiquei frio. Ele ficara na capital por exigência minha e já eram três horas passadas.

Mal acabara de rever os detalhes do caso, o nosso irmão chegou à porta e a bloqueou com o seu corpanzil.

— Posso entrar?

— Entre; sente um pouco que já lhe atendo. E saí pensando no caso e lastimando meu esquecimento. A confiança demonstrada por ele não podia ficar sem resposta. Estava nisto, quando avistei um médium conhecido que vinha na direção do meu gabinete. Segurei-o pelo braço e entrei com ele em uma sala anexa. Fechei a porta e pedi-lhe que se sentasse e concentrasse para um caso de emergência. Quase não chegou a sentar-se e já o benfeitor amigo dava a resposta: pode dar o dinheiro à moça.

Voltei ao gabinete e transmiti a resposta: Pode dar o dinheiro.

— Quer dizer que ela foi honesta comigo?

— A resposta é que pode dar o dinheiro...

Ele abriu de novo a carteira e tornou a me estender o cheque.

— Não senhor. Leve o cheque, o senhor mesmo e o dê com suas mãos ou deposite na Caixa Econômica no nome dela ou das crianças. Isso ainda será melhor.

Ele fechou a carteira e disse, levantando-se: Graças a Deus, tirei um peso das costas.

E saiu, esquecendo até de me dizer até logo e eu também me esqueci de perguntar o nome dele...[14]

[14] Em obras posteriores o autor recomenda que, em casos de consultas mediúnicas, não se submetam aos Espíritos assuntos ligados a interesses puramente materiais. (Nota da Editora)

— 24 —

Trabalho de Emergência

Naquela tarde fria de junho, ao abrir o trabalho, veio o convite para colaborar em um caso difícil.

*

O chefe índio, já conhecido, veio com sua graciosa companheira e trazia na trela um cão avermelhado de grande porte. Substituiu a trela por uma corda fina mais longa e muito resistente, que prendeu ao pulso esquerdo do médium, já desdobrado, que ia agir no caso; e aos olhos deste passou uma venda "para que não visse, disse ele, coisas feias durante o percurso".

Seguiram logo passando, rapidamente, por lugares frios e úmidos, descendo sempre fortes declives, até que se detiveram em dado ponto, onde a venda foi tirada, enquanto o cão esticava a corda, farejando ruidosamente, e num dado lugar começou a cavar com as patas no chão lamacento. Olhando ao redor, os operadores viram que estavam ao fundo de uma cova rasa, mas no formato de cratera de vulcão muito ampla, e abrindo os olhos, o médium encontrou-se rodeado de uma névoa espessa, que mal deixava enxergar os companheiros, que se haviam afastado a certa distância.

O cão continuava a cavar, resfolegando e, afinal desenterrou alguns ossos humanos e depois sentouse, aguardando. Junto aos ossos começou a formarse um vulto escuro, que foi se levantando e, por fim, acocorou-se no chão, ao lado, imobilizando-se.

O chefe índio, a distância, deu um assobio e, estendendo o braço, apontou com a mão na direção do vulto e o médium, então, compreendeu que o trabalho lhe pertencia pessoalmente. Concentrou-se, pediu auxílio espiritual e aproximou-se, percebendo, então, que o vulto escuro era um Espírito humano, de cujo pescoço pendia também uma coleira, como a do cão.

Agindo por inspiração, ligado ao chefe índio, apanhou a ponta da corda e instigou o cão a mover-se, ao que este atendeu imediatamente, estirando a corda e guiando, ou melhor, arrastando o médium que, à sua vez, arrastava o Espírito inerte. O cão conhecia o caminho e marchava firmemente e o médium podia, pois, confiar nele para sair daquele antro escuro e fétido.

Um pouco mais tarde saíram da cova e começaram a subir uma forte ladeira, por um tempo longo, emergindo, por fim, repentinamente, na crosta ensolarada.

Estavam todos na última extremidade de resistência, porque o Espírito inerte pesava cada vez mais, sendo quase que arrastado e, como não suportava a claridade que aos poucos ia aumentando, à medida que caminhavam, oferecia resistência crescente, gemendo e tapando o rosto com as mãos.

Aguardaram, então, auxílio e este não demorou pois que, rapidamente, aproximaram-se vários socorristas; rodearam o Espírito, que se largara novamente no chão, como um montículo de matéria escura repugnante. Estava inconsciente. Seus caninos eram crescidos, saindo da boca, como presas de certos animais, e as unhas, torcidas e enormes, se enrodilhavam nas mãos; tinha cabelos claros compridos que estavam empastados de lama ressequida e caíam pelas costas vertendo um líquido imundo.

O médium viu ao lado um lençol, que surgiu não se sabe de onde, e cobriu com ele o Espírito, enrolando bem o corpo para não sujar a maca, que os socorristas foram buscar e já estava se aproximando; colocaram-no ali, assim mesmo, meio amontoado e inerte, e retiraram-se imediatamente para outras providências.

O cão permaneceu ali perto todo o tempo e agora se alvoroçou, mostrando alegria e, quando seus olhos se encontraram com os do médium, revelavam bondade e inteligência quase humanas.

Aproximam-se agora os índios; o chefe, visivelmente emocionado, agradece o sacrifício feito e lágrimas correm por suas faces bronzeadas, enquanto a índia toma o médium nos braços e cuida dele, fazendo massagens na coluna e nas pernas, para reativar a circulação perispiritual quase estagnada.

Ninguém perguntou, ninguém explicou coisa alguma, mas a emoção dos índios era, por si mesma, expressiva.

*

Ao regressar, olhando para trás, via-se que a fenda da crosta por onde voltaram, era uma cratera vulcânica antiga, cheia de detritos e por ela, agora, estavam saindo aves assustadas, que caíam fulminadas no chão, à medida que enfrentavam a luz deslumbrante do sol exterior e, atrás delas, saíam também dois índios batedores que, provavelmente, haviam feito a cobertura do trabalho, naqueles abismos escuros e amedrontadores.

- 25 -

Preconceitos

No mundo moderno, com suas complexidades, aumenta, dia a dia, mormente nas grandes cidades, o rol dos perturbados, neuróticos, tristes e desanimados. O Espiritismo, como o Consolador prometido por Jesus, nos termos consignados no Evangelho, acolhe toda essa legião de infelizes, esclarecendo-os e encaminhando-os à redenção, porque essa é a sua tarefa cármica.

Com as novas ideologias e os costumes licenciosos que desagregam a família e a sociedade, estende-se o campo dos vícios e desenfreio dos impulsos animalizados e do materialismo, que as conquistas espetaculares da ciência moderna robustecem dia a dia; abrem-se assim portas amplas às forças da sombra, cujas organizações multiplicam suas atividades junto aos homens encarnados, do que resulta o aumento sempre crescente do número de suas vítimas.

Para uma dessas vítimas, as coisas começaram com perturbações ligeiras, que foram negligenciadas; quando aumentaram, houve o recurso normal dos tratamentos médicos, das internações infrutíferas, etc.

Quando amigos aconselhavam tratamento espiritual, a família se revoltava, com as exclamações conhecidas: "Não queremos saber dessas bobagens, preferimos vê-lo morto" ou, então, "temos recursos suficientes, graças a Deus, para cuidar dele"...

E levaram o doente para tratamento nos Estados Unidos, na suposição de que a ciência médica de lá era mais avançada que a daqui. Mas tudo em vão, porque os obsessores (que ninguém levava a sério) intervinham também no tratamento, com a sua experiência, embrulhando as coisas, promovendo distúrbios imprevistos, embaralhando o quadro dos sintomas, falsificando exames de laboratório, etc., aproveitando, sobretudo, os ambientes e as condições favoráveis.

Depois que os familiares desistiram e voltaram e o doente permanecendo em estado de abstração e abatimento provocado por abusos de sedativos, os obsessores passaram a agir diretamente sobre a mente, incutindo-lhe a ideia de que estava condenado, seus dias estavam contados e que ele mesmo, com suas mãos, provocaria o desenlace.

O Eu interno, então, atemorizado, reagiu e o doente apegou-se à esposa:

— Ajuda-me, pedia ele, há uma força que me obriga a pensar na morte por suicídio e isso me perturba de toda a maneira; é uma ideia fixa.

— Isso passa, dizia ela; é que você está enfraquecido.

Mas passaram então a lutar juntos, contrariando a ideia mortífera e, ao mesmo tempo, disfarçando, para evitar que os parentes e amigos soubessem disso.

Ela pouco se ausentava mas, uma tarde, precisou sair e ele ficou sozinho, cochilando em uma poltrona, no escritório e os obsessores o rodearam logo, agindo sobre ele hipnoticamente: "Tome essa faca de cortar papel que está ao seu lado; segure bem firme na mão direita, assim; vire a ponta para o peito... vá chegando perto... mais perto; encoste no peito... muito bem; esta é a sua hora; aproveite-a para ficar livre dessa doença miserável, que não tem cura". Mas o Eu interno reagiu, tentando endurecer o braço, ajudar com a outra mão, jogar fora a cortadeira; os obsessores teimosos insistiam, empurrando a arma cada vez mais perto, até que, chorando, gemendo, tremendo de horror, foi forçando e a arma foi penetrando aos poucos na carne, borrando de sangue a camisa, tudo acontecendo muito rapidamente pela passividade do doente.

Nesse ínterim, o protetor espiritual conseguiu localizar a esposa e inspirar-lhe o regresso urgente para casa, ao mesmo tempo em que agia sobre o obsessor, enfraquecendo sua ação hipnótica, travando-se assim uma luta de três forças: a dos obsessores tentando a morte, a do Eu interno, tentando reagir ao domínio maléfico e a do protetor espiritual, neutralizando a ação dos primeiros.

Quando a esposa, chegando à casa, correu para o escritório, com um pressentimento mau, encontrou o marido gritando que não queria morrer, chamando por ela, segurando a faca com a qual produzira um ferimento sério no peito, de onde o sangue corria, manchando toda a roupa; atirou-se sobre ele, segurando-lhe fortemente o braço e ao mesmo tempo gritando por socorro, pensando que ele estava mesmo se matando.

Com a chegada de serviçais, o braço foi distendido à força e, chamado o Pronto-Socorro, que teve também de acudir à tremenda crise nervosa, de pavor e de emoção, em que o doente mergulhara.

A partir daí não houve mais vacilações ou preconceitos de qualquer espécie: o doente foi levado a tratamento espiritual, justamente a providência que devia ter sido dada no começo porque, em se tratando de ataques por Espíritos malignos, o campo de trabalho é específico e o único tratamento que realmente dá resultado e elimina o malefício (quando não há impedimento cármico) é o espiritual.

Quanto ao doente, após o tratamento e o restabelecimento físico e psíquico, encetou sua reforma íntima, preparando-se para enfrentar, em melhores condições, os trâmites do resgate, que deveria prosseguir até o fim, porque a justiça divina é a única infalível.

*

Agora as perguntas inevitáveis:

P. Até que ponto os obsessores poderiam agir?

R. Até o ponto previsto no esquema do resgate; quando este foi ultrapassado os protetores intervieram neutralizando a ação maléfica.

P. É tão poderosa assim a ação dos obsessores, no trabalho hipnótico?

R. Depende de quem age. Via de regra, age quem tem capacidade suficiente para produzir os efeitos ordenados pelos agentes do mal.

Obs.: Se, desde o início, fossem procurados os recursos espirituais, (sem prejuízo da assistência médica material), o resgate teria sido em grande parte facilitado e as coisas não teriam chegado ao ponto a que chegaram. Mas isso depende de conhecimentos espirituais que a maioria das pessoas ainda não possui e que muitas vezes se recusam a possuir, por fanatismo religioso ou preconceitos sociais de classe, de cultura ou de fortuna.

— 26 —

Caravana de Socorro

Cooperando com servidores da Legião Índia, da Fraternidade dos Irmãos da Esperança e dos Samaritanos, alguns médiuns tomaram parte em vários trabalhos de salvação, no Umbral e nas Trevas, sempre com êxito e plena segurança. Relataremos aqui alguns deles, sem comentários, e resumindo o mais possível.

Nos primeiros deles e em todos os demais dos que anotamos, os índios faziam parte do serviço de segurança imediata ou afastada e sempre se mostraram altamente eficientes e dedicados.

1

Das três incumbências recebidas nesse dia, a primeira era retirar, no Umbral inferior, um rapaz cuja permanência tocara o termo. Desceram a uma região muito escura e logo depois se aproximaram de pântanos profundos, onde inúmeros sofredores se agitavam em franco desespero.[15]

Antes de lá chegarem emitiram, utilizando aparelhos especiais, o nome do jovem que buscavam e

[15] Os charcos do Umbral inferior destinam-se a receber os Espíritos encarnados de má conduta moral sistemática, cujos perispíritos, ao desencarnar, se apresentam contaminados de impurezas; nos charcos fazem um estágio de purificação perispiritual, antes que tomem os destinos que lhes competem.

aguardaram em silêncio, nas proximidades, até que receberam sua resposta, na forma de lamentos e pedidos de socorro urgente. Localizaram exatamente sua posição e, só então se aproximaram das margens, no ponto certo em que um dos batedores índios já os esperava. Do Alto descia um facho de luz fraca, que focalizava o local onde o jovem se achava e os índios, então, penetraram no pântano e trouxeram o infeliz nos braços.

Seu estado era de absoluta decadência e seus olhos aparvalhados os fixavam, como não acreditando no que viam. Dois índios tomaram-no nos braços, e o levaram para trás, com destino a um posto de socorro avançado próximo.

2

Prosseguiram para socorrer uma mulher pela qual alguns benfeitores espirituais se interessavam e, logo depois, a encontraram, desvairada, parada junto ao caminho, em uma região escarpada. Os batedores a rodearam e trouxeram-na logo ao encontro da caravana, para evitar o ataque iminente de perseguidores e vampiros, a que ela se referia insistentemente com extremo terror e que, como dizia e repetia sem cessar, a martirizavam há muito tempo.

Foram-lhe aplicados passes longitudinais e logo adormeceu, sendo transportada imediatamente para a retaguarda, deitada em uma maca, enquanto a caravana também recuava, protegida pelos batedores, já ouvindo o tropel ruidoso de animais e um vozerio agitado, surgindo, logo em seguida, um grupo de Espíritos monstruosos, alguns semelhantes a centauros, bufando e expelindo um líquido escuro pela boca e cujos olhos tinham aspecto vítreo, aterrorizador.

Eram conduzidos por um Espírito maléfico, que os incitava em altos brados. Avançavam rapidamente contra a caravana que foi obrigada a transmitir o sinal de perigo, enquanto aqueles monstros eram contidos com petardos, que os Irmãos da Esperança utilizavam com muita experiência.

O auxílio chegou sem demora, na forma de raios fortíssimos de luz branca, que eram dirigidos contra o grupo atacante e cegavam completamente seus componentes, dando tempo a que a retirada se fizesse até atingir o ponto de partida, no primeiro estágio, onde estavam presentes alguns dos intercessores, aguardando a chegada da caravana.

3

Após um pequeno repouso naquela estação base, prosseguiram na tarefa piedosa e agora eram os samaritanos que agiam, executando o programa; eram calmos, práticos e decididos.

O caso a resolver era difícil: recuperar Espíritos devedores, que habitaram na Inglaterra há muitos séculos e onde, como monges, praticaram atrocidades inomináveis, torturando inúmeras vítimas por motivos religiosos. Eram dois e não se separavam nunca, hostilizando-se sempre, no desejo de se aniquilarem um ao outro.

Súplicas de pais e intercessores respeitáveis incluíram esses devedores no rol dos que deviam ser resgatados hoje.

A caravana partiu, tendo à frente batedores que levavam na trela dois cães dóceis e vigilantes, mas que, à medida que se aproximavam de locais perigosos, tomavam aspectos ferozes e amedrontadores. Em seguida vinham os Samaritanos e os índios fechavam a marcha, garantindo a retaguarda da coluna.

Descendo por lugares abruptos e escuros, chegaram às bordas de uma cratera tenebrosa, cujo fundo não era visível e onde os batedores aguardavam, com seus faroletes acesos, mas cuja luz a escuridão da fossa absorvia.

O dirigente da caravana fez funcionar um poderoso receptor-transmissor de ondas mentais para acompanhar, da beira da cratera, o desenvolvimento das operações de busca à distância.

Os socorristas iniciaram, então, a descida pelas paredes da cratera, utilizando uma rede trançada, de malhas largas, como as dos pescadores, e que foi se desenrolando de cima para baixo até se perder na escuridão do abismo.

Desceram em seguida os samaritanos (três deles), enquanto que em cima, na mão do dirigente, o aparelho passou a funcionar como uma televisão, mostrando a projeção da marcha e seus acidentes, lá embaixo. Os samaritanos já haviam chegado ao fundo da cratera, com quarenta metros de profundidade e iam prosseguindo com os faroletes acesos e os cães nas trelas, os quais, com arremetidas constantes, espantavam as formas larvais do caminho que, apavoradas, iam debandando à frente deles.

O solo era lamacento e repugnante e nele chafurdavam formas repelentes e indistintas, sob a névoa espessa e fétida do ambiente e onde também voavam aves negras e enormes, parecidas com corvos; quando focadas nas faixas luminosas dos faróis, essas aves atiravam-se na lama do chão, aos gritos e cacarejos.

Prosseguia a busca e a caravana penetrou, então, em uma enorme gruta, ao centro da qual existia outro poço, que os cães logo rodearam, farejando e grunhindo e por ali os batedores também desceram, sempre com auxílio de redes, atingindo, no fundo, um terreno plano.

Todos perceberam que haviam chegado ao fim da busca e do Alto desceu sobre eles uma faixa de luz branca que os envolveu, como uma proteção superior, e assim prosseguiram mais um pouco, no chão plano e liso, até atingirem o local em que as duas entidades buscadas se encontravam: uma espécie de pátio rodeado de rochas vermelhas onde, como duas feras, elas atropelavam-se e feriam-se mutuamente, rodopiando sem parar, engalfinhando-se, separando-se e tornando a se abraçar, com incrível expressão de ódio, precipitando-se às vezes na lama, onde se enterravam até os joelhos e onde prosseguiam, sem descanso, a luta desesperada e nunca terminada.

A uma ordem do samaritano mais graduado, são caçadas nas redes e transportadas de volta, transpondo os obstáculos até o ponto de partida, à beira da cratera, lá em cima, onde agora todos se reúnem e dali prosseguem juntos até o ponto de partida na crosta, onde os esperavam os dirigentes e os intercessores que pediram esse socorro. Após se retirarem estes, os dirigentes e os socorristas se concentraram e elevaram a Deus, o Pai Misericordioso, sinceros pensamentos de amor e gratidão pelo êxito dos salvamentos realizados.

— 27 —

A Dor da Mãe-Terra

Sobrevoando o Mediterrâneo, vê-se ao longo a fita do Mar Vermelho e, passando sobre este, em linha reta, chega-se à Indochina, hoje Vietnã, onde se percebe, desde logo, a atmosfera de apreensões, terrores, violência e morte.

— É lamentável, diz o Instrutor Espiritual, tal situação. Até onde irão os homens na trama de suas ambições políticas e econômicas e nos ódios de raça e de ideologia, inscientes de suas enormes responsabilidades perante o Criador? Desolação, miséria, dores e ódios, eis o que sempre provocam. Não são donos de nada neste mundo e se arrogam o título de senhores dele pela força!

— Vejam e ouçam diz ele, apontando para baixo, para as vastas regiões verdes que as nuvens de fumaça encobriam: o rugido dos canhões ecoava longe e as bombas incendiárias explodiam, entre línguas de fogo, ateando incêndios terríveis, que devoraram florestas, searas e homens.

— Olhem mais fundo, insistia ele, e vejam como as entranhas da Terra se agitam; como erguem seus brados, impotentes, por não se poderem libertar de tais horrores; ouçam como a Mãe-Terra chora pelo sangue de milhares de vítimas inocentes, que lhe escorre pelos flancos atormentados!

— Até quando suportarei isso? ela exclama. Até quando a fúria devastadora dos homens se desencadeará sobre mim, quebrando a paz que o Senhor me deu, a fecundidade indispensável à sustentação de milhões de seus filhos?

— E quanto tempo durarão ainda esses horrores? perguntamos.

— Os mares se levantarão de seus abismos; terras novas, povos novos vão surgir, como resposta a este desvairamento, a este incorrigível impulso de destruição. E então haverá paz e repouso para a Mãe-Terra e ela verá, assim, seu destino respeitado e seus filhos tranquilos.

— Hoje ela é como uma alma cansada que, neste orbe, nunca teve repouso e agora chora e se debate, não tendo mais paciência para suportar tais atrocidades. Ela é um ser vivo que sente como nós e aguarda como nós o dia, tão retardado, da libertação. Quando a noite desce e o céu se constela de estrelas, ela suspira e ouve o cântico harmonioso das esferas, que são suas irmãs cósmicas, com as quais não pode fazer coro, mas que em breve, o poderá porque, se hoje se abriga no seu seio uma humanidade que retardou-se, não lhe acompanhará o destino, porque sua hora já chegou de libertar-se da sua condição atual, de *terra de provação* e em breves dias sobre ela existirá uma humanidade regenerada, vivendo sob as luzes do Evangelho.

O Instrutor silenciou e vimos, então, a legião dos servidores que descia sobre os campos ensanguentados, para socorrer os feridos e agonizantes e recolher os mortos, carregando-os nos braços.

*

O céu descambava como uma bola de fogo no ocidente quando iniciamos o regresso e, ao passar de novo sobre o Mediterrâneo, observamos como são mais tranquilas suas águas, que um azul forte colore, espelhando o céu; águas que banham as praias históricas que viram passar, no seu dorso, as grandezas e as misérias de muitos povos e raças.

Atravessamos o Atlântico de volta e tudo então começou a mudar em nossos corações, em alegria e amor profundos, quando pairamos sobre as terras verdes do nosso grande país, de tão portentosa e comovedora destinação espiritual.

— 28 —
Profissão Amaldiçoada

Como muitos diariamente o faziam, este também chegou à porta e bateu.

— Dá licença?

— Pode entrar.

Era um homem baixinho, idoso, com o guarda-chuva escorrendo água, cabelos grisalhos e cavanhaque ralo no queixo pontudo.

— Queria falar com o senhor.

— Já lhe atendo. Sente-se. E apontei-lhe uma cadeira ao meu lado.

— Muito obrigado, fico de pé. E ficou, até que nos voltamos para atendê-lo.

— Muito bem, amigo. Pode falar o que deseja.

*

Este é o introito de um dos casos mais impressionantes, dos muitos que atendemos em vários anos.

*

— Sou do interior, na margem do Paraná. Tenho uma fazenda muito boa, mas vivo sozinho, porque minha mulher me abandonou. Trabalhei muito e agora, depois de velho, me veio um remorso muito grande e não tenho mais sossego.

Falava de cabeça baixa sem olhar.

— Por que não senta?

— Não sei se o senhor pode me ajudar.

— Por que não?

— É que sou um criminoso muito grande.

— Então precisa mais de ajuda que qualquer outro e o Espiritismo veio para os que mais precisam.

Levantou a cabeça, vivamente esperançado, mas retrucou.

— O senhor diz isso porque não sabe o que eu fiz.

— Seja o que for que tenha feito, será ajudado. Pode falar.

Obrigamo-lo a sentar e o fez na beirinha da cadeira, rolando o chapéu nas mãos, sem parar e, então, começou a sua história triste, falando depressa, atropelando as frases, como querendo acabar logo com aquilo:

— Matei gente inocente.

— Brigou com alguém e matou para vingar-se?... perguntei ajudando.

— Não senhor; sou matador profissional, matei umas quinze pessoas para ganhar dinheiro e cobrava muito caro, muito mais que qualquer outro. Será que dá para contar o resto?

— Pode falar sem receio; estou ouvindo.

— Meu pai também teve a mesma profissão e não tive alguém para me aconselhar e me desviar, porque minha mãe morreu cedo. Quando cheguei à maioridade, meu pai me revelou seu segredo, me levava junto quando tinha algum serviço; quando ele morreu, eu continuei na mesma vida e fui guardando dinheiro para me emancipar: meu pai não deixou nada, porque era muito dado à bebida e ao jogo. Quando juntei bastante, comprei uma boa fazenda e em pouco tempo me arrumei, porque o algodão estava em alta e o gado também e eu fui me afundando nos negócios para não pensar em nada ruim.

— Mas se ia tudo bem, por que matar os outros?

— Promessa que fiz ao meu pai.

Mas uma noite minha mãe me apareceu em sonho e me disse que eu devia largar a profissão, que era amaldiçoada e contra as leis de Deus e que ela sofria muito, porque morreu de desgosto quando descobriu a vida de meu pai e agora, sofria ainda mais, vendo que eu seguia o mesmo caminho.

Não dei muita importância ao sonho porque, na ocasião, tinha três encomendas fáceis e precisava de dinheiro para tocar a fazenda.

Então ela, toda noite, deu de me aparecer e cada vez trazia uma das almas que eu tinha matado, com o sangue escorrendo do lugar onde a bala tinha acertado e me dizia de cada vez que vinha: "Está vendo o que você fez, meu filho? Pelo amor de Deus pare com isso, se quiser que sua mãe tenha sossego".

E foi assim até a derradeira e aí quem não tinha mais sossego era eu porque, dia e noite, aquelas almas estavam junto de mim, na minha casa, escorrendo sangue das feridas e me olhando com os olhos parados.

Comecei então a me arrepender e a ter remorso e me confessei à minha mulher, com quem tinha casado havia pouco tempo, me abrindo com ela; mas ela pulou da cama e nunca mais voltou. Me confessei então com o vigário e ele me disse que eu era um renegado e que devia me apresentar às autoridades para julgamento. Estive então uma noite com uma mulher, numa viagem de trem, e ela me falou do Espiritismo e me contou muitas coisas e então vim para esta capital e aqui estou na sua presença. Que é que o senhor me diz? Devo ir embora?

— Sua situação é mesmo muito grave perante as leis de Deus e perante a sociedade, porque tirou a vida de muitos e não se tira o que não se pode repor.

— Não tenho, então, salvação?

— Sempre há salvação para todos, porque a bondade de Deus é infinita. Mas é preciso esforço e tempo. Como não pode ressuscitar os que matou, deve agora ajudar o maior número possível "de vivos" com sacrifício pessoal e assim entrará no caminho da reabilitação espiritual. Para cada um dos que matou deve ajudar ou sacrificar-se por dez ou vinte, para que haja compensação, até certo ponto. Compreende isso? E está disposto a isso?

— Em quanto tempo posso fazer isso? Já estou velho.

— Não há tempo marcado; só se marca o começo. Tudo vai depender de você mesmo. O quanto mais se devotar aos seus semelhantes, tanto mais depressa avançará nesse caminho de salvação.

— O senhor não pode dizer o que devo fazer para começar?

— Vou dizer: Primeiro disponha de tudo o quanto tem e que foi adquirido com o sangue de suas vítimas. Depois, com suas próprias mãos, aplique esses recursos em benefício de necessitados, aqui ou onde quiser. Desprenda-se de tudo o mais, abandone tudo e devote-se exclusivamente a essa tarefa, dia e noite, enquanto viver, organizando você mesmo seu programa de ação. Está disposto?

— Amanhã mesmo começo, vou vender a fazenda e quero ficar aqui mesmo, para o senhor me fiscalizar se estiver errado, e farei tudo o que o senhor disse, enquanto tiver vida neste corpo velho.

— Então comece e de vez em quando apareça aqui para me visitar. Vamos agora fazer uma prece para agradecer a Jesus e à sua mãe o quanto te ajudaram para chegar até aqui e assumir este compromisso.

Enquanto fazíamos a prece, ele chorava em silêncio, com o rosto coberto com o chapéu, sentado na beira da cadeira com o guarda-chuva entre os joelhos; e quando terminei, ele saiu sem uma palavra, cabeça baixa, como que derreado ao peso de suas responsabilidades futuras.

*

Cumpriu tudo fielmente. Nos primeiros tempos comparecia ao encontro; chegava à porta da sala, saudava e dizia: estou fazendo tudo o que posso, graças a Deus. Não esqueça de pedir a Jesus por mim. E retirava-se sem entrar.

Depois foi rareando as visitas. Pensávamos, será que ele desanimou? Mas pessoas que vinham à Casa, às vezes nos perguntavam: o senhor conhece um homem velho, baixo, de cavanhaque, que anda nos bairros fazendo assistência a doentes? Ele diz que o senhor é quem mandou.

Depois ouvíamos comentários sobre ele; visitava a qualquer hora, com chuva ou sol, os casebres e as favelas, levando comida, remédio, servindo de enfermeiro para os doentes abandonados, ficando com as crianças para as mães poderem trabalhar; levava médico às casas pobres; internava gente em hospitais, pagando despesas; velando os defuntos pobres, acompanhava os enterros, que ele mesmo pagava, e dava dinheiro às famílias, até que se encaminhassem, levando também para seu barracão os infelizes que encontrava caídos nas ruas e tratava deles até que se levantassem.

— Quem viu tudo isso? - perguntávamos.

— Todo mundo fala dele e, quando ele aparece num bairro pobre, há uma alegria muito grande porque já se sabe que, enquanto ele ali estiver, ninguém passa necessidade.

A última vez que apareceu estava acabado e meio cego, com os olhos inflamados. Chegou à porta e, como sempre, não quis entrar; disse que não merecia; trouxemo-lo para dentro e obrigamo-lo a sentar-se. Perguntamos como ia seu trabalho; disse que estava fazendo o possível, mas que o corpo não ajudava; que agora estava muito cansado mas não queria morrer sem nos agradecer a orientação que lhe demos; o dinheiro também já estava acabando, e não sabia o que devia fazer depois.

— Não há depois; tudo para você, meu amigo, deve ser o presente, o esforço, o sacrifício, a humildade, a fé, a alegria do dever cumprido até o último suspiro e Deus, então, proverá, segundo Sua santa vontade. Assim é que deve pensar, mas cuide de sua saúde porque, se não o fizer, será também responsável perante Deus.

Foi embora e nunca mais o vi, nem ninguém mais falou dele e até hoje não sei o que aconteceu com o velhinho, que era conhecido nos bairros pobres como santo e cujo nome não sei qual tenha sido.

Mas, cremos que resgatou muitas de suas dívidas, porque militaria ainda em seu favor a ignorância, a falta de orientação familiar e de um coração amigo que lhe falasse na alma a linguagem do amor e da fraternidade humana.

Mas quanto resgatou de seus erros, quem pode saber?

29

AJUDANDO VIZINHOS

Necessidades de irmãos nossos, habitantes de países vizinhos, que o misticismo e a superstição religiosa ainda influenciam fortemente, eis o motivo de nosso trabalho desta tarde enfumaçada; e a natureza sempre evangélica que a ele imprimíamos, permitiu nossa interferência, prontamente concedida.

Descemos para o sul e relâmpagos vermelhos vivo, eclodiam no ar, dentro da tempestade que reinava naquelas regiões, escurecendo tudo em volta. Em dado ponto acendemos tochas poderosas, que alumiavam bem longe e ali iniciamos a descida à subcrosta, pois essa era a ordem que viera dos Instrutores.

O nosso batedor juntou-se ali a dois outros, naturais daquela região tumultuada e, a uma centena de metros, deparamos com uma cova enorme, a cujo centro havia uma lagoa de águas estagnadas, em volta da qual Espíritos verdadeiramente demoníacos no aspecto, armados de garfos curvos, semelhantes aos gadanhos usados na agricultura e de chuços de cabo comprido, se digladiavam lutando uns com os outros.

Parecia-nos ver uma cena do inferno clássico, tão conhecido do povo, pelas estampas religiosas, mas ainda vimos quando esses Espíritos desapareceram, sugados para cima, por outros dispositivos da retaguarda, ao mesmo tempo em que o local era invadido por vários batedores vindos do Alto, que vasculharam tudo, revolvendo um monte de cinzas e escórias, amontoadas no fundo da cova, nada encontrando porém, de maior interesse.

Continuando a descer, encontramos furnas escuras, abertas nas rochas, umas ao lado de outras e covas menores, cavadas no solo, ligadas entre si por corredores, como trincheiras. O solo era pedregoso e cada vez mais quente e, à medida que descíamos, deparávamos com seres monstruosos, que rastejavam como répteis, mas, naquele ambiente escurecido, não chegávamos a saber se eram seres humanos ou não.

Mais para baixo deparamos com um grupo de entidades queimadas, amontoadas no chão lamacento e fétido; demos aviso e logo os batedores acudiram, retirando os corpos, um a um, depositando-os em macas, que subiam e desciam rapidamente, transportadas por auxiliares solícitos e silenciosos.

Outro batedor, com máscara no rosto, desceu mais e voltou carregando um saco enorme, cheio de coisas que não nos foram mostradas, mas que, dentro, se movimentavam desordenadamente.

Depois disso veio a ordem de regressar.

Percebemos que se tratava de uma expedição importante da qual, todavia, os motivos não nos foram revelados: talvez fosse justamente para recuperar os corpos dos Espíritos queimados.

Quando atingimos a superfície, somente encontramos um índio diferente dos nossos, em vigilância.

— Ganhastes muito bem o repouso deste dia, disse ele.

— Graças a Deus, respondemos.

E regressamos para o nosso país.

Obs.: Conquanto sem interesse descritivo, todavia incluímos aqui este relato para mostrar que nem sempre penetramos nos motivos que determinam nossa cooperação.

— 30 —
A Praga Materna

Por uma tarde escura, chuvosa, de inverno, entrava pela sala um casal de jovens (o rapaz puxando a rapariga pela mão, como temerosos de algum imprevisto), ambos na faixa dos vinte anos.

— É com o senhor mesmo que devemos falar?

— Penso que sim, respondemos, percebendo logo que era a primeira vez que procuravam uma casa espírita.

— Queremos contar um caso que se passa conosco.

— Podem falar sem receio.

E o rapaz, aparteado constantemente pela moça, que retificava pormenores ou acrescentava pontos esquecidos, contou o seguinte:

— Somos casados há dois anos e temos uma filhinha cega e paralítica.

— Já nasceu assim?

— Sim senhor. Minha sogra não queria o casamento porque sou um simples operário carpinteiro; mas combinamos casar assim mesmo, porque já somos de maior idade e nos queremos muito.

Fizemos tudo sozinhos, ninguém ajudou; a mãe dela se fechou dum jeito que fazia raiva e quando a Maria tocava no assunto, não respondia, desconversava, ou saía de perto. Ninguém se ofereceu para pregar um botão e a Maria teve que fazer tudo por si mesma, mesmo sem saber, porque tudo lhe negaram, até mesmo dinheiro para as compras pequenas; mas as indiretas, as alfinetadas e as ofensas, essas não faltaram.

Por fim, ela desanimou e disse-me que não podia mais e que o melhor seria casar assim mesmo, sem quase nada, com a roupa do corpo. Eu concordei e mandamos correr os papéis. Quando soube disso a mãe, enraivecida, disse:

— Você acabe com isso porque, do contrário, deixa de ser minha filha.

Maria respondeu:

— Ele é pobre, mas eu gosto dele; ganha pouco mas é honesto e haveremos de viver com a graça de Deus.

— Casar contra a vontade do pai e da mãe traz desgraça, ameaçou ela; e depois não se queixe.

— Não tenho culpa e não posso deixar de seguir o meu rumo e ainda sacrificar a minha vida, só porque a senhora não quer.

— Espere que verá, tornou a ameaçar a mãe dela.

— E para você, o que dizia ela? - perguntamos ao rapaz.

— Eu não ia lá; proibiu minha entrada na casa.

*

No dia do casamento, não apareceu ninguém; foi uma tristeza.

Quando saímos da igreja, Maria me falou assim: "Você não acha que temos obrigação de tomar a bênção de minha mãe neste dia?"

— Podemos ir; mas meu coração estava apertado e eu tinha um pressentimento para não ir; de tomar o nosso rumo sem olhar para trás; mas não disse nada e respeitei os sentimentos da coitadinha.

Tínhamos saído da igreja ali pelas dezoito horas e já estava escurecendo quando chegamos em frente da casa. Estava tudo fechado; nem uma janela aberta; somente de uma, pela fresta da veneziana, se enxergava luz lá dentro.

Saltamos do carro alugado e fomos para a porta do sobrado. Maria tinha tirado o véu, estava somente em cabelos e o vento dava neles esvoaçando-os e vi de que jeito estava seu rosto...

Depois de muito tocar a campainha, a janela de cima se abriu; a mãe dela debruçou-se para fora, forçando a vista para enxergar melhor: quem está aí? - perguntou.

— Somos nós, mamãe, a Maria e o Jorge, que viemos tomar a sua bênção.

— Então se casaram mesmo?

— Sim mamãe, saímos da igreja agora e queremos que a senhora nos dê a sua bênção, repetiu Maria quase chorando.

— Já vou dar, gritou a mãe dela, da janela; e levantando os dois braços para cima, com as mãos fechadas, gritou para nós, embaixo: "Este dia para mim é de desgraça e seja também amaldiçoado para vocês e seus filhos". E foi para dentro, batendo a janela com força.

Agarrei Maria pelo braço, para que ela não caísse ali mesmo no chão, e a carreguei para um carro que passava. Quando se sentou no assento de trás, ela tinha perdido os sentidos e tivemos de saltar numa farmácia para acudir.

Aquela noite para nós, no pequeno quarto que tínhamos alugado, foi de tristeza e de choro, até romper o dia. Aquela praga, rogada daquele jeito, com tanto ódio, já estava dando seus efeitos, afastando nossa felicidade e envenenando nossos Espíritos.

*

Mas o tempo foi passando e como ela ficou logo esperando filho, isso ajudou muito a esquecer a maldade da praga, até que nasceu o bebê. Era uma menina e até hoje, como já lhe disse, continua cega e só mexe a cabeça. Nenhum tratamento deu resultado e por isso viemos procurar a misericórdia de Deus, nesta casa de caridade, a mandado de um amigo nosso.

E ali ficaram os dois, de mãos dadas, com os semblantes tristes e ansiosos, a nos olharem interrogativamente. Aquela história chocou-nos além da medida; era grave, do ponto de vista espiritual, o que acabávamos de ouvir. Que Espírito rancoroso e perverso era aquela mãe, que se utilizava das forças da sombra para extravasar sua peçonha, ferindo pessoas sensíveis e humildes!

Um desejo intenso de socorrer aqueles pobres seres nos invadiu o coração e já estávamos prestes a lhes indicar o que fazer, quando lembramo-nos de quanto são sábias as leis de Deus; nenhuma folha cai da árvore por acaso, mas por força de leis e de forma conveniente; não há efeito sem causa; alguma coisa deveria existir entre eles três, gerada talvez no passado, buscando agora o reequilíbrio. Ou haveriam unicamente forças maléficas, desencadeadas pela praga, que agiriam até mesmo na intimidade do processo genético? Duvidávamos.

Esclarecemos os dois a respeito destes fatos e mostramos a necessidade de neutralizar essas forças ou circunstâncias, de forma evangélica, a única que ofereceria resultados mais prontos e duradouros.

Fariam eles o seguinte: preces diárias em comum para benefício da mãe da moça; pediriam com humildade pelo esclarecimento do seu Espírito, pelo abrandamento da sua atitude desnaturada; vibrariam amor para ela, com sinceridade, durante trinta dias. Findo esse tempo voltariam para verificarmos a situação.

Ao fim do tempo marcado, voltaram; a criança já fazia alguns movimentos e parecia perceber a sombra da mão que se passasse à frente do rosto. Mandamos que prosseguissem mais um mês, enquanto que faríamos vibrações especiais, para ajudar.

Desapareceram por vários meses, até que um dia voltaram, explicando que haviam se mudado para o interior, mas que estavam de regresso. Quanto à criança estava na mesma, no ponto onde tinha chegado com o tratamento e a moça havia escrito uma carta à mãe contando o estado da menina.

Convidamo-los, então, a frequentar uma sessão de curas, com a criança presente. Nessas sessões faziam-se preces para a avó, rogando-se a alteração de seus odiosos sentimentos e cuidava-se da menina; e assim se passaram dois meses. À entrada do terceiro, passamos então, a convocar a avó para doutrinações diretas e verificamos que os cordões de ligação entre eles já se estavam refazendo.

Uma noite, repentinamente, a criança saltou do colo da mãe e gatinhou pelo chão. Dias depois, já enxergava regularmente, com natural alegria por parte dos pais.

Nessa mesma noite bateram à porta da casinha deles e quando abriram deram com a avó, que entrou chorando e pedindo perdão dizendo que vinha assim restabelecer os suaves laços familiares.

— Sei que fiz uma malvadeza, mas sofri remorsos e hoje vim conhecer a minha neta e pedir a Deus para me ajudar a desfazer a praga que roguei; mas vejo que

Deus andou na frente, clamava ela abraçando-se à menina. Juro que nunca mais farei mal a ninguém, juro.

*

Dias depois, o rapaz encontrou-se com um amigo e este perguntou:

— Então já fez as pazes com a sogra?

— Graças a Deus. Já está tudo em ordem.

— Pois é de admirar, porque ela é uma macumbeira velha e ninguém lhe escapa. Nem sei como é que você conseguiu casar com a filha dela!

— Mas eu não sabia de nada, respondeu o rapaz admirado.

— É que ninguém tinha coragem de te alertar, por causa da Mariazinha, porque se você soubesse não casaria com ela.

Essa foi a última ação maléfica daquela mulher infeliz e assim desapareceu a macumbeira criminosa, para surgir a mãe desvelada, a sogra atenciosa e a avó feliz e vaidosa que levou todos eles para habitarem na sua casa, confortável e agora limpa de maus fluidos, e de maléficas influências, porque o amor cobre a multidão dos pecados.

— 31 —

Auxílio Anônimo

Àquela tarde, veio o pedido para cooperar na recuperação de uma suicida. Este trabalho também foi feito com auxílio de um cão.

Os servidores partiram com um guia índio, da legião destinada a trabalhos desta natureza, que são, aliás, os melhores condutores para as regiões inferiores; calmos, discretos, silenciosos, inspiram toda a confiança. Este que veio hoje, trazia, na trela, um cachorro pesadão, que o seguia bem junto às pernas.

Para onde iriam? Acostumados aqui na crosta terrestre a sair de um lugar e chegar a outro, na mesma superfície, não compreendemos facilmente como, nas esferas espirituais, essa noção de espaço não prevalece; somente depois de desencarnados iremos entender bem. Por outro lado, no Plano Espiritual, a rapidez dos movimentos é tão grande que anula a noção do tempo e de topografia, valendo somente a "vontade" que impulsiona o pensamento.

Na realidade, nesse plano tudo é interpenetração, com base em diferenças vibratórias, o que, então, estabelece uma variedade de posições, não no sentido horizontal ou vertical, mas no de profundidade: o que for mais fino, mais perfeito, mais elevado, está no fundo das coisas e jamais na superfície como quando se olha num funil. Conquanto grosseira esta ideia, pode fazer compreender o problema.

Mas retomemos o fio da narrativa.

Enquanto desciam, a região se tornava cada vez mais escura, de vibração mais pesada e incômoda, e o cão começava a dar sinais de inquietação. Em dado momento, precipitou-se para a frente, esticando a trela, quando entestaram com um grupo de Espíritos que se escondeu logo atrás de arbustos raquíticos e pedras por ali existentes. Continuaram a descer e a atmosfera era cada vez mais pesada, dificultando a respiração e, por toda parte, só se viam cactos enormes e plantas rasteiras, no terreno pedregoso.

O cão enveredou por uma trilha ladeada de pedras cinzentas e desembocaram em uma área mais ampla, como uma praça, onde se viam seres humanos, aqui e ali, castigados por um vento contínuo, que uivava lugubremente, como se fosse um gemido prolongado. Tomaram por uma passagem que os levou a um vale escuro, ladeado de furnas de pedra e covas cheias de detritos e de vegetação rasteira. O cão enveredou para uma dessas crateras, farejando e fungando, arrastando o guia; este entrou atrás dele e logo pediu auxílio, mandando que entrassem, também, o que fizeram descendo quase que de rastros, com natural receio; chegando ao fundo deram com ele debruçado sobre um ser humano semimorto, amontoado no chão, gemendo baixo, com gorgolejos de garganta.

O guia trançou rapidamente uns galhos do arvoredo, ali à mão, e habilmente construiu uma espécie de esteira, que fixou às costas do cão e sobre ela debruçou o corpo inerte ali encontrado, que então viram ser de uma mulher cujos cabelos, muito compridos, estavam emaranhados e sujos.

Feito isso e sem mais demora, partiram de volta. O cão arquejava e, para aliviá-lo, sustentavam o corpo de lado a lado, até saírem da cratera.

Repousaram alguns momentos e prosseguiram, passando de novo pelos mesmos lugares da ida, descansando de espaço a espaço, até atingir o ponto de partida na crosta, onde o guia índio retirou o corpo das costas do cão e ajudaram-no a destacar da cabeleira inúmeros detritos que ela veio arrebanhando pelo caminho, arrastando-se pelo chão pedregoso, sem que o vissem.

O guia fez uma prece de agradecimento a Maria de Nazaré, que foi acompanhada fervorosamente, sem nenhuma preocupação de "mariolatria" (como dizem alguns confrades espíritas, para os atos de reverência ao sublimado espírito que na Terra foi a mãe material do Divino Mestre), e viram então que se formou, no Alto, uma escadaria imensa, enfeitada de rosas brancas, lado a lado, e que luzes douradas desciam em chuveiro quente e brilhante sobre eles enquanto o chefe índio, levantando os braços, emocionado, falou bem alto, olhando para cima:

— Bem-aventurado aquele que tem a honra de servi-la.

Ventura que todos naquele momento, sem nenhuma vaidade, também julgavam ter, não pela prece que fizeram, mas por terem ajudado a salvar aquela irmã tão bela e sofredora, vitimada por tamanha desventura.

— 32 —

No Campo Maior

Empolgados por este mundo material absorvente, nem mesmo suspeitamos da influência considerável que as forças espirituais, de forma oculta, exercem sobre os acontecimentos em geral, visando sempre o Bem coletivo da humanidade.

O que vamos narrar é a prova disso.

Na tarde em que esta narrativa começa, os companheiros receberam solicitações da esfera espiritual dirigente de nosso país, para que sustentassem, daqui, uma operação de ajuda urgente a um país da América Central. Perceberam logo que havia carência de elementos disponíveis e aptos no momento e, por isso, atenderam imediatamente, mesmo porque os grupos de trabalho espiritual, quando bem organizados e em contínua ligação, com os Planos Superiores, devem estar sempre à mão e prontos a agir nos sentidos que lhes são determinados, mesmo quando não haja possibilidade de reunir todos os seus membros.

Nessa tarde, com três servidores presentes, foi feita uma verificação inicial, à distância, e verificado que aquela região, em certo ponto, estava coberta de nuvens escuras, cortadas de relâmpagos avermelhados.

Para esquematizar as linhas de ação, o Plano Espiritual formou um triângulo, cujos vértices estavam postos: a) em nossa esfera dirigente nacional; b) em nosso posto de trabalho; e c) na ilha de S. Domingos, naquela região.

Os trabalhadores partiram em desdobramento, seguindo a linha da rota e, ao se aproximarem, tentaram descer na ilha conflagrada, o que não conseguiram por causa da atmosfera pesada, espessa, intransponível. Operou-se então um desvio, no mar, para oeste, buscando o limite das nuvens escuras e a penetração, então, pôde ser feita, bem por baixo, rente às ondas inquietas e rumorosas.

O ambiente local era péssimo, saturado de fumaça, que as nuvens não deixavam evolar-se de vibrações mortíferas, dentro das quais transitavam homens fardados, de semblante duro e de auras avermelhadas.

Eis a descrição, feita de lá mesmo, em ligação telepática, por um dos servidores:

— Dirigimo-nos logo para um posto de comando, situado em uma avenida larga. Entramos e nos aproximamos de dois chefes militares, numa sala ampla, cheia de cadeiras e mesinhas, como se fora a de um restaurante; um deles era mais jovem, de olhares alucinados, ligado a entidades maléficas, uma das quais estava agarrada a ele e víamos os fios etéreos seguirem para fora em várias direções, sacudidos por vibrações violentas.

Dada a urgência, agimos logo sobre ele com fortes correntes longitudinais de fluidos calmantes e imperiosas ordens mentais e, por fim, conseguimos que se assentasse em uma cadeira, junto a uma mesa das mais largas; ali acalmou-se, descansou a cabeça sobre os braços e adormeceu em sono sobressaltado, ao mesmo tempo em que vários dos fios eram cortados, não por nós, que estávamos agindo sobre a entidade obsessora, com vibrações maciças e ordens terminantes para que se retirasse.

O outro chefe era mais alto, gordo e calmo e a inspiração que tivemos foi de agir diretamente sobre o seu coração, para impedir a transmissão de ordens violentas, que estava prestes a dar pelo telefone junto ao qual se encontrava. Após alguns momentos, olhando para o companheiro adormecido, bateu o fone com raiva e afastou-se para o vão de uma janela, com as mãos nas costas, permanecendo imóvel.

A neutralização deste chefe foi feita com auxílio de novos elementos espirituais que estavam chegando, não sabíamos de onde e que passaram logo a nos ajudar. A ordem que todos tínhamos era a mesma: obter uma cessação de fogo.

Saímos para um terraço anexo e tentamos abrir, na massa escura das nuvens, uma brecha para o alto, por onde seria mais fácil a ligação com os Dirigentes espirituais e notamos que, pela mesma passagem por onde viemos, estavam chegando novos companheiros, de porte e indumentária diferente: a maioria era de incas, trazendo ao peito o emblema do meio-sol dourado e que já conhecíamos de trabalhos anteriores. Juntamonos todos, conjugando as vibrações para cima até que, finalmente, uma brecha abriu-se e por ela desceram, em grandes jorros, as luzes do Alto.

Quando descemos para a rua vimos enfermeiros e soldados que corriam, carregando macas, salvando feridos, removendo mortos, enquanto, por cima, se formava uma enorme cúpula fluídica de proteção, até onde os olhos viam.

— Depressa! Depressa! gritavam vozes; e todos corriam, formando filas intermináveis, na direção de navios ancorados no porto mais próximo.

As nuvens escuras, escoradas agora por baixo, pelas nossas vibrações conjugadas, foram se adelgaçando para cima, abrindo espaço livre e claro no chão convulsionado, por onde enfermeiros e ambulâncias transitavam agora em disparada, dentro de um corredor estreito formado, lado a lado, por inúmeros companheiros nossos, que continuavam a chegar de várias partes e que garantiam o trânsito livre até o mar.

Voltamos depois ao posto de comando e vimos que os chefes já estavam de novo despertos e ativos e o mais graduado comunicava em voz alta, a um grupo de oficiais subordinados, que havia concordado com uma trégua, que já estava sendo iniciada para a cessação de fogo em vários setores.

Fomos, então, nos retirando e cruzando com outras levas de servidores que chegavam de outros países. Alguns tinham o peito nu, tatuado de azul, cabelos compridos caindo pelos ombros; outros, com mantas nas costas, olhos escuros e vivos, chapéus afunilados, sossegados como se estivessem chegando para uma festa; e outros, muitos outros, sobretudo os incas das Cordilheiras, com seus emblemas dourados. Iam todos para lá.

Nossa volta foi fcita pelo Atlântico, costeando as Guianas e quando por ali passávamos, enxergamos um resplendente círculo de luz dourada envolvendo uma entidade maior que, com o braço direito estendido, apontava para o Caribe; mais para trás dele, quase indistinto, ao centro de um enorme emblema solar, via-se uma entidade que também para lá se dirigia.

Aqui cessou a ligação à distância, com o regresso dos companheiros.

Foi-nos então explicado que o apelo a Ismael fora feito por aquela entidade maior, que era o Guia espiritual da nação convulsionada, o qual pediu auxílio por não dispor de elementos aptos a trabalhos daquela envergadura. Desejava que ajudássemos a penetração dos incas — os filhos do sol — naquela ilha, visando a paz e para impedir o alastramento dos tumultos que ali irromperam.

Obs.: Hoje, passado o tempo, vemos que a atuação de Ismael completou-se com o auxílio material fornecido por vários países, o que levou ao apaziguamento final. Este foi um trabalho essencialmente evangélico, de grande envergadura e benéficas consequências no sentido da paz universal.

— 33 —
Os Cossacos Russos

Logo nos primeiros dias da revolução no pequeno país do Caribe, justamente cuja colaboração nos foi solicitada no setor espiritual, surgiu ali, vindo do oriente, um destacamento de cossacos russos.

Eram pouco mais de sessenta. Montavam cavalos ariscos; alçavam-se nas selas brandindo suas armas, gritando: "Viva a liberdade, por ela lutamos e morremos".

Pararam em uma praça, desmontaram, cantando e começaram a dançar, rojando suas capas pelo chão, rodopiando, em maravilhoso ritmo, as danças próprias do seu país; a intervalos, lançavam seus agudos gritos de liberdade a qualquer preço mas, à voz de comando, agrupavam-se rapidamente em torno do seu chefe.

Em dado momento montaram de novo e executaram habilmente arriscadas acrobacias sobre os cavalos e por fim galoparam pela cidade, fazendo cerco em torno a um de seus locais de combate.

*

Seus movimentos são rápidos e suas evoluções formam turbilhões em que entram corpos e cavalos, fulgores de espadas, gritos e aclamações; forma-se uma névoa transparente que os envolve, através da qual desaparecem, ressurgem, tornam a desaparecer e a ressurgir, em pontos diferentes da cidade, onde reproduzem de novo a brilhante sarabanda.

Mas, a uma nova voz de comando ficam calmos; desfilam garbosos cantando, na cadência dos passos, homens e animais em perfeita sintonia; e o chefe se destaca, avança e diz alto: "Sou Igor e estes são meus valentes soldados. Trabalhamos junto às nações do mundo, velando pela sua independência; e vamos onde ela nos manda"; volta o rosto e, à distância, vê-se Catarina da Rússia — a Grande — ostentando seus ornatos de realeza, e que acena com a mão direita e sorri, agradada deles e diz: "Eles me obedecem cegamente; são fiéis e valentes como sempre o foram".

O chefe saúda com a espada, lançam todos um grande grito pela liberdade e disparam na direção do oriente.

Obs.: A muitos podem parecer fantasmagorias essas cenas dos cossacos russos, gritando por liberdade e obedecendo à maior autocrata russa, mas o Espiritismo explica como tal coisa se pode dar, entre inumeráveis outras que formam as atividades intensas do mundo espiritual nas esferas do Umbral.

— 34 —
Choque de Retorno

Quando se age no sentido do mal, a ideia determinante do ato é lançada sobre a pessoa visada; se encontra afinidade vibratória fere o alvo e, se não encontra, volve ao autor responsável, acrescida sempre dos agregados mentais ou fluídicos incorporados no trânsito, produzindo neste os efeitos premeditados.

*

Um trabalhador invigilante e ambicioso não quis aguardar o tempo justo para galgar posição que ambicionava e tentou consegui-lo mais depressa, lançando mão do concurso de entidades espirituais inferiores, visando arredar do caminho companheiros que lhe serviam de obstáculo.

Para neutralizar uma de suas iniciativas nesse sentido, é que os servidores se reuniram àquela noite.

Os médiuns desceram a uma área da subcrosta, seguindo os fios condutores e depararam com um espetáculo grotesco e repugnante: Espíritos desencarnados de homens com cabeças de animais, alguns com grandes chifres e outro, até mesmo, na forma de uma serpente que coleava pelo chão enlameado e fétido.

O mais categorizado estava ao centro do grupo, sentado a um cepo e os auxiliares o rodeavam submissos e atentos. Disfarçavam-se nesse modo ridículo, tomando formas animais para atemorizar suas vítimas.

Em lugar apartado, ao lado, formando outro grupo, viam-se três Espíritos encapuchados, cujas ligações fluídicas iam para o referido trabalhador invigilante. Estavam ao redor de uma mesa e em dado momento, deitaram sorte com uma moeda: cara ou coroa, perguntavam-se; e o prêmio disputado era um papel escrito que estava ao lado, sobre a mesa.

Um deles ganhou. Levantou-se satisfeito, espreguiçou-se e, estendendo os braços tomou as mãos dos parceiros, fechando uma corrente e ligando-se telepaticamente a uma autoridade maior, a distância, à qual se subordinavam.

O vencedor saiu e dirigiu-se para a residência do trabalhador invigilante; penetrou, passando a uma saleta, onde ficou a um canto, junto a uma prateleira de livros. Dali reavivou a ligação mental com os companheiros que ficaram na subcrosta.

Examinando a saleta e vendo ali livros e papéis diversos, concluiu que se tratava de um escritório. Estava tudo mergulhado em penumbra, com as cortinas cerradas nas janelas.

Horas depois o dono da casa regressou, indo diretamente para esse cômodo. Acendeu a lâmpada elétrica, sentou-se em uma poltrona e dispôs-se a ler um livro, sem perceber, nem mesmo pressentir, a presença perigosa do Espírito malfeitor, que havia ganho sua alma, no dizer pitoresco da lenda, e que continuava à espreita, com o papel fechado na mão direita.

Logo depois aproximou-se da vítima e enquanto lhe aplicava passes circulares sobre a cabeça, sorria sarcasticamente dizendo-lhe ao ouvido: Voltou para nós ou não voltou? Queria cuspir no prato que comeu, e tomar outros caminhos, fingindo de santo, hein?

E não havendo movimento algum, nem sinal algum de entendimento da parte do outro, continuou no mesmo tom:

— Agora você me pertence, ouviu? Eu te ganhei em jogo limpo e tenho autorização do chefe para tomar conta de você. Não vais nos escapar outra vez e ainda por cima trabalhar contra nós, como se fôssemos inimigos. Não te largarei mais, podes ficar sabendo.

E enquanto dava os passes, a vítima ia adormecendo e já passava a entender o que ele dizia e a perceber o perigo de sua situação.

E a compreensão brilhou rápido na mente: largara a companhia dele no terreiro e viera refugiar-se em uma casa espírita, onde conseguira mesmo, graças à boa vontade de companheiros e diretores, galgar boa posição; mas, ambicionando cargo mais elevado e invejando aos próprios que o auxiliaram, lançara mão, como já dissemos, dos processos condenáveis que lhe eram familiares e assim voltara a cair nas unhas daqueles que se julgavam traídos.

Já exteriorizado do corpo físico pela ação hipnótica do perseguidor, via tudo com lucidez; o pânico apoderou-se dele e instintivamente apelou para os protetores espirituais que já de longo tempo, sem que o percebesse, acompanhavam, sem poder detê-lo, na queda em que ia diariamente se precipitando, e que mesmo agora tentavam ajudá-lo.

Foi quando os trabalhadores intervieram.

Vendo que ele desfalecia, passaram a agir rapidamente e o guia espiritual do grupo imobilizou a entidade malfeitora, enquanto uma rajada de luz branca, fulgurante, varria o ambiente e, ao mesmo tempo, o antro da subcrosta de onde o ataque partira.

Passes de despertamento sobre a vítima e logo o instrutor bateu palmas, dando o trabalho de socorro como terminado.

Enquanto regressávamos, como era costume fazer, comentávamos a meia-voz o acontecimento, pensando duvidosamente: será que isto terá valido de alguma forma para evitar recidivas, seja dos ataques, seja dos apetites de supostos poderes?

E mesmo que esse grupo tenha sido eliminado, comentavam outros, por quantos outros não será substituído, entrando pelas brechas da ambição, da inveja e do orgulho! Não havendo propósito firme de evangelização pessoal, todo socorro piedoso é simplesmente aleatório. Mas quem sabe? Quanto a este, simplesmente, colheu o que semeou e que lhe sirva de lição.

Assim é a lei divina, sempre pronta e justa no premiar e no corrigir.

***

Índice Temático

Ismael Armond

Religiões Cristãs

Suas Doutrinas

Editora Aliança

1ª edição, ago/2007, do 1º ao 5º milheiro

Título
Religiões Cristãs - Suas Doutrinas
Copyright 2007

Autor
Ismael Armond

Revisão
Maria Aparecida Amaral

Editoração
A. R.Carvalho

Capa
Antonio Carlos Ventura

Impressão
Bartira Gráfica e Editora Ltda.

Ficha catalográfica

Armond, Ismael

A763r Religiões Cristãs - Suas Doutrinas / Ismael Armond

1ª edição - São Paulo: Editora Aliança - 2007
160 páginas

1. Espiritismo 2. Religião 3. Filosofia I. Título

CDD - 133.9

EDITORA ALIANÇA
Rua Francisca Miquelina, 259 – Bela Vista – São Paulo – SP
CEP 01316-000 – Fone: (0xx11) 3105.5894 – Fax: (0xx11) 3107.9704
www.editoraalianca.org.br e-mail: distribuidora@editoraalianca.org.br

SUMÁRIO

INTRODUÇÃO

Desde a Antiguidade o homem procura saber de onde vem, para onde vai e o que deve fazer para agradar aos seus deuses, com o objetivo de obter benefícios pessoais. Sempre temeu as possíveis repercussões de seus atos e os dirigentes religiosos, de todos os credos, sempre exploraram esse comportamento.

Cada uma das crenças existentes apresenta diferentes posicionamentos para responder a essas questões. Esse aspecto, infelizmente, é abordado de forma diferente, inclusive, pelas doutrinas das religiões cristãs.

Em relação a esse assunto seria de se esperar que houvesse maior concordância entre os cristãos, tendo em vista que deveriam ser os ensinamentos do Mestre Jesus a fonte comum exclusiva de suas doutrinas. No entanto, isso não acontece. Muito pelo contrário. O próprio Kardec, quando se manifesta sobre esses temas, assim se expressa[1] "Deus, alma, sobrevivência e

---

[1] *Obras Póstumas*, p. 35.

individualidade da alma após a morte do corpo, penas e recompensas futuras constituem os princípios fundamentais de todas as religiões".

Este livro é destinado àqueles que desejam se aprofundar no conhecimento dessas doutrinas, porque na realidade poucos as conhecem.

Aquele que se dedicar ao estudo das doutrinas cristãs, concluirá que há muito mais a conhecer e que o descompasso existente entre elas é muito maior do que aparentemente se poderia supor. Que esse mesmo descompasso é ainda mais amplo, quando comparamos as de origem romana com o espiritismo.

Além disso, verifica-se ser patente que a grande maioria dos espíritas desconhece a doutrina das outras religiões cristãs e as daquelas que as influenciaram. É verdade, também, que temos dificuldade para encontrar e por conseqüência de indicar, uma fonte de consulta comparativa entre as religiões cristãs ou mesmo alguma que, de uma forma simples, forneça uma visão geral sobre seus princípios, para pessoas que os desconhecem. Isso tem acontecido todas as vezes que somos procurados em nosso Centro Espírita, por alguém que deseja conhecer um pouco da nossa religião; alguém que se encontra desorientado e que deseja encontrar um caminho, procurando esclarecimentos que lhe permitam definir sua fé, por não se satisfazer com os conhecimentos que lhe são oferecidos pela religião de sua atual adoção ou análise.

Sabemos que aquele que procura entender uma

doutrina que ignora, ao estudá-la, normalmente obedece a um processo comparativo com o que conhece ou pensa conhecer.

Juntamente com o leitor pretendemos analisar e assim reproduzir, a idéia que serve de base ao entendimento das várias tendências cristãs.

Por essa razão, é necessário que possa ele iniciar essa análise pelo conhecimento das religiões que mais de perto vieram a exercer sua influência sobre o cristianismo.

Se acompanharmos no tempo, como foi se desenvolvendo, desde a Antiguidade, o pensamento do homem em relação à trajetória da alma humana, veremos que a visão do povo judeu e dos persas, foi introduzindo clara e paulatinamente, uma série de aspectos que passaram a ser incorporados ao catolicismo, como dogmas e tradições de uso e de rito. Esses aspectos doutrinários foram utilizados para justificar as teses defendidas pela denominada igreja romana, quando de sua iniciativa em absorver as doutrinas pagãs, incorporando parte da liturgia empregada naqueles templos e, ao mesmo tempo, se declarando, quando já devidamente apoiada pelo Império Romano, como único meio para a condução e salvação de seus fiéis.

Esse distanciamento foi, na verdade, um distanciamento dos ensinamentos do Mestre Jesus que provocou uma extensa série de reações. Essas reações, por sua vez, sendo contrárias às posições adotadas pela Igreja, passaram a ser combatidas como heréticas, isto é, divergentes.

Com o advento da Reforma Protestante, um milênio mais tarde, seus ideólogos adotaram posicionamento crítico em relação ao catolicismo e seguindo uma escola filosófica claramente definida pelo bispo Agostinho de Hipona, o Santo Agostinho, apresentaram uma outra face e outras bases para a análise do assunto. Esse entendimento adotado em caráter radical, como de um modo geral foram as posições reformistas, definiu uma nova rota para a condução da alma humana, que praticamente ainda subsiste.

Os teólogos dedicam a esse assunto uma grande importância e denominam esse estudo, de "Soteriologia".

Quando alguns séculos mais tarde, Kardec anuncia a 3ª Revelação, pelo Espírito Verdade, a posição e o entendimento de todo esse processo se transforma, adquirindo uma nova visão que merecerá, nesta obra, uma consideração toda especial.

O desenvolvimento deste livro obedece à seguinte metodologia:

• Exposição sobre a doutrina das religiões que desde a Antiguidade influíram na formação da religião cristã, isto é, o judaísmo e o maniqueísmo, seguida de comentário sobre cada uma delas.

• Exposição sobre as doutrinas da religião Católica, dos principais movimentos considerados heréticos, sobre a doutrina básica das religiões Protestantes, todas seguidas de seus respectivos comentários:

• Estudo da Doutrina Espírita de forma não

aprofundada, restrita aos aspectos que intervêm no processo comparativo com as demais doutrinas cristãs anteriormente apresentadas; a comparação entre as religiões é realizada paralelamente ao estudo do espiritismo.

• Conclusão com uma mensagem aos espíritas.

São apreciadas as bases doutrinárias, bem como as manifestações dos homens que se constituíram em formadores de opinião, contra e a favor de suas doutrinas, nos dando condições para que possa ser feita a comparação com os aspectos que o espiritismo adota como sendo a expressão do pensamento e dos ensinamentos do Cristo. Esses dados foram elucidados por aqueles oferecidos pela 3ª Revelação, pelo Espírito Verdade, e que, sistematicamente, vem sendo confirmados e complementados pela espiritualidade superior, utilizando o intercâmbio propiciado pela mediunidade.

Só após isso é mostrado ao leitor qual a real diferença de conceituação encontrada entre elas, que não se resume a um simples modo de encarar as coisas, mas sim, em uma mudança completa de objetivos de vida, em função da grave pergunta que assola a mente do homem: De onde viemos? Para aonde vamos?

Em verdade, como dissemos no início, conclui-se que as diferenças de conceito expressas pelas religiões cristãs, no tocante ao futuro da alma do homem, são suficientemente díspares, para que se exija de todos uma profunda reflexão.

No entanto, só se pode chegar a essa conclusão após nos envolvermos no estudo dessas religiões; quando passam elas a ter suas doutrinas conhecidas com profundidade em suas origens, crenças e afirmações.

Isso é o que pretendemos ter realizado nesta obra. Estudar as religiões cristãs nos aspectos em que definem como deve o homem se conduzir e qual o futuro da alma humana, o futuro do ser e de sua individualidade.

As conclusões a que cada leitor vai chegar e a conseqüente definição do entendimento que mais pareça racional, lógico, que mais se aproxime da verdade, vai forçosamente orientar sua maneira de agir no presente e de pensar no futuro, visando, para a sua alma, a conquista de uma melhor posição ao deixar ela as vestes materiais.

Aos dirigentes das Casas Espíritas e aos expositores dos diversos cursos, esperamos que possa esta obra ser um elemento esclarecedor aos irmãos que os procuram e que se empenham em iniciar no conhecimento do espiritismo.

Ao prezado leitor, esperamos ter sido suficientemente claros e objetivamente sintéticos, tendo coberto os pontos essenciais para a compreensão das diversas doutrinas e, permitindo agora, a tomada de decisão consciente e racional.

O Autor
Abril de 2005

I

A Lei Mosaica

Se aceitamos a necessidade da vinda de Jesus, na época em que se deu, como meio de influenciar o ocidente pela lei do amor. Se entendemos que essa mensagem renovadora era dirigida a uma humanidade que clamava pela liberdade do jugo romano e que buscava esperança em algo que não havia encontrado nos deuses pagãos. Se compreendemos que no mundo ocidental da Antiguidade, o único povo que preenchia as condições para receber a mensagem do Cristo era o povo hebreu; povo que havia sido testado durante milênios, tendo mantido, mesmo nos períodos de maior dificuldade, a fé no Deus Único. Então, entendemos que esse seria o local onde Jesus deveria ter nascido. Aliás, com muito mais propriedade, esse tema é abordado no item nove do capítulo XXIV de *O Evangelho segundo o Espiritismo*.

A religião que mais influiu na formação do

cristianismo, foi certamente o judaísmo. Essa influência se exerceu quer por meio da Lei Mosaica, consubstanciada no Antigo Testamento, quer pelos usos e costumes do povo judeu que foram utilizados pelo Mestre Jesus na exposição de Sua doutrina, que seria inserida no Novo Testamento.

Entretanto, o próprio judaísmo sofreu influências do oriente condicionando a redação de suas leis básicas.

Vamos analisar um desses pontos encontrado no texto de *A Gênese* de Kardec:

— Sobre o dilúvio reproduzimos textualmente: "A lenda indiana sobre o dilúvio refere, segundo o livro dos Vedas, que Brama, transformado em peixe, se dirigiu ao piedoso monarca Vaivaswata e lhe disse: "chegou o momento da dissolução do Universo; em breve estará destruído tudo o que existe na Terra. Tens que construir um navio em que embarcarás, depois de teres embarcado sementes de todos os vegetais. Esperar-me-ás nesse navio e eu virei ter contigo, trazendo à cabeça um chifre pelo qual me reconhecerás". O santo obedeceu; construiu o navio, embarcou nele e o atou por um cabo muito forte ao chifre do peixe. O navio foi rebocado durante muitos anos com extrema rapidez, por entre as trevas de uma tremenda tempestade, abordando, ao final, ao cume do monte Himavat (Himalaia). Brama ordenou em seguida a Vaivaswata que criasse todos os seres e com eles povoasse a Terra.

É flagrante a analogia desta lenda com a narrativa

bíblica de Noé. Da Índia ela passara ao Egito, como uma multidão de outras crenças. Ora, sendo o livro dos Vedas anterior ao de Moisés, a narração, que naquele se encontra, do dilúvio, não pode ser uma cópia da deste último. O que é provável é que Moisés, que se tornara um iniciado estudando nos templos egípcios, tenha lá adquirido esses conhecimentos".[2]

— Quanto à lenda de Adão e Eva, vamos encontrar referências no mazdeísmo persa que se disseminou também pela Babilônia, mais de dois mil anos antes de Moisés; essas informações foram consolidadas por Zoroastro, o alto mensageiro celeste, no século VI a.C. em seu livro *Zend Avesta*, seu código religioso. Edgard Armond reproduz o seguinte texto: "Ormuzd, o Deus bom, colocou na Terra o primeiro homem – Meshia e a primeira mulher – Meshiahé – destinados a morrer, como todos os seres vivos. Prometeu-lhes constante felicidade, neste e no outro mundo, com a condição de o adorarem como sendo o autor de todos os bens. Durante muito tempo o casal se conformou com isso e suas palavras, pensamentos e ações eram puros e eles executavam santamente a vontade de Deus, quando se aproximavam um do outro.

Mas um dia, o deus do Mal – Ahriman – apareceu-lhes sob a forma de uma serpente e os enganou pela habilidade de sua palavra e fez-se adorar como sendo o princípio de tudo o que era bom.

---

[2] *A Gênese*, p. 180.

Desde então suas almas foram condenadas ao inferno até a ressurreição. A vida tornou-se cheia de penas e de sofrimentos.

Tiveram frio, fome, sede e, aproveitando-se de seus tormentos, veio um outro demônio que lhes apresentou uma fruta, sobre a qual eles se atiraram sedentos.

Foi a segunda fraqueza e, em conseqüência dela, seus males redobraram. Sobre cem prazeres anteriores só lhes ficou um e, caminhando então de tentação em tentação, de queda em queda, joguetes dos demônios e das misérias, só conseguiram prover a própria existência a poder de invenções e fadigas".[3]

Com referência a essa lenda foi encontrado, em um livro dos babilônios, um desenho que ilustra a serpente e o casal sentado junto à árvore de onde teria sido colhido o fruto proibido. À semelhança com o "Memorá", isto é, o castiçal de sete braços utilizado no ritual das cerimônias judaicas, a árvore teria também sete galhos. Figura abaixo.[4]

[3] *O Livre Arbítrio*, p. 24.
[4] *Jesus e a Sua Doutrina*, p. 181.

Para os judeus, ao tempo de Jesus, o roteiro da alma do fiel judeu se apresentava com feições completamente diferentes para cada uma das seitas então existentes, mas sempre envolvendo a cega obediência à lei.

Para os saduceus, ricos, poderosos e influentes, não crendo na vida eterna, a lei judaica era utilizada exclusivamente para o controle dos bens materiais, o controle dos fiéis e na manipulação do poder no Sinédrio, seu tribunal. A alma era assunto desconsiderado.

Em contrapartida, os fariseus e os escribas não admitiam o desrespeito à Torá, escritura que contém a Lei Mosaica. Exigiam do povo a irrestrita obediência aos preceitos dessa lei, atribuindo a si próprios o direito de interpretá-la e de fiscalizar o seu cumprimento. Como dizia Jesus, hipocritamente a desrespeitavam, mas não perdoavam aos outros os erros que cometessem.

Segundo nos esclarece *O Evangelho segundo o Espiritismo*, capítulo II, o futuro da alma do filho de Israel era algo que o judeu não compreendia muito bem. Acreditavam que a obediência às leis e tradições judaicas, durante sua vida terrena, lhes concederiam bens e conquistas materiais para si próprios e para seu povo. Quanto aos infiéis, estes não seriam beneficiados pelo Eterno.

No *Evangelho de Tomé*, um dos manuscritos descobertos no ano de 1945, em Nag Hammadi, no Egito, encontramos uma afirmação de Jesus, que não existe nos evangelhos canônicos. Estes são seus termos:

Logion 39 — "Disse Jesus: Os fariseus e os escribas receberam as chaves do conhecimento e as esconderam. Além de não entrarem, impedem a entrada daqueles que desejam entrar. Quanto a vós, permanecei atentos como a serpente e simples como a pomba".

Em relação aos essênios, estes sendo mais espiritualizados, tinham uma vida simples voltada para uma moral ilibada e, por isso, eram intitulados "Zaddikim", isto é "virtuosos". Não aceitavam o sacerdócio e viviam isolados nas montanhas, de onde saíam para ajudar os necessitados e atender aos doentes; acreditavam na purificação pela água e na evolução progressiva pela reencarnação.

Com o passar do tempo a religião judaica foi sendo melhor definida e conhecida sua doutrina. No ano 94 de nossa era, foi definido no Concílio de Yavné, o chamado "judaísmo rabínico", com a supressão dos sacrifícios de sangue e a substituição do sacerdote (Cohen), pelo rabino.

Na segunda parte do livro *Êxodo*, da Torá, é encontrado o Decálogo[5] ou os Dez Mandamentos, recebidos por Moisés (Moshé Rabenu – O Pastor Fiel) nas tábuas da lei, durante os quarenta dias que teria passado a sós com o Senhor, no Monte Sinai. Essas normas se transformaram em lei universal, sendo seus artigos parte de todas as legislações do mundo ocidental.

---

[5] *Êxodo*, 20:1-21.

No terceiro livro, o *Levítico*, estão definidas as festas do calendário judaico santificado, as leis de higiene alimentar com suas proibições; as leis das impurezas do homem e da mulher; as doenças classificadas como impuras e as recomendações em relação aos seus portadores.

No quinto livro, o *Deuteronômio*, estão contidas as bases da filosofia e da religião israelita. Destaca-se nesse livro o "Cântico de Moisés", denominado "Haazinu", cap. 32:01-43.

Considerado como livro também sagrado e interpretando os livros da Torá, para os iniciados, o *Zohar* seria de autoria do rabi Shimon bar Yohai, que o teria concebido durante o período que teria passado escondido em cavernas, fugindo da perseguição romana, logo após a destruição de Jerusalém no ano 70. O rabi seria considerado pelos judeus como o retorno (reencarnação) do profeta Enoch. Morreu martirizado pelos romanos.

Somente muito mais tarde foi esse livro considerado como sendo o texto clássico da Kabbalah e somente no século XIV, na Espanha, passou a ser de conhecimento geral.

A palavra kabbalah se origina de "kebbel", que significa "receber" e de "kabbal" que quer dizer "na presença de". Seria a transmissão do conhecimento, realizada oralmente para os iniciados.

Sua finalidade é descrita como sendo:

• O conhecimento do homem, seus mistérios, origem e destino.

• O conhecimento de Deus por meio de suas obras e manifestações.

• O conhecimento do Universo, sua origem e destino.

Complementando o texto da lei escrita, vamos encontrar no Talmude a doutrina e a jurisprudência dos tribunais judaicos.

Com o passar dos anos a lei passou a ser mais detalhada, apresentando uma aparência menos agressiva. A mais importante manifestação dessa mudança foi a estabelecida pelo rabino Moisés Ben Maimôn, "O Rambam (Maimonides)", que sob transe profético, como dizem os judeus, recebeu os "Treze Princípios da Fé Judaica – Yag Icarim".

O Credo católico seria uma criação equivalente a esses princípios.

Os cinco primeiros artigos constituem o cerne da doutrina que é a fé em Deus:

"1 – Eu Creio com fé completa que o Eterno é o Criador de tudo o que existe!"

"2 – Eu Creio com fé completa que o Criador é único e que não há unidade comparável à Sua. E que só Ele é o nosso D"s[6], Ele o foi e Ele o será!"

---

[6] D¨s – O mesmo que Deus. Não deve ser escrito por extenso em sinal de respeito.

"3 – Eu Creio com fé completa que o Criador não tem corpo e nada de corporal se Lhe pode ser atribuído, e nada por representá-lo!"

"4 – Eu Creio com fé completa que o Criador é primeiro e é o Eterno!"

"5 – Eu Creio com fé completa que o Eterno é o único criador a quem devemos dirigir nossas orações e que a ninguém mais devemos dirigir nossa adoração!"

Os quatro seguintes falam da revelação de Deus aos homens:

"6 – Eu Creio com fé completa que todas as palavras dos profetas são verdadeiras!"

"7 – Eu Creio com fé completa que as profecias de Moisés são verdadeiras antes e depois dele!"

"8 – Eu Creio com fé completa que a lei que se encontra em nossas mãos é a mesma que foi dada a Moisés!"

"9 – Eu Creio com fé completa que esta lei não pode ser trocada, e que nenhuma outra Lei será dada pelo Eterno, bendito seja Ele!"

Os quatro últimos artigos dizem respeito aos castigos e recompensas:

"10 – Eu Creio com fé completa que o Eterno conhece todas as ações dos homens e todos os seus pensamentos. Como foi dito (Salmos, 33:15): Ele formou o coração de todos eles, Ele considera todas as suas obras!"

"11 – Eu Creio com fé completa que o Eterno recompensa aos que observam as Suas Leis e castiga aqueles que as violam!"

"12 – Eu Creio com fé completa na vinda do Messias (Meshiach Ben Davi), mesmo que demore, espero sua vinda a cada dia!"

"13 – Eu Creio com fé completa que haverá uma ressurreição dos mortos, no momento em que o Eterno queira!"

Ligados a esses "Princípios", como resultado dos estudos de exegese, isto é, de interpretação, da Torá, existem 613 mandamentos ou "mitsvot" a serem cumpridos pelo povo judeu, que se encontram divididos em: 248 preceitos positivos, isto é, orientando o fiel a cumprir o mandamento e 365 preceitos negativos, isto é, de proibição do cometimento dos atos.

Em complemento à lei escrita é encontrada a chamada Tradição Oral, a Michná.

Segundo Maimonides, existem cinco classes de textos que reproduzem a tradição e que são os seguintes:

– As explanações recebidas por Moisés, baseadas nas escrituras ou que delas podem ser deduzidas.

– As leis da tradição que não têm suporte nas Escrituras.

– As leis deduzidas racionalmente.

– As leis introduzidas pelos profetas e rabis.

– As leis de comportamento.

Vemos que além dos mandamentos, todas as demais leis e tradições se referem às experiências vividas pelos judeus, às normas criadas para o controle do povo, mantido em muitos períodos submetido pelo medo das reações de Iahweh a uma possível desobediência.

Comentários

Não é compreensível que a Bíblia Hebraica, ou Antigo Testamento, que nada mais é do que o conteúdo das leis judaicas, escrito, como dizem os judeus, para um povo que teria sido escolhido por Deus para ser o Seu povo (Levítico 20:24,26), tenha sido adotado pelas religiões cristãs de origem romana. Essas religiões cristãs utilizam essas escrituras como se tivessem sido elas redigidas para a formação de suas doutrinas e passaram dogmaticamente a considerá-las como sendo a palavra de Deus.

Conclui-se que, para o judaísmo, a vida do judeu está condicionada ao cumprimento irrepreensível de todos os preceitos estabelecidos pelas Leis e Tradições, em relação a si próprios e às suas famílias; a guarda dos dias santificados, os sacrifícios, o jejum, os controles da não conspurcação do corpo por meio do contato e da ingestão de impurezas, o respeito aos mandamentos.

Em função da obediência ou não, a todos esses preceitos, o fiel receberá as benesses ou as punições de ordem material aplicadas pelo Eterno e quando da ressurreição dos mortos, poderá ser conduzido ao paraíso eterno.

Não pode ser esquecida a preocupação do Mestre Jesus em dizer: "Não vim destruir a lei, mas dar-lhe cumprimento". Provavelmente a mensagem do Mestre falava em dar cumprimento à lei divina e não à lei que os homens tinham redigido de forma irracional e afastada dos reais preceitos que deveriam conduzi-los para mais próximo do Pai de amor e de justiça; não do Deus que havia sido construído por Moisés nas páginas da Torá e na mente dos que fixaram os princípios que vieram a compor as leis e a tradição, com vistas ao controle do povo pelo temor.

A lei a que o Mestre se referiu, ensinou e testemunhou em Sua vida terrena, é a lei do amor; a lei do amor ao próximo, do perdão aos inimigos, da caridade, da fraternidade, da tolerância e não a do "olho por olho, dente por dente". A lei que se preocupa com os aspectos espirituais e não com os materiais, com o que sai da boca do homem e não com o que nela entra. Não com o que é de César, mas com o que é de Deus.

Apesar de a doutrina judaica não afirmar explicitamente, depreende-se, por dedução, que não poderão ser beneficiados por Deus todos os demais indivíduos habitantes deste mundo, que professam qualquer outra

religião ou mesmo que, desconheçam totalmente os princípios e as leis adotadas pelo povo judeu como sendo a representação da verdade e da vontade divina.

Entendendo que Deus é justo, bondoso e que deseja o bem para todos os seus filhos, não pode ser aceitável que tenham sido fixadas pelo poder divino, condições excludentes prevendo unicamente a obediência a essas leis. Isso porque, essas leis não podem ser do conhecimento de todos os povos e de todas as religiões. Os parâmetros de julgamento para serem equânimes devem ser baseados em fatores acessíveis a todos os homens, independentemente de sua cultura, da região e da época em que viveram.

Do judaísmo aproveitaram, o catolicismo e os seus dissidentes do protestantismo, além do Antigo Testamento, a ressurreição da carne para o julgamento definitivo e a premissa de que somente os que adotam essas religiões é que poderão ser recebidos no Reino de Deus, para uma vida de ócio e de "eterna felicidade".

II

O Maniqueísmo

A Pérsia, quase na mesma época em que a Índia, foi uma das regiões do mundo a receber a invasão dos hiperbóreos. Ambas sofreram a influência religiosa dos arianos que na Índia deu origem ao vedismo e que na Pérsia implantou o mazdeísmo de Zoroastro.

O mazdeísmo, por sua vez, deixou marcas nos hebreus, durante o período em que permaneceram em regime de cativeiro na Babilônia. Por essa razão, como vimos em exemplo citado no capítulo anterior, encontramos no Antigo Testamento referências semelhantes às de citações dos persas.

Outra religião que teve origem na Pérsia e que obteve um elevado número de adeptos, durante certo período, foi o maniqueísmo. Apesar de ter se expandido bem após a vinda de Jesus, exerceu ela, direta ou indiretamente, uma grande influência na consolidação dos princípios que vieram a nortear a doutrina da igreja

romana, como poderá ser constatado nesta obra.

O maniqueísmo foi criado por Maniqueu, nascido ao sul da Babilônia, no dia 14 de abril do ano 214, região hoje ocupada pelo Iraque. Entendia ele que sua doutrina deveria integrar verdades parciais de revelações anteriormente feitas por meio do mazdeísmo, do budismo e do cristianismo.

Após ter disseminado sua doutrina pela Pérsia, Egito, norte da África, Roma, e na Ásia, Maniqueu passou a ser perseguido pelos sacerdotes mazdeístas, tendo morrido no cativeiro entre 274 e 277. Seus seguidores, enquanto ele viveu, difundiram essa doutrina, chegando à China e ao Turquestão onde passou a ser considerada religião oficial.

Seus adeptos fizeram essa religião sobreviver, até sofrerem, juntamente com os mazdeístas, ataques desencadeados pelos muçulmanos, na Pérsia no século X, fazendo com que os mazdeístas fugissem para a Índia e os maniqueístas lá desaparecessem.

Fatos semelhantes ocorreram por iniciativa dos mongóis no Turquestão no século XIII e na China até o século XIV.

Vejamos, então, no que consistia essa doutrina. O maniqueísmo é uma filosofia segundo a qual o homem só poderia se salvar pelo conhecimento da verdade espiritual (gnose), isto é, pela sabedoria, pelo espírito, pela inteligência. Esse conhecimento considerava que a

alma humana enredada pela malignidade da matéria, deveria se libertar pelo espírito. A vida do espírito, por sua vez, se desdobraria em três estágios:

• O passado, onde se encontrariam separados os elementos, espírito e matéria, o bem e o mal, a luz e as trevas.

• O presente, onde esses elementos estariam misturados.

• O futuro, quando seria restabelecida a dualidade original.

Por ser uma doutrina dualista, o Universo seria a resultante de duas divindades, a saber: O deus do bem e o deus do mal.

O deus do bem forneceria as condições para libertação, ainda nesta existência, aos predestinados, denominados "eleitos". Aos demais, os "ouvintes", estaria reservada a oportunidade de retornarem à vida em um novo corpo, quando poderiam vir a ser considerados "eleitos" e assim, sucessivamente.

As benesses seriam dadas gratuitamente aos predestinados, que gozariam o benefício da vida eterna, sem sofrimentos.

Comentários

Em função das informações aqui expostas, pode

ser sintetizada a importância do maniqueísmo pela influência por ele exercida na discussão teológica do cristianismo. Essa influência se fez sentir em dois temas da maior importância, que são os seguintes:

• A incapacidade de o homem de se afastar do mal por seu próprio esforço e iniciativa, isto é, por seu livre-arbítrio.

• A predestinação como imposição divina para a condução da vida do homem e de seu futuro, independentemente de seus próprios atos e obras. Qualquer ato no sentido de bem se conduzir seria o resultado da interferência, da graça divina, já que o homem por si só seria incapaz de se corrigir.

No decorrer deste estudo, esses temas serão revividos por um dos maiores ideólogos da Igreja Romana, que veio a modificar as bases da Igreja Católica e em decorrência, as da religião protestante.

III

O Catolicismo

Quando, por motivos políticos, o Imperador Romano Constantino I – O Grande[7], reconheceu a religião cristã autorizando-a a funcionar, era ela denominada pelo Império como Igreja Cristã Ortodoxa e pelo povo, como Igreja Cristã ou Igreja Romana.

Antes de passarmos a analisar a evolução da doutrina da Igreja Romana, desde os seus primórdios, vamos recordar os acontecimentos históricos que levaram à realização do primeiro Concílio onde foram tomadas decisões oficiais fixando a formação dessa doutrina.

Ao assumir o Império Romano, no ano 313 de nossa era, o Imperador Constantino I, consciente da instabilidade política reinante nos diversos países que eram ocupados pelo poder romano, identificou que o único elemento que estava presente em todas essas regiões, podendo funcionar como fator de aglutinação, era a religião cristã.

[7] *O Cristianismo Primitivo*, do mesmo autor, cap. V.

Diante disso, reconheceu oficialmente o cristianismo e passou a estimular o crescimento do número de seus adeptos por meio da orientação dada a seus dirigentes para que adotassem os costumes, ritos e cerimonial utilizados pelas religiões pagãs. Foi dessa forma que a igreja romana incorporou uma grande quantidade dessas exterioridades que não haviam sido recomendadas, mas que, ao contrário, haviam sido combatidas pelo Mestre Jesus.

Isso deu origem a uma série de reações entre os cristãos, como a desencadeada pelo padre Arius contra a idéia de divinização de Jesus, idéia essa lançada pelo bispo Alexandre de Alexandria e por seu auxiliar Atanásio, que visava a futura aprovação da trindade.

Entendendo conveniente evitar a ampliação desses desentendimentos o imperador resolveu convocar um Concílio que teve lugar na cidade de Nicéia, no ano 325, visando a adoção de uma série de decisões impostas, sob a forma de dogmas, objetivando ocupar o espaço deixado pelas religiões pagãs.

Desse Concílio participou o próprio imperador, acompanhado de sua guarda, influindo diretamente sobre seus resultados.

Os Credos

O Concílio de Nicéia havia sido convocado ini-

cialmente com o objetivo precípuo de aprovar a divindade de Jesus, para a posterior implantação da trindade, dogma adotado por quase todas as religiões da Antiguidade. No entanto, foram nele também definidas posições que ficaram sintetizadas no texto de uma oração, que passou a ser denominada como "Credo" e conhecida como o "Credo de Nicéia". Dentre essas posições, foi utilizada pela primeira vez a qualificação da igreja como sendo "católica e apostólica". Não se referiam ainda à denominação da religião, mas indicavam como sendo estas suas características.

Católico quer dizer, universal. Foi esse o título que passou a ser utilizado, naquela época, para a nova religião do império romano, que ocupava grande parte do mundo então conhecido.

Para que possam ser compreendidas essas posições, vamos reproduzir o texto:

Credo de Nicéia

"Creio em um só Deus,

Pai Todo-Poderoso,

Criador do céu e da terra

Do Universo visível e invisível.

Creio em um só Senhor, Jesus Cristo

O único filho de Deus,
Nascido do Pai antes de todos os séculos
Ele é Deus, nascido de Deus,
Luz, nascido da Luz,
Verdadeiro Deus, nascido do verdadeiro Deus,
Concebido, não criado,
Da mesma natureza que o Pai,
E por Ele feito.
Para nós homens e para nossa salvação,
Desceu dos céus;
Pelo Espírito Santo,
Tomou a carne da Virgem Maria,
E Se fez homem.
Crucificado por nós sob Pôncio Pilatos,
Sofreu sua paixão e foi sepultado.
Ressuscitou no terceiro dia,
Conforme as Escrituras,
E subiu aos céus;
Está sentado à direita do Pai.
Voltará glorioso,
Para julgar os vivos e os mortos;
Seu reino não terá fim.

Creio no Espírito Santo,
Que é Senhor e que dá a vida;
Ele vem do Pai e do Filho;
Com o Pai e o Filho,
Ele recebe a mesma adoração e a mesma glória;
Ele falou pelos profetas.
Creio na igreja,
Una, católica e apostólica.
Reconheço um só batismo
Para o perdão dos pecados.
Espero a ressurreição dos mortos,
E a vida no novo mundo.
Amém".

Como se depreende desses dizeres, a partir desse Concílio passaram a ser definidos oficialmente pela igreja, os primeiros princípios que vieram a compor a doutrina do recém-criado catolicismo. São eles os seguintes:

– Jesus, como *único* filho de Deus.

– Jesus, considerado como deus, não teria sido criado pelo Criador, sendo nascido d'Ele, concebido por Ele e, sendo igual a Ele.

– Apesar de o Espírito Santo só vir a ser considerado

deus em 381, quando foi instituída oficialmente a Trindade, já em Nicéia, pelo texto do Credo era encaminhada sua criação, bem como, por vias transversas, aceita a concepção virginal de Maria de Nazaré. Deve ser lembrado que nessa mesma época era compilada e concluída, por Jerônimo, a redação do livro que veio a ser chamado "*Vulgata Latina*", incluindo o Antigo e o Novo Testamentos e em seu texto ainda não aparecia a figura do Espírito Santo.

– Estabelecia o batismo realizado pela igreja, como sendo o meio de efetivação do perdão dos pecados.

O Credo de Nicéia, em função de decisão tomada no 1º Concílio de Constantinopla, realizado no ano 381, foi progressivamente substituído pelo texto de um novo credo que apesar da época em que foi editado, quando já haviam decorridos mais de três séculos, passou a ser denominado: "Símbolo dos Apóstolos".

É importante notar que para a Igreja Católica Ortodoxa do Oriente, englobando a Grega e a Russa, criada no ano 1054 de nossa era, ainda é mantido o texto do Credo como foi redigido em Nicéia e nesses termos é proferido nas cerimônias de batismo.

O texto do novo Credo, que praticamente se mantém inalterado até os nossos dias, acrescentou novos princípios à doutrina católica. Em relação ao Credo de

Nicéia, o novo Credo apresenta diferenças que devem ser ressaltadas, nos seguintes pontos:

– Deixou ele de dar a ênfase que se fazia necessária em Nicéia, na contra-argumentação para justificar a divindade de Jesus, dizendo exclusivamente: "Creio em Jesus Cristo, Seu único filho, nosso Senhor".

– Não restringe ao batismo o meio para poderem ser os pecados perdoados, quando diz: "Creio na santa Igreja Católica, na comunhão dos santos, na remissão dos pecados, na ressurreição da carne, na vida eterna.

– Nele já aparece a palavra "católica" como denominação e não mais como qualificação.

Antes de iniciarmos a análise dessas diferenças de texto, convém esclarecer que durante o longo Concílio de Trento, um dos muitos itens aprovados foi o texto, ainda que parcial, do "Catecismo da Igreja Católica" e que pode ser assim definido: Catecismo é o estudo dos dogmas e preceitos fundamentais da religião.

Tanto o Credo de Nicéia, conhecido como sendo o primeiro documento a conter as bases da doutrina católica, como o daquele que o alterou, passaram a integrar o Catecismo.

O Catecismo

As pessoas em geral conhecem o catecismo como

sendo um conjunto de ensinamentos ministrados às crianças, nas igrejas, visando dar a elas os conhecimentos básicos para poderem realizar a sua primeira comunhão. Isso é o que se conhece, mas o chamado *Catecismo da Igreja Católica*[8] é um livro contendo quase três mil parágrafos, numerados seqüencialmente, onde, como consta da definição, estão contidos os preceitos da doutrina católica.

O primeiro ponto que fomos consultar nesse livro, foi o seguinte: Como sabemos, a razão da convocação do Concílio de Nicéia foi a de caracterizar Jesus como deus. No entanto, foi feito também constar no texto dos credos a afirmação de ser Ele o único filho de Deus. Somente pelo catecismo foi possível entender como ficou definida a situação de todos os homens que se consideravam como criaturas do Senhor. Concluímos que segundo a doutrina católica, são "filhos adotivos", que pelo batismo adquirem a autorização de chamá-Lo de Pai.

Este é o texto do parágrafo 1.997, que regula o assunto: "Pelo Batismo, o cristão tem parte da graça de Cristo, cabeça da igreja. Como "filho adotivo", pode doravante chamar a Deus de "Pai", em união com o "Filho único".

Em relação às afirmações do novo Credo: "Creio na santa Igreja Católica, na comunhão dos santos", são encontradas no parágrafo 946 do catecismo as seguintes

---

[8] *Arquivo do Vaticano*, via Internet.

explicações de seu significado: "O que é a Igreja senão a assembléia de todos os santos? A comunhão dos santos é precisamente a Igreja".

No parágrafo 948: "O termo comunhão dos santos tem duas significações estreitamente ligadas: comunhão das coisas santas "sancta" e comunhão das pessoas santas "sancti". "Sancta sanctis!" (O que é santo para os que são santos)".

Ainda no novo credo: "Creio na remissão dos pecados, na ressurreição da carne, na vida eterna".

No parágrafo 981 do catecismo pode ser lido: "A igreja recebeu as chaves do Reino dos Céus a fim de que se faça nela a remissão dos pecados"...

No parágrafo 982 encontramos: "Não existe nenhuma falta, por mais grave que seja que a Igreja não possa perdoar. Não há ninguém tão maldoso e tão culpado, que não deva esperar com segurança seu perdão, se seu arrependimento for sincero".

Quanto à "ressurreição da carne", entende a Igreja que mesmo antes da ocorrência desse acontecimento, após a sua morte, o homem passa por um primeiro julgamento.

Segundo o que consta no parágrafo 1022 do *Catecismo*, tem-se: "Cada homem recebe em sua alma imortal, sua retribuição eterna após a morte em um julgamento particular de sua vida, seja através de uma purificação, seja para entrar imediatamente na beatitude

do céu, seja para se condenar imediatamente e para sempre (Concílios de Lyon, Florença e Trento)".

No parágrafo 1.031: "A Igreja chama de Purgatório essa purificação final que é diferente do castigo dos condenados. A Igreja formulou a doutrina da fé relativa ao Purgatório, sobretudo nos Concílios de Florença e de Trento".

O último julgamento é o da ressurreição dos mortos e assim é descrito pelo parágrafo 1.040 do *Catecismo*: "O último julgamento ocorrerá quando do retorno glorioso do Cristo. Somente o Pai conhece a hora e o dia. Somente Ele decide seu acontecimento. Por Seu filho Jesus Cristo, Ele pronunciará então Sua palavra definitiva sobre toda a história. Nós conheceremos o sentido de toda a obra da criação e de todo o processo da salvação e compreenderemos os caminhos admiráveis pelos quais Sua Providência conduzirá todas as coisas ao fim. O último julgamento revelará quc a justiça de Deus triunfa sobre todas as injustiças cometidas por suas criaturas e que Seu amor é mais forte que a morte".

Considera a Igreja Católica que, por ocasião da ressurreição, o mundo sofrerá uma transformação que é descrita no parágrafo 1.042: "No final dos tempos, o Reino de Deus chegará à sua plenitude. Após o julgamento universal, os justos reinarão para sempre com o Cristo, glorificados em corpo e alma e o Universo será renovado"; e no parágrafo 1.047: "O Universo visível é destinado a

ser transformado a fim de que o mundo restaurado esteja, sem mais qualquer obstáculo, a serviço dos justos".

A Liberdade e o Pecado

Tendo analisado os primeiros documentos que sintetizam a doutrina católica, para que possamos ter uma total compreensão do pensamento da Igreja, é preciso que conheçamos alguns aspectos encontrados nos esclarecimentos que reunimos neste item.

Inicialmente, vamos entender como é visto o problema da liberdade do indivíduo, o livre-arbítrio.

Este tema está envolvido em um item que tem como título: "A liberdade humana sob a visão da salvação". Vamos reproduzi-lo quase que integralmente, por ser de extrema importância no entendimento de como é ela interpretada:

Parágrafo 1.739: "Liberdade e pecado. A liberdade do homem é finita e falível. De fato, o homem é falho. Livremente ele pecou. Recusando o projeto de amor de Deus, ele enganou a si mesmo; ele tornou-se escravo do pecado. Essa primeira alienação engendrou uma multidão de outras. A história da humanidade, desde suas origens, testemunha os sofrimentos e as opressões nascidas do coração do homem, após um mal uso de sua liberdade".

Entende que utilizando mal o livre-arbítrio, o

homem ao desobedecer as determinações divinas, no paraíso, passou a pecar sistematicamente, ficando escravo do pecado, isto é, não tendo a capacidade de resistir sozinho, sem o apoio divino.

Em relação à salvação, diz o Parágrafo 1.741: "Libertação e salvação. Por Sua Cruz gloriosa, o Cristo obteve a salvação de todos os homens. Ele os resgatou do pecado que os detinha em regime de escravatura".

Em relação à virtude e à graça, diz o parágrafo 1.811: "Não é fácil para o homem ferido pelo pecado manter o equilíbrio moral. O dom da salvação pelo Cristo nos concede a graça necessária para perseverarmos na busca das virtudes. Cada um deve sempre procurar essa graça de luz e de força, recorrer aos sacramentos, cooperar com o Espírito Santo, seguir os apelos de amar o bem e de se guardar do mal".

Disso se depreende que o mérito por resistir ao pecado é da divindade que concede gratuitamente os meios para o aprimoramento moral do homem.

Os pecados são definidos no parágrafo 1.855: "O pecado mortal destrói a caridade no coração do homem por uma infração grave à lei de Deus; ele afasta o homem de Deus, o que é o fim de sua felicidade com Ele, preferindo um bem inferior.

No pecado venial, subsiste a caridade, mesmo se ele a ofende e a fere".

A definição das condições em que esses pecados

se caracterizam, estão no parágrafo 1.857: "Para que um pecado seja mortal, três condições são conjuntamente requeridas: "É pecado mortal todo o pecado que tem por objeto uma matéria grave, que é cometido em plena consciência e que tenha um propósito deliberado".

No parágrafo 1.862: "Cometemos um pecado venial quando não observamos em uma matéria de natureza leve, as medidas prescritas pela lei moral, ou também, quando desobedecemos a lei moral em matéria grave, mas sem pleno conhecimento ou sem completo consentimento".

Agostinho

Para melhor compreensão de como a igreja declara poder atuar sobre os destinos do homem realizaremos os estudos a seguir enunciados. Para isso, é preciso antes rever os argumentos desenvolvidos pelo, talvez, mais importante pensador da Igreja.

Trata-se de Aurélio Agostinho, nascido em Tagaste, cidade da Numídia, norte da África, atual Argélia, em 13 de novembro do ano 354 de nossa era. Era ele filho de um pagão chamado Patrício e de uma católica fervorosa, que mais tarde foi canonizada como Santa Mônica e que a ele dedicava um amor fora do comum. Após se mudar para Cartago, onde daria continuidade a seus estudos, contrariando os desejos

de sua mãe, passou ele por um período de desequilíbrio moral. Como estudante aprofundou seus conhecimentos na filosofia, passando a ser um ardoroso admirador de Cícero. Juntamente com seus companheiros, passou a adotar o maniqueísmo como religião e tendo concluído seus estudos abriu em Cartago um estabelecimento de ensino. Aí permaneceu, vivendo com sua concubina e seu filho Adeodato, até transferir residência para Roma e, em seguida, para Milão onde se instalou como professor de retórica no ano de 384.

Após um ano de residência em Milão e da morte de seu pai, sua mãe veio residir com ele; para evitar repercussões negativas sobre sua pessoa, resolveu encerrar sua relação com a concubina, substituindo-a pelo noivado com uma herdeira aristocrata que Mônica havia conhecido. Sobre esse fato assim se manifestou: "Foi um golpe que me dilacerou o coração a ponto de fazê-lo sangrar, pois que a amava muito".

Naquela cidade havia também conhecido o bispo Ambrósio, homem influente, culto e adepto da filosofia neoplatonista. A religião de Ambrósio era extramundana. Para ele o corpo humano não passava de "vestes enferrujadas". Dizia: "Somos diferentes daquilo que apenas possuímos. O inimigo está dentro de nós; a causa de nossos erros está aí, do lado de dentro, encerrada unicamente em nós". Com o tempo, passando a se aprofundar na filosofia de Platão e principalmente de Plotino, Agostinho entrou em choque com as teorias

maniqueístas que adotara como doutrina, durante nove anos, transformando-se aos poucos em um neoplatonista e por aí iniciou sua aproximação do cristianismo. Nessa cidade escreveu seu primeiro livro e aos 33 anos de idade passou a adotar o cristianismo, sendo batizado pelo bispo que viria mais tarde a ser Santo Ambrósio.

Durante a viagem de retorno à sua terra natal, enquanto aguardava o navio, na cidade de Óstia, sua mãe veio a falecer. Retornando a Tagaste, em sua casa, com seus companheiros fundou um mosteiro para filósofos. Ordenado padre em 391, foi consagrado bispo de Hipona em 395, onde permaneceu até vir a falecer em 28 de agosto de 430, com 75 anos, durante um ataque de vândalos. A cidade de Hipona é hoje denominada Annaba, na Argélia.

Durante todo o período em que pertenceu ao clero católico, teve de enfrentar os adversários maniqueístas, seus antigos confrades e os donatistas.

Os donatistas eram os adeptos da seita cristã, considerada herética, defendida pelo bispo Donato, de Cartago. Não apresentava divergências com a doutrina católica, mas não aceitava a direção romana, fato que agradava ao povo do norte da África, que não admitia e combatia aquela interferência estrangeira. O catolicismo era a religião adotada pela minoria do povo daquela região.

No entanto, foi na doutrina de Pelágio que

Agostinho, já idoso, encontrou a grande ameaça para os temas que formulou e defendeu durante sua vida católica. Por essa razão, não descansou enquanto o pelagianismo não foi considerado como um movimento herético, pelo Concílio de Cartago, no ano de 416 e posteriormente confirmado por Roma.

Por essa "heresia", era colocado em dúvida o conceito do "pecado original"; era aceita a utilização do livre-arbítrio na decisão do homem em vencer suas próprias inferioridades. Já, Agostinho, afirmava que os males que afligiam o ser, teriam sua fonte no "pecado original" e que só a autoridade da igreja seria dotada da força capaz de "libertar" os homens "deles mesmos".

No entanto, sua vitória foi durante ainda muito tempo contestada pelos discípulos de Pelágio. Juliano de Eclano, padre italiano descendente de nobres, mesmo exilado na Grécia e Constantinopla, continuou a combater as idéias de Agostinho e sobre dogmas por ele instituídos, assim se manifestava[9] "Vós me indagais porque me recuso a admitir a idéia de haver um pecado que faça parte da natureza humana. Respondo: Ela é improvável, inverídica, injusta e ímpia; faz parecer que o diabo seria o criador dos homens. Ela viola e destrói a liberdade do arbítrio ao dizer que os homens são tão incapazes de virtude que, no próprio ventre de suas mães, estão cheios de pecados passados. Imaginais um

---

[9] *Santo Agostinho: uma biografia,* p. 481.

poder tão grande em tal pecado, que ele não só é capaz de apagar a inocência natural do recém-nascido, como também, para todo o sempre, obrigar o homem, por sua vida afora, a praticar toda sorte de iniqüidades".

Agostinho foi extremamente influenciado pela doutrina dualista dos maniqueus em relação ao efeito do mal sobre as criaturas e quanto à graça da predestinação.

Quanto à "Graça"

Se manifesta pelo entendimento de que o homem é mau por natureza, da mesma forma que a obscuridade é a ausência de luz. Para ele o mal é imprescindível a toda criatura que não seja Deus. A esse mal que é atribuído ao homem pela natureza, Agostinho denominou de "mal metafísico". Por outro lado, o "mal físico" e o "mal moral", proviriam do homem e não de Deus e seriam conseqüências do pecado original, quando o homem foi punido com o sofrimento físico e moral.

Para ele, o pecado traz em si a pena de sua desordem, porque a criatura prejudica a si mesmo, a sua própria natureza. Segundo seus conceitos, antes do cometimento por Adão, do pecado original, o homem teria a liberdade de "poder não pecar". Depois do

pecado original, o homem "não pode não pecar", isto é, seria escravo do pecado. Como bem-aventurado, santificado, ele, então, "não mais poderá pecar".

Nesse sentido afirma: "Os pecados leves, visto sua quantidade e as numerosas ocasiões em que se apresentam, não podem ser todos evitados. Esses pecados, se não podem ser evitados, não são dignos de qualquer castigo".

Ou ainda: "Não é em conseqüência de nossos méritos que a graça nos é conferida, pois temos visto e vemos a cada dia, essa graça ser grandemente repartida entre homens que não somente não a tem merecido pela realização de alguma boa obra, como a desmerecem pelas faltas sem número. Ora, quando a graça nos é conferida nós começamos a merecê-la, mas devido à própria graça recebida; pois, se ela, graça, nos é retirada, o homem bem longe de se elevar pelo seu livre-arbítrio, tomba precipitadamente. Em conseqüência, mesmo que o homem comece a merecê-la, que ele não esqueça de atribuir esses méritos a Deus e não a ele mesmo".

Quanto à "Predestinação"

Declara estar ela estruturalmente ligada à graça e que, aquele que a recebe, não a obtém por mérito próprio, mas por decisão divina, gratuitamente, sendo,

portanto, um predestinado, um eleito por Deus.

No *Catecismo da Igreja Católica*, são encontradas as seguintes definições:

Parágrafo 1.996: "A graça é favor, o socorro gratuito que Deus nos dá para responder a seu convite"...

Parágrafo 2.005: "Sendo de ordem sobrenatural, a graça escapa à nossa experiência e só pode ser conhecida pela fé. Não podemos, portanto, nos basear em nossos sentimentos ou em nossas obras para daí deduzir que estamos justificados e salvos"...

Em função do seu modo de encarar o mal, Agostinho entende que diante do mal a vontade humana é impotente sem o benefício da graça divina; que só existe para ele a possibilidade de o homem alterar essa situação, essa tendência pecaminosa, através da graça. Por sua vez a graça, que levaria à salvação, só pode ser conseguida por meio da Igreja e de seus sacramentos.

Assim se expressa: "Quem pensa que nesta vida mortal, o homem pode dispensar as brumas das fantasias corporais e carnais a ponto de possuir a límpida luz da verdade imutável, e de se apegar a ela com a inabalável constância de um espírito inteiramente alheado dos modos de vida comuns, não compreende nem aquilo que procura nem quem está procurando".

E complementa: "O fato de as coisas que

respondem pelo progresso em direção a Deus nos deleitarem não é adquirido por nossas boas intenções, nossa seriedade e o valor de nossa boa vontade, mas depende da inspiração que nos é concedida por Deus".

A propósito do poder de perdoar, Agostinho afirma: "Se na Igreja não houvesse o perdão dos pecados, nenhuma esperança existiria, nenhuma esperança de uma vida eterna e de uma libertação eterna. Rendamos graças a Deus que deu à Sua Igreja um tal dom".

Os Sacramentos

Para que possam ser entendidas essas afirmações devem, ser analisados os sacramentos que se encontram descritos no *Catecismo da Igreja Católica*.

Comecemos pelos esclarecimentos do significado do próprio termo. Entende-se:

Parágrafo 1.075: "O Catecismo que se encontra a serviço de toda a Igreja, na diversidade de seus ritos e culturas, apresenta o que é fundamental e comum a toda a Igreja concernente a Liturgia como mistério e como celebração dos sacramentos".

Segundo o *Catecismo*, a liturgia, por sua vez é assim explicada:

Parágrafo 1.069: "A palavra Liturgia originalmente

significava obra pública, serviço em favor do povo... Na tradição da Igreja: Exercício da função sacerdotal".

No Catecismo é encontrado ainda o esclarecimento de que:

Parágrafo 1.117: "A Igreja entendeu, no correr dos séculos, que entre as celebrações litúrgicas existem sete que são, no sentido próprio do termo, os sacramentos instituídos pelo Senhor".

Parágrafo 1.118: Agostinho afirma que "os sacramentos é que fazem a Igreja".

Parágrafo 1.119: "Formando com o Cristo-Cabeça "como uma única pessoa mística", a Igreja age nos sacramentos como uma comunidade sacerdotal organicamente estruturada"...

Parágrafo 1.123: "Os sacramentos têm por fim santificar os homens"...

Parágrafo 1.125: "Nenhum rito sacramental pode ser modificado ou manipulado à vontade do ministro ou da comunidade"...

Pelo Concílio de Trento, algumas afirmações de importância foram definidas para o entendimento do efeito dos sacramentos para os católicos:

Parágrafo 1.127: "Celebrados dignamente na fé, os sacramentos conferem a graça que significam"...

Parágrafo 1.128: "Os sacramentos agem "ex

opere operato", isto é, "tão logo a ação se completa".

Parágrafo 1129: "A Igreja afirma que para os crentes os sacramentos da Nova Aliança são necessários à salvação"...

Os sete sacramentos estão subdivididos em Sacramentos da Iniciação Cristã, Sacramentos Medicinais e os Sacramentos de Serviço.

Os chamados Sacramentos da Iniciação Cristã são os seguintes:

O Batismo

O parágrafo 1.263 assim explica os efeitos do batismo: "Pelo batismo, todos os pecados são remidos; o pecado original e todos os pecados pessoais, assim como, todas as penas devidas aos pecados"...

No entanto, o parágrafo 1.264 faz as seguintes restrições: "Entretanto, no batizado, certas conseqüências temporais do pecado permanecem, tais como, os sofrimentos da doença e da morte, as fragilidades inerentes à vida comum, as fraquezas de caráter, etc., assim como uma inclinação para o pecado que a tradição chama de "concupiscência"...

Além dessa observação, o ser que foi batizado, não está livre dos pecados que vier a cometer e que

possam vir a impedir sua salvação. Nesse caso, deve se valer de outro sacramento, já que pelo parágrafo 1.272: "Dado uma vez por todas, o batismo não pode ser reiterado".

A Confirmação

Após completar os doze anos, o fiel pode confirmar a sua fé por meio do sacramento que é conhecido como "Crisma" e que é normalmente realizado por um bispo. A Igreja considera que com essa idade o crente teria condições de confirmar sua opção religiosa. No entanto, no próprio *Catecismo* assim se manifesta em seu parágrafo 1.308, quando afirma: "Se às vezes se fala em Confirmação como o "sacramento da maturidade cristã", nem por isso se deve confundir a idade adulta da fé com a idade adulta do crescimento natural, nem esquecer que a graça batismal é uma graça de eleição gratuita e imerecida que não precisa de uma ratificação para tornar-se efetiva"...

A Eucaristia

A eucaristia[10] ou comunhão, como também é chamada, é considerada o principal sacramento da Igreja.

Ela é assim explicada: parágrafo 1.360: "A

[10] *O Cristianismo Primitivo,* do mesmo autor, p. 64.

eucaristia é um sacrifício de ação de graças ao Pai"...

Ou ainda: Parágrafo 1.366: "A eucaristia é, portanto, um sacrifício porque representa (torna presente) o sacrifício da cruz, porque dele é memorial e porque aplica seus frutos".

Assim descreve o que é chamado de transubstanciação: parágrafo 1.375: "É pela conversão do pão e do vinho no Corpo e no Sangue de Cristo que este se torna presente em tal sacramento".

Para se ter uma idéia mais perfeita de como a Igreja encara a eucaristia e para conhecer alguns detalhes de como entendem sejam perdoados os pecados, reproduzimos os seguintes textos: parágrafo 1.393: "A comunhão separa-nos do pecado. O Corpo de Cristo que recebemos na comunhão é "entregue por nós", e o Sangue que bebemos é "derramado por muitos para remissão dos pecados". Por isso a Eucaristia não pode unir-nos a Cristo sem purificar-nos ao mesmo tempo dos pecados cometidos e sem preservar-nos dos pecados futuros: "Toda vez que o recebemos, anunciamos a morte do Senhor". Se anunciamos a morte do Senhor, anunciamos a remissão dos pecados. Se, toda vez que o seu sangue é derramado, o é para a remissão dos pecados, devo recebê-lo sempre, para que perdoe sempre os meus pecados. Eu que sempre peco, devo ter sempre um remédio".

A origem da eucaristia é o sacrifício de sangue que era realizado nos templos de todas as religiões. Consistia na

oferenda de ser vivo, em sacrifício, feita aos deuses com o objetivo de que aquele que oferecia a vítima tivesse seus pecados perdoados. As hóstias, que quer dizer vítima, poderiam ser seres humanos, aves ou animais. Os judeus, na época de Jesus ainda mantinham essa prática, no Templo de Jerusalém, oferecendo aves ou outros animais.

A Igreja romana parece entender como válida essa crença, tendo considerado a morte de Jesus como sendo o "Cordeiro de Deus", isto é, a vítima oferecida em sacrifício de sangue, para a obtenção do perdão dos pecados do mundo. Por essa razão, ainda hoje, realiza o ritual da eucaristia simbolizando esse sacrifício, com o mesmo fim.

Em relação a instituição do sacramento da eucaristia, adotando a antiga prática pagã e judaica, do sacrifício de sangue, não encontramos nenhum comentário ou esclarecimento que viesse a se contrapor ao Apóstolo Paulo, quando insere na epístola I, Coríntios 15:50, o seguinte: ¨Digo-vos, irmãos, a carne e o sangue não podem herdar o Reino de Deus, nem a corrupção herdar a incorruptibilidade¨.

Os Sacramentos Medicinais são:

A Reconciliação

É chamada de reconciliação, a confissão e a penitência.

Esse sacramento tem por finalidade a remissão dos

pecados cometidos após o batismo, principalmente para o perdão dos pecados mortais. No parágrafo 1.446 encontramos uma boa explicação sobre esse sacramento: "O Sacramento do Perdão. Cristo instituiu o sacramento da Penitência para todos os membros pecadores da Igreja, antes de tudo para aqueles que, depois do Batismo, cometeram pecado grave e com isso perderam a graça batismal e feriram a comunhão eclesial. É a eles que o sacramento da Penitência oferece uma nova possibilidade de converter-se e de recobrar a graça da justificação. Os padres da Igreja apresentam esse sacramento como "a segunda tábua (de salvação)" depois do naufrágio que é a perda da graça".

O sacramento da penitência deve obedecer a uma seqüência que inclui a "contrição" ou arrependimento, quando são perdoados os pecados veniais; a "confissão" dos pecados graves a um padre; o recebimento da pena ou "penitência"; a "absolvição" e a "ação de graças".

O parágrafo 1.480 sintetiza esses passos: "A celebração do sacramento da Penitência. Como todos os sacramentos, a Penitência é uma ação litúrgica. São esses ordinariamente os elementos da celebração: saudação e bênção do sacerdote, leitura da palavra de Deus para iluminar a consciência e suscitar a contrição, exortação ao arrependimento; confissão que reconhece os pecados e os manifesta ao padre; imposição e aceitação da penitência; absolvição do sacerdote; louvor de ação de graças e despedida com a bênção do sacerdote".

Como cabe à penitência perdoar os pecados graves, só podendo receber o sacramento da eucaristia aqueles que já foram absolvidos. Assim, o parágrafo 1.395 nos dá um completo esclarecimento sobre o assunto: "Pela mesma caridade que acende em nós, a eucaristia nos preserva dos pecados mortais futuros. Quanto mais participamos da vida de Cristo e quanto mais progredimos em sua amizade, tanto mais difícil ele separar-nos pelo pecado mortal. A eucaristia não é destinada a perdoar pecados mortais. Isso é próprio do sacramento da reconciliação. É próprio da eucaristia ser o sacramento daqueles que estão na comunhão plena da Igreja".

A Igreja se declara ainda em condições de perdoar os pecados temporais, isto é as penas não eternas; aquelas que são suscetíveis de uma pena de purificação aqui na Terra, ou após a morte, no purgatório. Essas medidas podem ser obtidas por meio da indulgência.

Segundo o parágrafo 1.471 - "A doutrina e a prática das indulgências na Igreja estão estreitamente ligadas aos efeitos do sacramento da Penitência".

Da mesma forma que a penitência pode remir os pecados mortais, por meio da indulgência pode o católico ser absolvido dos pecados veniais. No parágrafo 1.498, lemos: "Pelas indulgências, os fiéis podem obter para si mesmos e também para as almas do Purgatório a remissão das penas temporais, conseqüências dos pecados".

A Unção dos Enfermos

É o sacramento ministrado às pessoas que por doença ou por idade, correm perigo de morte.

Tem por objetivo absolver o indivíduo de qualquer pecado remanescente. Além disso, é tido como uma preparação para a morte.

São chamados de Sacramentos de Serviço:

O Matrimônio

Ministrado a um homem e a uma mulher que serão unidos como esposos, sendo a graça recebida para cumprirem as responsabilidades devidas à união.

A Ordem

É o sacramento ministrado na ordenação de padres e bispos da Igreja.

Síntese

Diante das informações coletadas podemos

agora ter uma idéia mais clara sobre a doutrina católica e para uma melhor análise, face à complexidade do assunto, faremos a seguinte síntese:

O primeiro documento encontrado foi o Credo de Nicéia, onde é colocado o batismo como meio de obter o perdão dos pecados, bem como o julgamento definitivo da ressurreição, já existente no judaísmo.

Pelo Credo de Constantinopla, é acrescentado ao batismo outra forma de obtenção do perdão, por meio da "remissão dos pecados".

No início do século V, acontecem as manifestações de Agostinho de Hipona, em que retrata as influências maniqueístas da tendência do homem para o mal e em relação à predestinação, por meio da concessão divina da graça. Que o homem só pode deixar de pecar pela graça divina, já que ele seria incapaz de resistir ao mal por suas próprias obras, por seu livre-arbítrio.

Deixa claro, que só a Igreja teria condições de perdoar os pecados do homem e com isso levá-lo a receber as benesses de poder gozar a vida eterna. Que sem a Igreja e seus sacramentos, o ser humano estaria destinado a ser naturalmente condenado às penas eternas.

No entanto, a doutrina católica só está completa com a inclusão dos sacramentos da Igreja. O *Catecismo* esclarece por inteiro e em detalhes, os passos necessários para essa conquista. Assim, temos:

– O pecado original, herdado de Adão e Eva, e todos os pecados cometidos até a data de realização do batismo, são perdoados no momento em que é ele ministrado. O batismo não pode ser reiterado, isto é, repetido para um mesmo fiel. No entanto, alguns aspectos da vida humana não são redimidos pelo batismo, tais como, os sofrimentos da doença e da morte, as fragilidades inerentes à vida comum, as fraquezas de caráter, etc., assim como a inclinação para o pecado. Para esses aspectos a Igreja não apresenta solução, indicando somente que são conseqüências do pecado original.

– Os pecados veniais ou leves, que dariam origem a uma condenação temporal, no purgatório (local de expiação por tempo determinado, inserido na doutrina no ano 593, pelo Concílio de Florença), são perdoados na eucaristia ou juntamente com os pecados mortais, na reconciliação.

– Os pecados veniais podem ainda ser perdoados pela indulgência, mesmo que o pecador já esteja cumprindo pena no purgatório. Nesse caso, o pedido teria que ser apresentado à Igreja por um ser vivo.

– Os pecados mortais ou graves só podem ser perdoados pelo sacramento da reconciliação, após os seguintes trâmites:

– Contrição ou arrependimento.

– Confissão do pecado a um padre.

– Penitência ou cumprimento das penalidades impostas pelo padre, que são normalmente de orações.

– Absolvição dada pelo padre.

– Os pecados remanescentes, existentes na hora da morte, podem ainda ser perdoados pela unção dos enfermos.

– Após a morte ocorre o julgamento provisório, sendo que o definitivo e universal ocorrerá quando do retorno do Cristo e na ressurreição da carne. Nos dois casos, se absolvida, a alma será conduzida à vida eterna, no céu; se condenada à pena eterna, irá para o fogo do inferno.

As Escrituras e a Tradição

Durante o Concílio de Trento, realizado após a consolidação da Reforma Protestante, para a tomada de decisões visando a chamada contra-reforma, entre outras, ficou definido que somente a Igreja estaria credenciada a interpretar a Bíblia e ainda, que a crença católica teria origem exclusivamente nas escrituras e nas tradições transmitidas pela igreja.

No Catecismo vamos encontrar alguns esclarecimentos a respeito, tanto das escrituras quanto das tradições.

No que se refere às escrituras (Antigo e Novo Testamentos), a mais importante afirmação se encontra reproduzida pelo parágrafo 81, que afirma: "A Sagrada Escritura é a Palavra de Deus enquanto redigida sob a moção do Espírito Santo".

Pelo que depreende dessa afirmação, o Espírito Santo criado no Concílio de 381 d.C., para integrar a Trindade, juntamente com Jesus, já havia atuado sobre Moisés na redação do Antigo Testamento 1.500 anos a.C.

O parágrafo 2.651 nos indica que as tradições provêm da mesma origem: "Elas estão entre si estreitamente unidas e comunicantes. Pois, promanando ambas da mesma fonte divina, formam de certo modo um só todo e tendem para o mesmo fim".

Definindo a Tradição, o parágrafo 83 nos esclarece: "A tradição da qual aqui falamos é a que vem dos apóstolos e transmite o que estes receberam do ensinamento e do exemplo de Jesus e o que receberam por meio do Espírito Santo. Com efeito, a primeira geração de cristãos ainda não dispunha de um Novo Testamento escrito, e o próprio Novo Testamento atesta o processo da Tradição viva. Dela é preciso distinguir as "tradições" teológicas, disciplinares, litúrgicas ou devocionais surgidas no longo do tempo nas igrejas locais. Constituem, elas, formas particulares sob as quais a grande Tradição recebe expressões adaptadas aos diversos lugares e às diversas épocas. É à luz da

grande Tradição que estas podem ser mantidas, modificadas ou mesmo abandonadas, sob a guia do Magistério da Igreja".

O parágrafo 95 fala da interação entre elas: "Fica portanto claro que segundo o sapientíssimo plano divino, a Sagrada Tradição, a Sagrada Escritura e o Magistério da Igreja estão de tal modo entrelaçados e unidos que um não tem consistência sem os outros, e que juntos, cada qual a seu modo, sob a ação do mesmo Espírito Santo, contribuem eficazmente para a salvação das almas".

Complementando, o parágrafo 120 nos fala de como foram escolhidos os textos que vieram a compor o Antigo e o Novo Testamentos: "Foi a Tradição apostólica que fez a Igreja discernir que escritos deviam ser enumerados na lista dos "Livros Sagrados". Esta lista completa é denominada "Cânon" das Escrituras. Ela comporta 46 escritos para o Antigo Testamento e 27 para o Novo Testamento.

Gênesis, Êxodo, Levítico, Números, Deuteronômio, Josué, Juízes, Rute, os dois livros de Samuel, os dois livros dos Reis, os dois livros das Crônicas, Esdras e Neemias, Tobias, Judite, Ester, os dois livros dos Macabeus, Jó, os Salmos, os Provérbios, o Eclesiastes (ou Coélet), o Cântico dos Cânticos, a Sabedoria, o Eclesiástico (ou Sirácida), Isaías, Jeremias, as Lamentações, Baruc, Ezequiel, Daniel, Oséias, Joel, Amós, Abdias, Jonas, Miquéias, Naum, Habacuc, Sofonias, Ageu, Zacarias, Malaquias,

para o Antigo Testamento; os Evangelhos de Mateus, de Marcos, de Lucas e de João, os Atos dos Apóstolos, as Epístolas de São Paulo aos Romanos, a primeira e a segunda aos Coríntios, aos Gálatas, aos Efésios, aos Filipenses, aos Colossenses, a primeira e a segunda aos Tessalonicenses, a primeira e a segunda a Timóteo, a Tito, a Filêmon, a Epístola aos Hebreus, a Epístola de Tiago, a primeira e a segunda de Pedro, as três Epistolas de João, a Epístola de Judas e o Apocalipse, para o Novo Testamento".

Comentários

Tendo em vista o considerável volume de informações envolvendo o tema, que foram reunidas, serão feitas aqui somente algumas poucas considerações, deixando as mais relevantes para serem ponderadas quando do estudo da Doutrina Espírita.

O primeiro aspecto a ser agora analisado é o que se refere a serem todos os homens considerados "filhos adotivos" do Criador. Esse aspecto, além de contrariar as afirmações categóricas do Mestre, contidas no Evangelho, nos conduz à conclusão de que somente somos "filhos legítimos" de nossos pais biológicos e que por conseguinte, não somos "criaturas do Criador". Fica confirmado, para o catolicismo, o entendimento de que nossas almas seriam materiais e não espirituais.

O que não se compreende é que, ao mesmo tempo, são elas consideradas imortais o que parece uma incoerência.

Com referência a esse entendimento, encontra-se na doutrina da Igreja Ortodoxa Grega e Russa uma posição oposta a essa. Entendem os ortodoxos que Jesus é verdadeiramente Deus como uma das pessoas da trindade, mas que é um verdadeiro homem, compartilhando com todos nós do que é humano. A respeito dessa interpretação, encontra-se manifestação de ilustres padres da Igreja Ortodoxa nos seguintes termos: "Deus tornou-se o que nós somos de tal maneira que nós podemos nos tornar o que Ele é".

Quanto à autorização para chamá-Lo de Pai, que teria sido dada pelas letra do *Catecismo*, salvo melhor juízo, entende-se que há dois mil anos já nos havia sido ela concedida por Jesus, quando ensinou a oração que ficou conhecida como o "Pai Nosso".

Quanto à aceitação do pecado original como fonte de todos os males que atingem o ser humano, gostaríamos de aqui reproduzir o entendimento judaico, confirmando o caráter figurativo desse capítulo da Gênese Mosaica e das interpretações que dele foram extraídas. Essa manifestação é encontrada em artigo de autoria do rabino Benjamin Massé, publicado no jornal israelita "*La Famille de Jacob*" da cidade de Avignon, na França, em sua edição de julho de 1868. Esse artigo foi reproduzido pela "*Revista Espírita*", número de novembro de 1868, sob o título: "Do Pecado Original

Segundo o Judaísmo" e dele extraímos o seguinte:

"Para definir o dogma do pecado original, bastar-nos-á dizer que se toma pela letra o relato de *Gênese*, do qual se desconhece o caráter lendário, e que, partindo desse ponto de vista errado, aceitam-se cegamente todas as conseqüências que dele decorrem, sem se importar com a sua incompatibilidade com a natureza humana e com os atributos necessários e eternos que a razão reporta à natureza divina".

"Nossa razão e nossa consciência jamais se acomodarão com uma doutrina que apaga a personalidade humana e a justiça divina, e que, para explicar as suas pretensões, nos faz viver todos juntos, na alma como no corpo, do primeiro homem, ensinando-nos que, embora numerosos que sejamos na sucessão das idades, fazemos parte de Adão em espírito e matéria, que tomamos parte em seu crime, e que devemos ter a nossa parte nessa condenação".

"Se Adão e Eva pecaram, só a eles pertence a responsabilidade de sua ação má; só a eles sua queda, sua expiação, sua redenção por meio de seus esforços pessoais para reconquistar a nobreza".

Não poderia ser outra a posição do rabino, como a dos judeus, em geral, contrária ao dogma do pecado original, quando conhecedor das palavras dos profetas que reproduzimos a seguir:

Jeremias 31:29-30 – "Nesses dias já não se dirá:

Os pais comeram uvas verdes e os dentes dos filhos se embotaram. Mas cada um morrerá por sua própria falta. Todo homem que tenha comido uvas verdes terá os dentes embotados".

Ezequiel 18:19-20 – "E vós dizeis: "Por que o filho não há de levar a iniqüidade de seu pai?" Ora, o filho praticou o direito e a justiça, observou todos os meus estatutos e os praticou! Por tudo isso certamente viverá. Sim, a pessoa que peca é a que morre! O filho não sofre o castigo da iniqüidade do pai, como o pai não sofre o castigo da iniqüidade do filho; a justiça do justo será imputada a ele, exatamente como a impiedade do ímpio será imputada a ele".

Quanto à subordinação do perdão dos pecados, à presença e à ação da Igreja, essa afirmação nos leva ao entendimento de que antes da existência da mesma, e mesmo após sua existência para aqueles que a desconhecem, não existiu e não existe a absolvição dos pecados, pela impossibilidade da obtenção desse perdão. O mesmo, pode-se deduzir, ocorreu e ocorre, com aqueles que tenham morrido antes da obtenção desse perdão, por falta dessa assistência ou por decisão ou omissão de terceiros, que não a tenham providenciado em tempo oportuno.

Para todos os casos já enumerados, seríamos forçados a entender que a justiça divina é falha e que os meios para sua concessão são incoerentes e ineficazes.

Em contrapartida, mesmo que essa doutrina

fosse considerada aceitável, ainda assim, não parece compreensível a fixação de exigências para aqueles que obtiveram a absolvição, em relação a todos os pecados cometidos, através dos sacramentos do batismo, da reconciliação, da eucaristia e da unção dos enfermos nos momentos que antecederam sua morte. Nessa hipótese, já tendo adentrado ao paraíso, por que seria ainda necessária a encomenda da celebração da missa de corpo presente, da missa de sétimo dia, da missa de trigésimo dia e da missa de aniversário?

Outro aspecto, que já havia chamado a atenção, quando o estudo do judaísmo se refere à ressurreição dos mortos ou à ressurreição da carne, como consta do Credo e que não pode ser aceita como válida por contrariar as leis da natureza, que são leis divinas.

Devemos ainda analisar o entendimento da aceitação das escrituras que vieram a compor a Bíblia, como sendo a palavra de Deus.

No Antigo Testamento, segundo Moisés, Iahweh, o deus dos judeus, teria escolhido o povo hebreu como seu povo eleito e superior a todos os outros; povo que deveria dizimar pelo "fio da espada" todos os que se colocassem em seu caminho; o deus ciumento e irascível que ordena a matança e que discrimina todos os demais povos gentios; esse deus e sua palavra contida no texto bíblico passa a ser adotada pelas religiões cristãs, de origem romana, como sendo a palavra de Deus e não mais como a lei de Iahweh para os judeus. O Pentateuco Mosaico

passa a ser a palavra infalível de Deus e não dos homens. Passam a ser, esses ditames, não mais dos judeus, mas, dos cristãos. Mesmo constatando que essas palavras foram reformuladas pelo Cristo, dando uma visão do Deus Pai completamente diferente, insistem em adotá-las como Suas. Apesar de ter dito que não teria vindo para destruir a lei dos judeus, Jesus, que era judeu, soube nos ensinar que a verdadeira lei do Pai é a lei do amor, do amai-vos uns aos outros e não exclusivamente aos desta ou daquela raça, desta ou daquela religião. Aliás, o Mestre nunca Se declarou por uma religião. Ao contrário, demonstrou não ser necessária a presença no templo ou a existência do sacerdote para que o homem pudesse se ligar ao Pai (Mateus 6:5-8). Combatia os ritos e a liturgia, os sacrifícios e, certamente, não poderia concordar que viesse a ser, após o Seu desencarne, considerado como "o cordeiro de Deus", que viria a ser oferecido no sacrifício de sangue para que através desse rito fosse obtido "o perdão dos pecados do mundo", mesmo porque, havia nos ensinado que seremos julgados pelo nosso comportamento, pelas nossas obras e ainda, que não deixaremos de responder pelas nossas responsabilidades até o "pagamento do último centavo".

IV

As Heresias

Nos primeiros tempos de vida do cristianismo, por onde tivessem passado os apóstolos e discípulos do Mestre, a semente do Evangelho foi dando seus frutos e logo se ampliava o número daqueles que, inicialmente na clandestinidade, se reuniam para aprender os novos ensinamentos de amor. Com o tempo, amparados pelo poder político, os cristãos passaram a se organizar no que daria origem à Igreja Ortodoxa Cristã.

A partir do terceiro século, tiveram início as discordâncias mais significativas entre os estudiosos e a Igreja que se institucionalizava, sendo os principais protagonistas dessas dissidências, os dirigentes da Escola de Catequese de Alexandria. Colocavam-se Clemente e, posteriormente, Orígenes de um lado e o chamado clero ortodoxo, de outro. Os principais pontos de atrito seriam devidos ao afastamento do cristianismo

em relação aos ensinamentos do Cristo e a negação do livre-arbítrio e da reencarnação.

Os episódios seguintes tiveram lugar com o início do movimento visando a adoção do princípio da trindade e ao mesmo tempo, com a introdução dos ritos pagãos nas "Ecclésias" aí incluída a entronização do paramentado sacerdócio institucionalizado.

Os problemas se agravaram com a proposta de divinização de Jesus, que encontrou em Arius um opositor de peso. A primeira definição concedeu, aos ortodoxos, uma vitória parcial no Concílio de Nicéia com a pressão exercida pelo imperador Constantino e sua guarda.

Muitos outros movimentos de discordância ou de heresia (do grego – opinião diferente), foram se sucedendo. Poderíamos aqui destacar, por sua coerência, aquele desencadeado pelo monge inglês Pelágio, defendendo o livre-arbítrio e a necessidade do homem buscar o aprimoramento por meio de seu próprio esforço. Tiveram, esse devotado teólogo inglês e seus seguidores, de enfrentar as teorias de Agostinho defendendo os dogmas da graça e da predestinação, aliados ao pecado original. Sopesando os resultados que poderiam advir, em benefício da Igreja, foram os bem-intencionados seguidores dos ensinamentos do Cristo considerados hereges e devidamente excomungados.

Os concílios se sucediam aprovando novos dogmas

e estabelecendo posições doutrinárias que se apresentavam muitas vezes difíceis de serem racionalmente justificadas.

No entanto, com o passar do tempo e o fortalecimento do poder eclesiástico, os focos de reação foram diminuindo e como conseqüência, os desmandos aumentando.

Com o início da Idade Média, o poder dos feudos passou a ser ampliado permitindo o aparecimento de alguns movimentos de maior importância, que não se rebelavam contra a Igreja, mas que passaram a existir como religiões paralelas. A principal delas foi o catarismo.

A religião dos Cátaros, isto é, "puros", apareceu no início do século XI. Os historiadores relatam que movimentos semelhantes, defendendo praticamente os mesmos princípios, surgiram nessa época, na Macedônia, na Bulgária, da Itália à Renânia (Alemanha); os Valdenses em Lyon; da região de Champagne (noroeste da França), à Aquitaine (sudoeste da França) passando pelas cidades de Orléans e Toulouse, como se fossem movimentos orquestrados.

O maior grupo se concentrou na cidade de Albi, onde eram chamados "Cátaros Albigenses", tendo se estendido por toda a grande e rica região do Languedoc, no sul da França, fazendo adeptos em todas as classes, dos nobres aos lacaios.

Como quase todos os documentos que estão disponíveis sobre o catarismo são os resultantes dos arquivos da Igreja referentes aos processos da Inquisição, pode-se dizer que, a Igreja tentou deturpar o pensamento dos seus adeptos, apresentando-os como maniqueístas. Pelo contrário, o pensamento e o objetivo de seus fiéis, eram o do retorno aos princípios do cristianismo primitivo.

Atinham-se exclusivamente aos ensinamentos do Cristo; entendiam que todos os homens seriam salvos, segundo a crença no princípio da reencarnação, da mesma forma que Platão e Orígenes; por essa razão, eliminaram todos os tipos de discriminação. Todos tinham direitos iguais, inclusive as mulheres e os adeptos de outras religiões. Os senhores feudais, compreendendo e apoiando os mesmos princípios, agiam com caridade em relação aos menos favorecidos, entendendo que a posição que desfrutavam não lhes pertencia. Os cristãos, judeus e muçulmanos conviviam em paz. Conseguiram, naquela época, criar um ambiente de vida construído sobre os ensinamentos de Jesus.

Os iniciados eram chamados de "parfaits" e "parfaites" (pregadores, perfeitos e pregadoras, perfeitas) e os fiéis "croyants" e "croyantes" (os e as crentes). Os pregadores mantinham vida simples e pobre, chegando mesmo às privações; vestiam-se normalmente de preto ou azul-escuro e não se alimentavam de carnes; não mantinham propriedade pessoal, eram adeptos da

não-violência e da defesa dos princípios morais. Viviam da remuneração proveniente de suas próprias atividades; aceitavam o batismo da alma como ato de iniciação, pela imposição das mãos, da mesma forma que Ananias batizara Saulo de Tarso; como diziam, pelo fogo e não pela água. Não acreditavam no perdão dos pecados, mas sim, na evolução pelo esforço próprio, no uso do livre-arbítrio. Da mesma forma que os "Homens do Caminho", também se dedicavam aos cuidados dos doentes, sendo muitos deles médicos. Os bens que possuíssem, quando de sua iniciação, eram doados à instituição.

O combate aos cátaros foi realizado por uma cruzada organizada por determinação do papa Inocêncio III, que entregou o comando a Simon de Montfort supervisionado pelo abade de Citeaux, investido da autoridade papal. A cruzada, integrada em grande parte por mercenários, enfrentou os exércitos dos nobres da região, tendo massacrado a população local principalmente na cidade de Béziers e no seu último reduto, a fortaleza de Montségur em 1244.

Os "julgamentos" dos tribunais da Inquisição que haviam iniciado suas atividades de perseguição e de destruição em nome de Jesus, atuaram na região a partir do século XI, tendo aí permanecido, com o intuito de impedir qualquer tentativa de reimplantação da seita, até o século XIV.

Antes do envio da cruzada foram feitas algumas

tentativas de convencimento desenvolvidas pelo abade Bernardo de Clairvaux[11] (mais tarde São Bernardo) que recomendando atitudes de persuasão pela fé e não pela força, assim se manifestou em relatório em 1145: "As basílicas estão sem fiéis, os fiéis sem padres, os padres sem honra".

Em outra oportunidade, teria Bernardo emitido o seguinte comentário sobre os cátaros: "Se lhes perguntarem qual é a sua fé, ela é totalmente cristã; se lhes ouvirem as conversas, não há nada de mais inocente; e seus atos estão em harmonia com suas palavras".

Outro reduto que se levantou, cerca de um século mais tarde, contra os métodos adotados pela Igreja na condução do pensamento cristão, foi o das universidades. Entre os intelectuais que se expuseram como líderes desse movimento, encontramos John Wycliffe, Jan Huss e Jerônimo de Praga, que vieram a ser considerados como precursores da Reforma Protestante.

Comentários

Como se pode depreender, todas as manifestações que foram consideradas heréticas, foram tentativas para reconduzir o cristianismo ao seu rumo original, para a

[11] *Os Cátaros e a Heresia Católica*, p. 274.

conformação que tinha sido a ele atribuída pelo Cristo. Com o tempo, os ensinamentos de Jesus que haviam sido o motivo de sua encarnação no planeta, visando indicar os caminhos para a transformação do homem, passaram a ser assunto secundário, enquanto se atribuía importância aos ritos, aos dogmas doutrinários que se constituíam em melhor atrativo para o povo ignorante e descrente. Vários foram aqueles que enfrentaram a estrutura de poder da Igreja, construído com o aval do poder político, o mesmo que passou então a ser por ela manipulado, através dos séculos. Como vimos, o movimento que mais tempo resistiu foi o dos cátaros. Foram eles, certamente, a reapresentação dos mártires do circo de Roma, que da mesma forma marchavam cheios de fé, cantando, para as fogueiras da "Santa Inquisição".

Somente cerca de seis séculos mais tarde, uma reedição aproximada da doutrina cátara foi apresentada pelo Espírito Verdade, para novamente tentar reconduzir o cristianismo para os princípios, originalmente, definidos pelo Cristo.

V

As Religiões Reformadas

Com o advento da Reforma Protestante, iniciada em 1517 por Lutero na Alemanha e reconhecida em 1555 no tratado de Paz de Augsburg, uma série de alterações passou a ocorrer nos conceitos fundamentais da liturgia, dos sacramentos e em vários outros aspectos da fé católica. As novas religiões que surgiram, passaram a enfocar o destino da alma humana sob outros aspectos, divergindo dos conceitos até então adotados. Com o tempo, além dos luteranos e dos calvinistas, inúmeras outras seitas se formaram entre os chamados protestantes, fruto das diferenças de interpretação dadas aos textos bíblicos e à forma de conduzir os fiéis.

Assim, na Inglaterra, após a interferência política direta de Henrique VIII, visando assumir o controle da igreja no país e afastando-a do controle de Roma, a igreja anglicana consolidou-se durante o governo de

Elisabeth I (1558-1603), em padrões bastante próximos dos adotados pela Igreja Romana.

Dentre os calvinistas, por iniciativa de um de seus fiéis, o escocês John Knox, teve origem o presbiterianismo.

Os presbiterianos, considerados os mais cultos e normalmente pertencentes às classes sociais mais favorecidas, se estruturam em congregações locais que são governadas pelos anciãos eleitos pelos fiéis e arbitrados pelo pastor. Essas congregações são grupadas em presbitérios que são instâncias regionais que têm o poder de ordenar os pastores. Os presbitérios, por sua vez, são grupados em sínodos. No topo dessa estrutura se encontra a Assembléia Geral Anual e os Comitês permanentes, que se constituem em uma corte suprema.

Do puritanismo que tomava a Inglaterra no século XII, John Smyth criou a Igreja Batista. Entendem que o batismo só pode ser administrado por imersão e à pessoas que tenham a capacidade de compreender o seu sentido. Renunciam a toda a forma de associação ao poder temporal. Adotam para suas igrejas, o lema: "A pobreza de seu testemunho e o testemunho de sua pobreza".

O padre anglicano John Wesley, professor de teologia em Oxford, foi o criador da seita metodista em 1738. Dela derivaram outras, como o Exército da Salvação.

Durante uma reunião das chamadas Assembléias de Deus que se desenvolviam nos Estados Unidos, houve

uma manifestação que envolveu alguns dos participantes. Foram eles tomados em transe mediúnico de xenoglossia (comunicação psicofônica em língua estrangeira). Entendendo que se reproduzia o fenômeno do Pentecostes, passaram a se denominar de Pentecostais.

As Testemunhas de Jeová são regidas pelo livro "*A Verdade que Conduz à Vida Eterna*", de autoria da Watchtower Bible and Tract Society de New York, EUA. Crêem que o pecado original cometido por Adão e Eva é que trouxe ao mundo o sofrimento, o mal e a morte. Que por ocasião do juízo final, quando da ressurreição da carne, somente os homens incrédulos serão destruídos, somente a alma que pecar morrerá e o mundo retornará à condição de paraíso.

Com sede na cidade de Salt Lake City, EUA, os Mórmons, seguem a doutrina definida no chamado "*Livro dos Mórmons ou Santos dos Últimos Dias*", que conteria a palavra de Deus. Aceitam as três pessoas da trindade, mas entendem que o homem é responsável por seus próprios pecados e não pelo de Adão e Eva. Acreditam no perdão dos pecados pelo batismo de imersão, na imposição de mãos, na manifestação em línguas estrangeiras, nas profecias, nas visões e nas curas, como manifestações do Espírito Santo.

Grandes divergências conceituais passaram a existir entre o catolicismo e o protestantismo, o que nos leva a fazer uma análise mais pormenorizada da

religião protestante, seja de raiz luterana ou calvinista.

Os protestantes, desde o início da reforma, repudiaram uma série de ritos adotados pela Igreja Católica, tais como:

• O culto às imagens.

• O culto aos santos.

• A celebração da missa.

• Os sacramentos da Confirmação, da Reconciliação, da Unção dos Enfermos e da Ordem.

• A eucaristia se fazia com a presença de Cristo no culto e não com o fenômeno da transubstanciação (transformação do corpo e do sangue do Cristo, no pão e no vinho).

• O poder da Igreja e de seus sacerdotes em perdoar pecados ou conceder a indulgência.

Como o movimento protestante foi iniciado por monges agostinianos, o conceito maniqueísta da predestinação, endossado por Agostinho, teve grande influência na composição da nova doutrina.

Assim é, que entre seus princípios básicos são encontrados os seguintes:

• A crença é baseada nas escrituras.

• O contato do crente com Deus não exige a intermediação do sacerdote.

• A salvação é alcançada pela fé e não pelas obras.

• A fé seria concedida por Deus e não desenvolvida pelos fiéis.

• Os atributos dos crentes seriam concedidos aos eleitos pela predestinação, tendo em vista que o homem é escravo de sua natureza voltada para o mal e que só pode escolher o bem, como opção, quando pela intervenção da graça divina.

• Não tendo a igreja o poder de perdoar os pecados, a confissão deveria ser feita diretamente a Deus.

Os protestantes passaram a adotar uma posição radicalizada em relação à fé no texto da lei, na graça e na predestinação, como resultantes do exercício do poder divino na escolha daqueles que deverão ser salvos.

Para melhor entendimento dessa posição, deve ser bem compreendido o significado desses termos. Para isso vamos conhecer algumas definições.

Em primeiro lugar, a definição de Agostinho sobre a lei[12] :

– "A Lei é dada para que a Graça possa ser exigida; a Graça é concedida para que a Lei possa ser cumprida".

Por outro lado, a lei é encontrada no texto da Bíblia. Os protestantes orientam também seus crentes a considerarem a Bíblia, isto é, o texto reunido do Antigo

---

[12] Citação de Charles D. Utt. em Paul and the Law.

e do Novo Testamentos, adotados originalmente pela Igreja Católica e devidamente adaptados por seus dirigentes, como sendo a palavra de Deus. Entendem, portanto, que a fé em Deus passa pela fé nesses textos, segundo a interpretação que é dada individualmente por suas diversas seitas.

Quanto à Graça, assim a define o teólogo batista Strong[13] :

– "A graça é favor imerecido concedido aos pecadores".

Combinando e sintetizando essas definições, concluímos que: A Bíblia, que contém a lei divina, nos foi concedida para que pudéssemos "exigir" do Criador a "graça", isto é, exigir o favor que antecipadamente sabemos que não merecemos. Poderíamos "exigir", porque teríamos sido criados para o mal, não dispondo de condições para a ele resistir. Reconheceríamos, portanto, que a "graça" só nos é concedida para que seja possível às "criaturas" cumprirem a lei ditada pelo Criador, tendo em vista que nós, como pecadores, seríamos incapazes de cumpri-la.

Tudo isso, no entanto, só seria possível ocorrer quando em benefício das criaturas consideradas eleitas, ou seja, predestinadas.

No livro, *A Sã Doutrina*[14] são encontrados os seguintes esclarecimentos sobre a Predestinação:

---

[13] *A. H. Strong, Systematic Theology,* p. 779.

[14] *Pentcost, J. Dwight. A Sã Doutrina.* 2 ed. cap XIII, p. 119-127. São Paulo. Associação Religiosa Editora Mundo Cristão, 1981.

Diz o autor, que Deus ao criar o Universo, seguiu uma série de etapas, segundo uma progressão lógica, que pode ser explicada por palavras determinadas. Diz ele:

"Quero começar com a palavra "preordenação"... O propósito de Deus foi determinado antes do ato da criação...

A segunda palavra que contribui para nossa compreensão da obra de Deus é "decreto"... Pela preordenação Deus determina qual será o programa. Pelo Seu decreto estabelece a certeza daquilo que preordenou.

Isto nos leva, logicamente, à terceira palavra que contribui para nossa compreensão da obra de Deus: "presciência". Presciência então, é o resultado da preordenação de Deus, ou decreto de Deus, do que deveria acontecer. Deus não prevê apenas o que irá acontecer, mas também as pessoas que serão usadas como instrumento ao cumprimento de Seu plano e programa. A presciência não está ligada apenas ao que vai acontecer, mas abrange igualmente quem está incluído no programa de Deus.

Isso nos leva à quarta palavra importante, "eleição", que significa "escolher". A eleição se refere à escolha de pessoas através das quais será cumprido o propósito divino estabelecido pela preordenação...

Esta palavra deu lugar a muitas interpretações

erradas, pois a idéia que geralmente se faz é a de um Deus caprichoso, que chama todos os homens (que estão em estado neutro) diante de Si e, arbitrariamente, diz a alguns deles: “Eu o aceito”, e aos restantes diz: “Eu os condeno ao inferno eterno”. Observe que quando Deus elege, Ele o faz dentre os que estavam perdidos. A escolha não separa alguns para o céu e outros para o inferno. Achando-se todos sob condenação, a eleição separa alguns homens e esses cumprirão o programa e o propósito de Deus. A eleição é, pois, uma obra da graça divina, porque todos os homens estavam debaixo da maldição e da ira de Deus. Para cumprir seu programa predeterminado, preordenado e já estabelecido, Deus selecionou os instrumentos de Sua preferência , através dos quais esse objetivo e programa seriam cumpridos. A manifestação da graça infinita de um Deus infinito é o fato de qualquer pessoa vir a ser escolhida.

A palavra que se segue à eleição é “predestinação”, cujo significado é “determinar antecipadamente”. Isso se refere à finalidade pela qual os eleitos são separados”...

Para encerrar a análise por ele realizada, o autor assim conclui:

“A meu ver, a verdade que apresentamos é uma das mais confortadoras doutrinas da palavra de Deus. Alegramo-nos em saber que nada acontece por acaso. Não somos criaturas sujeitas às circunstâncias, dependentes

da sorte. A "boa sorte" não se aplica aos filhos de Deus. Um Deus infinito e soberano **preordenou** cada minuto de nossa vida antes da fundação do mundo. Deus estabeleceu Seu propósito e Seu programa através de Seu **decreto** inalterável. Deus **prevê** exatamente o que acontecerá em cada momento de nossas vidas, porque tudo foi determinado de acordo com Seu desígnio. Deus nos **elegeu**, não porque tivéssemos feito alguma coisa, mas porque convinha ao Seu propósito infinito. Deus, que nos elegeu, nos separou pela **predestinação** para compartilharmos eternamente de Sua glória. Deus pela graça infinita, nos chamou das trevas para o Seu amor, da morte para Sua vida, e nos separou para Si mesmo, não por aquilo que somos, mas por estarmos incluídos no Seu propósito eterno e soberano".

Em relação ao exercício do "livre-arbítrio", assim se manifestam os protestantes:

O homem tem liberdade de exercitar suas ações, no entanto, como pecador, ele se encontra na condição de escravo de sua natureza má. Ele não é forçado a cometer o pecado e só o comete no exercício de seu livre-arbítrio, seguindo suas tendências naturais. No entanto, somente poderá escolher o bem quando recebe a graça divina.

Argumentam que se o homem tivesse o controle integral de suas ações, os desígnios de Deus estariam subordinados ao livre-arbítrio do homem, o que seria uma incoerência.

Comentários

Do exposto, pode-se compreender que para o protestantismo, o destino da alma humana depende exclusivamente de lhe ser concedida a graça divina quando considerado eleito ou predestinado. Como afirma Agostinho: "A graça é concedida para que a lei possa ser cumprida"; donde se deduz que a lei não seria cumprida pelo homem, sem a respectiva concessão da graça. Conseqüentemente, fica subentendido que o homem não tem qualquer responsabilidade sobre seus atos, já que foi criado exclusivamente para o mal.

Caberia ao homem somente adotar uma posição de esperança em ser tocado pela fé caso lhe fosse concedida gratuitamente a graça divina, se considerado fosse, como um dos eleitos predestinados.

O que não é explicado é o porquê de Jesus nos ter deixado tantos ensinamentos quanto ao modo como devemos nos conduzir. Palavras certamente consideradas desnecessárias, pois que inúteis para nós, já que não seremos capazes de as colocar em prática, devido ao nosso pendor irresistível para o mal e da nossa total incapacidade no uso do livre-arbítrio. Poderiam ser úteis se fôssemos um dos eleitos, mas mesmo assim, se o fôssemos, não necessitaríamos delas para nos salvar, pois que a salvação já estaria prevista para que a recebêssemos como predestinados que seríamos.

No entanto, algumas citações encontradas no Antigo e no Novo Testamentos, que são considerados pelos protestantes como sendo a própria palavra de Deus, não se enquadram com várias afirmações que servem como embasamento da doutrina protestante.

Como entender a impossibilidade de o homem vencer sua tendência para o mal; não assumir a responsabilidade de seus atos, fruto exclusivo de seu livre-arbítrio. Como aceitar a concessão da graça divina e a eleição dos predestinados, se nas Escrituras encontramos, entre vários, os seguintes textos:

Atos dos Apóstolos 10:34 - "Tomando então a palavra, Pedro falou: "Dou-me conta, em verdade, que Deus não faz acepção de pessoas..."

Nos mesmos termos, Paulo afirma na epístola Romanos 2:6-11 - "...o justo julgamento de Deus que retribuirá a cada um segundo suas obras: a vida eterna para aqueles que pela constância no bem visam à glória, à honra e à incorruptibilidade; a ira e a indignação para os egoístas, rebeldes à verdade e submissos à injustiça. Tribulação e angústia para toda pessoa que pratica o mal, para o judeu em primeiro lugar, mas também para o grego; glória, honra e paz para todo aquele que pratica o bem, para o judeu em primeiro lugar, mas também para o grego. Porque Deus não faz acepção de pessoas".

Epístola I Timóteo 2:3: "Eis o que é bom e

aceitável diante de Deus, nosso Salvador, que quer que todos os homens sejam salvos e cheguem ao conhecimento da verdade".

Ao combinar essas palavras com o episódio do julgamento final no Apocalipse de João, encontramos em 20:12: "Também foi aberto outro livro, o da vida. Os mortos foram julgados conforme sua conduta, a partir do que estava escrito nos livros:. Em 22:12: "Eis que eu venho em breve, e trago comigo o salário para retribuir a cada um conforme o seu trabalho".

Em todas as afirmações acima é ressaltada a necessidade da iniciativa do homem usando seu livre-arbítrio; é clara sua responsabilização quando não age de acordo com as leis de Deus e com os ensinamentos do Mestre.

Isso nos leva à certeza de que o homem será julgado pelos atos que tenha cometido e obras que tenha realizado, segundo sua própria iniciativa, sendo debitado também a ele a repercussão dos danos que tenha causado por sua ação ou omissão. No entanto, o verdadeiro julgamento a que é permanentemente submetido, é o de sua própria consciência, que oprime, e a pressão da culpa que dele cobra pelo arrependimento, pelo remorso, exigindo sua reparação.

VI

O Espiritismo

Após termos analisado as religiões que influíram na formação do cristianismo; após termos estudado como são encaradas as doutrinas das religiões católica e protestante, de um modo geral, para completarmos o estudo das religiões cristãs resta-nos somente a análise do espiritismo.

Vejamos:

O espiritismo foi codificado por Allan Kardec, na França, a partir da publicação de *O Livro dos Espíritos* em 18 de abril de 1857. Foi obra complementada inicialmente por mais quatro outras obras do mesmo autor, formando o que é chamado de Pentateuco Kardecista. As demais obras que formam este conjunto são as seguintes: *O Livro dos Médiuns* em 1861, *O Evangelho segundo o Espiritismo* em 1864, *O Céu e o Inferno* em 1865 e *A Gênese* em 1868.

Segundo Kardec, é uma doutrina que contém aspectos filosóficos, científicos e religiosos.

A justificativa dessa afirmação feita em relação ao espiritismo, vamos encontrar na definição dada por Emmanuel[15], à religião: "Religião é o sentimento Divino, cujas exteriorizações são sempre o Amor, nas expressões mais sublimes. Enquanto a Ciência e a Filosofia operam o trabalho da experimentação e do raciocínio, a Religião edifica e ilumina os sentimentos.

As primeiras se irmanam na Sabedoria, a segunda personifica o Amor, as duas asas divinas com que a alma humana penetrará, um dia, nos pórticos sagrados da espiritualidade".

O Espiritismo e o Destino da Alma Humana

Para as outras religiões cristãs, o destino da alma humana é conquistado na "salvação". A palavra "salvação", segundo o que nos dizem os dicionários, quer dizer: "Ato ou efeito de salvar". Por sua vez, o verbo "salvar", dependendo do sentido em que for aplicado, significa: Livrar de risco ou de perigo; conservar; guardar; manter; desculpar; justificar; livrar-se de penas no inferno; pôr-se a salvo; abrigar-se.

---

[15] *O Consolador,* item 260, p. 157.

Ponderando-se cada uma das utilizações cabíveis para o verbo em questão, não encontramos, à luz da Doutrina Espírita, qualquer possibilidade de enquadrar sua aplicação na trajetória da alma humana.

A maior discrepância que se apresenta, quando procuramos estabelecer um paralelo entre as outras religiões cristãs e o espiritismo, é que na religião espírita, ao contrário das demais, não é prevista a salvação como objetivo limitado, tendo em vista o entendimento de que nenhum dos espíritos que foram criados pelo Pai deverá se perder; em conseqüência, o que passa a ser importante é, compreendermos como se processa a vida do espírito no tempo, ou melhor, conhecer o percurso que deverá ser trilhado pela alma humana.

No decorrer deste capítulo, iremos juntos analisar os princípios da Doutrina dos Espíritos, permitindo que possamos ter uma visão geral sobre os aspectos que a definem. Veremos que as afirmações feitas no parágrafo anterior têm as suas razões de ser.

Não iremos fazer simplesmente afirmações do que pensa o espiritismo, à semelhança do que foi feito nos capítulos anteriores em relação às outras religiões; iremos aqui expor o pensamento espírita, realçando as diferenças em relação às demais doutrinas, pois, como poderá ser apreciado, não existem semelhanças entre elas.

Como é praticamente impossível apontar ou listar os pontos de divergência, deixamos ao leitor a

tarefa de analisá-los.

Iniciando, podemos dizer:

– Não entende o espiritismo que o ser humano é propenso ao mal e que a ele não pode resistir. Ao contrário, entende que Jesus nos mostrou o caminho para podermos combater a nossa inferioridade, por meio da melhoria de nossa maneira de ser e de agir.

– Não aceita o espiritismo a concepção dualista prevendo a existência de um deus representando o bem e a do demônio como seu dissidente opositor, representando o mal. De que o homem estaria na contingência da salvação junto ao deus do bem, gozando as delícias da vida eterna ou em sendo enredado pelas artimanhas e armadilhas preparadas por seu opositor, seria então atraído para a condenação do fogo eterno.

– Entende a existência de Deus como sendo: "Deus é a inteligência suprema, causa primeira de todas as coisas"[16].

– Não aceita a existência do demônio como agente permanente do mal. Considera que existem espíritos, iguais a nós, mais ou menos evoluídos, função do estágio alcançado na escala evolutiva.

Esses seriam os espíritos referidos na *Vulgata Latina*[17] como "bom espírito ou santo espírito" ou como

---

[16] Pergunta nº 1, de *O Livro dos Espíritos.*

[17] *Nome do texto original da Bíblia em latim, redigido por Jerônimo, por ordem do papa Damaso, a partir do ano 382.*

"mau espírito". Posteriormente à redação desse texto, foi ele alterado para "espírito santo", com poderes divinos e para "demônio" como anjo decaído.

– Entende que com o advento do conhecimento intelectual e com o aprimoramento moral, o homem, por meio de seu livre-arbítrio, isto é, da liberdade de poder agir de um modo ou de outro, de seguir por este caminho ou por aquele, deixa progressivamente de praticar o mal e passa a ser sociável, fraterno; aprende a desenvolver virtudes à medida que elimina os vícios e defeitos.

Estudando o espiritismo, o ser humano irá aprender e compreender o suficiente para que possa responder àquelas questões que todos nós formulamos quando passamos a ter consciência de que estamos vivos, isto é:

"De onde viemos?" – "Para onde vamos?".

Aprendendo o suficiente para poder responder a essas perguntas, de maneira racional, sem a imposição de soluções que contrariem os princípios básicos da lógica e do conhecimento, certamente o homem terá começado a conhecer a vida, segundo a concepção do espiritismo.

O espiritismo é uma religião cristã, segundo os princípios do cristianismo primitivo, isto é, que se baseia exclusivamente nos ensinamentos de Jesus, não

modificados pela adição de componentes de origem pagã, de dogmas e ritos, ou ainda, de interesses materiais devidos às influências de cunho político ou financeiro. É uma religião que procura preservar o caráter de uma "fé raciocinada", como a intitulou Kardec[18], tendo como base os princípios que não contrariam as leis naturais.

O espiritismo, ao contrário das outras religiões cristãs, que acabamos de analisar, apresenta uma doutrina calcada em princípios completamente diferentes do que foi aqui demonstrado. Assim, por exemplo:

– Não aceita que o homem receba gratuitamente, independentemente de seu merecimento, qualquer tipo de graça, perdão, indulgência ou absolvição.

– Acredita na seriedade da justiça divina e, portanto, não admite a possibilidade de que seja ela discriminatória, elegendo predestinados.

– Acredita que o homem é responsável por suas ações e omissões e que, em hipótese alguma deixará de responder por elas.

– Espelha-se nas leis da natureza, também resultantes da criação divina e entende que nada do que foi estabelecido pelo Pai, escapa a essas Suas leis.

– Considera que os textos da 1ª Revelação, a Revelação Mosaica, inseridos no Antigo Testamento, apesar de serem o resultado de uma inspiração superior

[18] *Obras Póstumas,* p. 31.

foram escritos pelos homens e não por Deus; que os homens os utilizaram no controle e na condução dos povos de suas épocas, envolvidos por seus costumes, atrasos e imperfeições.

– Acredita que esses textos reproduzem as crenças daquele tempo, expressam o momento em que foram escritos, tendo servido às realidades e dificuldades de então.

– Considera ser prova disso, a existência de um grande número de afirmações, contidas no Antigo Testamento, que se contrapõem aos princípios que foram expostos pelo Cristo, pouco mais de um milênio mais tarde, e que estas sim, representam pensamentos e filosofia de vida que ainda são válidas em nossos dias.

– Entende que os aspectos preponderantes da mensagem mosaica estão contidos no Decálogo e no reconhecimento ostensivo do Deus único, que era aceito por muitas outras religiões, mas mantido seu conhecimento no restrito âmbito dos iniciados.

– Entende que as atividades religiosas não podem aceitar pagamentos e, muito menos, cobrar indenização por serviços prestados, tendo em vista não tratarem elas de interesses materiais. A cobrança do dízimo (dez por cento) teria sido implantada no judaísmo, por interesse material dos sacerdotes, a partir do que consta do livro *Gênesis* 14:17, do Antigo Testamento, quando Abraão pagou a Melquisedec, o rei-sacerdote de Salém, esse percentual sobre tudo o que teria conquistado ao vencer seus inimigos. O pagamento

do dízimo, ainda em nossos dias, seria realizado considerando a possível interferência dos sacerdotes, junto a Deus, em benefício daqueles que realizam o pagamento. As religiões cristãs de origem romana, infelizmente, incorporaram essa prática apesar de ser ela condenada pela doutrina do Cristo.

Contrariando essa tradição, que como vimos também provém dos judeus, o Cristo já nos havia dito que devemos considerar como relação espiritual a que é do Espírito e material o que envolve as coisas da matéria, quando afirmou: "Ninguém pode servir a dois senhores..." "Não podeis servir a Deus e ao dinheiro" Mateus 6:24. Que nossa relação com o Pai deve acontecer sem intermediários, sem a utilização de textos decorados e repetidos pelo cérebro, mas somente utilizando aqueles que são expressos pelo coração; sem frases feitas enunciadas em altos brados durante os cultos, mas em particular, conforme as palavras do Mestre que se encontram descritas em Mateus 6:5-7. Nos diz Jesus: "Quando orardes, não sejais como os hipócritas, porque eles gostam de fazer oração pondo-se de pé nas sinagogas ...", "... quando orares, entra no teu quarto e, fechando a porta, ora a teu Pai que está lá, no segredo e teu Pai que vê no segredo te recompensará", "... quando orares não useis de vãs repetições, como os gentios, porque imaginam que é pelo palavreado excessivo que serão ouvidos".

– Em relação ao Novo Testamento, apesar de conter os maravilhosos ensinamentos do nosso Mestre, não os considera como sendo a reprodução das palavras

de Deus por incluírem deturpações inseridas pelos homens que manipularam as palavras de Jesus no decorrer dessas dezenas de séculos; Jerônimo e outros, mais tarde, declararam ter selecionado, alterado e mantido registradas, exclusivamente as redações que consideraram de interesse, segundo seus próprios julgamentos, mas certamente isso não diminui a importância dessas mensagens.

Se fossem consideradas como sendo elas as palavras de Deus, não poderiam conter erros de redação que a cada momento poderão ser reconhecidos em função de falhas de reprodução na tradução oral, incluindo lendas; erros inseridos por seus autores ao tentar dar ênfase em certos aspectos julgados importantes para a confirmação de profecias; erros não intencionais cometidos na época em que as cópias eram manuscritas; erros de tradução; falhas que possam vir a ser apuradas por descobertas científicas ou localização de manuscritos outros, que alterem os textos existentes, semelhantes aos revelados em Nag Hammadi, como os evangelhos de Tomé e de Maria de Magdala ou em Qunram, em relação aos essênios.

Após termos dado uma idéia geral dos pontos que serão abordados neste capítulo, vamos agora entrar nos detalhes de cada um.

A Criação

O espiritismo entende que o processo da criação,

da vida e de sua evolução, obedece a um ciclo que poderia assim ser expresso:

Concebido em um lapso da eternidade, na forma de uma centelha do pensamento divino, o Espírito se encontra lançado no extremo inferior da escala evolutiva[19], na condição de um ser simples e ignorante[20], devendo iniciar a escalada evolutiva ascensional em direção à origem, no retorno ao Pai que o gerou.

Essa evolução se processa, como dissemos, tendo por base as leis da natureza e o espiritismo entende que Deus, tendo ligado a centelha divina da criação à matéria, criando a vida que é encontrada nos seres orgânicos, o fez, por meio dessas leis[21].

Em relação à vida material e espiritual, assim nos fala Kardec[22]:

"Item 19 – Para colaborarem como agentes da potência divina na obra dos mundos materiais, os Espíritos revestem transitoriamente um corpo material.

Os Espíritos encarnados constituem a Humanidade. A alma do homem é um Espírito encarnado.

Item 20 – A vida espiritual é a vida normal do

---

[19] *Depois da Morte,* p. 23

[20] Pergunta 121 de *O Livro dos Espíritos.*

[21] Capítulo II de *O Livro dos Espíritos.*

[22] *Obras Póstumas,* p. 37.

Espírito; é eterna; a vida corporal é transitória e passageira; não é mais do que um instante na eternidade".

Deus criou a vida, desde a mônada (unidade orgânica), que seguindo a "Lei da Evolução"[23], deverá, pela aquisição de conhecimento intelectual e de desenvolvimento moral, alcançar, após milhares de tentativas, a angelitude dos Espíritos Puros[24].

Essa evolução vem se processando desde a eternidade e neste planeta, desde o início da existência de condições de vida em nosso mundo.

André Luiz[25], no perfeito e complexo estudo que reproduz no livro *Evolução em Dois Mundos*, nos esclarece o que aqui tentamos reproduzir com nossas palavras: Em seu trânsito evolutivo para a perfeição, o princípio espiritual atravessa lentamente os círculos elementares da natureza, durante milhares de milênios na formação da individualidade. Ao longo da atração no mineral, da sensação no vegetal e do instinto no animal, o ato reflexo é seguido pelo instinto e este é substituído pela atividade da reflexão, que é a base da inteligência. A inteligência, por sua vez, no homem, é seguida pela razão e a razão pela responsabilidade.

---

[23] Perguntas de 114 a 127 de *O Livro dos Espíritos*.

[24] Pergunta 112 de *O Livro dos Espíritos*.

[25] *Evolução em Dois Mundos*, p. 39.

No mesmo sentido, assim se expressa Léon Denis[26]:

"A alma vem de Deus e volve a Deus, percorrendo o ciclo imenso dos seus destinos; mas, por mais baixo que tenha descido, cedo ou tarde, pela atração, sobe de novo para o infinito. Que procura ela aí?

O conhecimento cada vez mais perfeito do Universo, a assimilação cada vez mais completa de seus atributos – Beleza, Verdade, Amor! E, ao mesmo tempo, uma libertação gradual das escravidões da matéria, uma colaboração crescente na obra de Deus".

Esses esclarecimentos são ainda complementados por André Luiz[27], quando nos explica, que cada uma das espécies, do cristal ao homem e do homem ao anjo, pertencem a inúmeras famílias, mantendo cada uma sua freqüência própria de vibração e uma interligação de dependência entre os reinos. O vegetal se apoiando no mineral. O animal se utilizando do vegetal e o homem se servindo dos demais para seu aprimoramento.

Assim se expressa: "Atritam-se os reinos da vida, conhecidos na Terra, entre si.

Torturam-se e entredevoram-se, através de rudes experiências, a fim de que os valores espirituais se desenvolvam e resplandeçam, refletindo a divina luz..."

---

[26] *O Problema do Ser, do Destino e da Dor,* p. 159.

[27] *Libertação,* p. 17.

Emmanuel em outra referência a esse mesmo respeito, nos diz com outras palavras[28] :

"– O mineral é atração.

– O vegetal é sensação.

– O animal é instinto.

– O homem é razão.

– O anjo é divindade.

Busquemos reconhecer a infinidade de laços que nos unem nos valores gradativos da evolução e ergamos em nosso íntimo o santuário eterno da fraternidade universal".

A Reencarnação

A descrição dessa caminhada realizada pelos seres vivos, na escola da vida material, se faz por meio das reencarnações.

Para esse aprendizado, serve-se o Pai de outras leis da natureza, a que está submetido o ser vivo, como a de "Causa e Efeito (não há efeito sem causa)", a de "Ação e Reação (a toda ação corresponde uma reação igual e em sentido contrário)".

---

[28] *O Consolador,* item 79, p. 59.

Serve-se também de leis de amor e justiça que foram enunciadas pelo Cristo quando afirmou: "Retribuirá a cada um de acordo com seu comportamento"[29], ou pelo apóstolo Paulo[30], quando diz o mesmo, com outras palavras: "O justo julgamento de Deus que retribuirá a cada um segundo suas obras"; sendo também verdadeira no conhecido axioma lembrado por Paulo[31]: "... o que o homem semear, isso colherá".

Kardec deixa bastante clara essa questão, quando no item 38 do "Caráter da Revelação Espírita", inserido em *A Gênese*, nos declara: "Com a preexistência da alma, o homem traz, ao renascer, o germe de suas imperfeições, dos defeitos de que se não corrigiu e que se traduzem pelos instintos naturais e pelos pendores para tal ou tal vício. É esse o seu verdadeiro pecado original, cujas conseqüências naturalmente sofre, mas com a diferença capital de que sofre a pena das suas próprias faltas, e não das de outrem; e com a outra diferença, ao mesmo tempo consoladora, animadora e soberanamente eqüitativa, de que cada existência lhe oferece os meios de se redimir pela reparação e de progredir, quer despojando-se de alguma imperfeição, quer adquirindo novos conhecimentos e, assim, até que, suficientemente purificado, não necessite mais da vida corporal e possa viver

---

[29] Mateus 16:27.

[30] Epístola aos Romanos 2:6.

[31] Epístola aos Gálatas 6:7.

exclusivamente a vida espiritual, eterna e bem-aventurada".

Assim, pela lei da reencarnação, são justificadas todas as dificuldades e sofrimentos vividos por cada um de nós, como filhos de Deus, nosso Criador. Jesus, tendo começado antes, é aquele que como um Espírito Puro, Crístico, dirige a Terra desde quando da preparação para a criação deste nosso planeta[32].

As dificuldades, sofrimentos e expiações por que passamos (efeitos com causa determinada), são a conseqüência dos erros cometidos anteriormente no uso de nosso livre-arbítrio (reação natural a uma ação anteriormente desenvolvida); elas expressam na prática, as imperfeições que ainda precisam em nós ser lapidadas, buriladas, durante as experiências vividas neste "Mundo de Expiações e Provas"[33], onde seguidamente vimos encarnando.

Conseguiremos evoluir por meio do desenvolvimento intelectual e principalmente pelo aprimoramento moral que pode ser definido como sendo a perda da animalidade que ainda mantemos conosco. É no conhecimento e na vivência do amor fraterno, que estaremos colocando em prática os ensinamentos do Mestre, nos aproximando da pureza de sentimentos de que nos fala Jesus.

Com relação às vidas sucessivas, Léon Denis assim nos esclarece[34]: "Através dos ciclos do tempo,

---

[32] *A Caminho da Luz,* p. 22.

[33] *O Evangelho segundo o Espiritismo,* cap. III, item 13.

[34] *O Problema do ser, do Destino e da Dor,* p, 291.

todos se aperfeiçoam e se elevam; os criminosos do passado virão a ser os sábios do futuro. Chegará a hora em que nossos defeitos serão eliminados, em que nossos vícios e nossas chagas morais serão curadas. As almas frívolas tornar-se-ão sisudas, as inteligências obscuras iluminar-se-ão. Todas as forças do mal que em nós vibram ter-se-ão transformado em forças do bem. Do ser fraco, indiferente, fechado a todos os grandes pensamentos, sairá com o perpassar dos tempos, um Espírito poderoso, que reunirá todos os conhecimentos, todas as virtudes, e se tornará capaz de realizar as coisas mais sublimes".

Como vemos, só por meio da reencarnação poderemos justificar as diferenças de condições de vida entre os homens. A justiça divina só pode ser encontrada quando nos são concedidas inúmeras oportunidades de vida e de aprendizado.

Com referência a esse assunto, nos apoiamos ainda nas sábias palavras de Léon Denis, para complementar as nossas, quanto às desigualdades[35]: "Que pensar de um Deus que, estabelecendo uma só vida corporal, nos houvesse dotado tão desigualmente, e, do selvagem ao civilizado, tivesse reservado aos homens bens tão desproporcionados e tão diferente nível moral? Se não fosse a lei das reencarnações, a iniqüidade governaria o mundo"; e quanto à vida: "Nossos destinos são idênticos. Não há privilegiados

---

[35] *Depois da Morte,* p. 135, 137 e 139.

nem deserdados. Todos percorrem a mesma vasta carreira e, através de mil obstáculos, todos são chamados a realizar os mesmos fins"... "A vida atual é a conseqüência direta, inevitável das nossas vidas passadas, assim como a nossa vida futura será a resultante das nossas ações presentes, da nossa maneira de viver. Vindo animar um corpo novo, a alma traz consigo, em cada renascimento, a bagagem das suas qualidades e dos seus defeitos, todos os tesouros acumulados pela obra do passado. Assim, na série das vidas, construímos por nossas próprias mãos o nosso ser moral, edificamos o nosso futuro, preparamos o meio em que deveremos renascer, o lugar que deveremos ocupar".

Complementa ainda, esse grande pensador, suas palavras cheias de lógica e racionalidade, inserindo em outra obra de sua autoria, os pensamentos do abade Bérault-Bercastel[36] : "Segundo este doutor da igreja, a desigualdade das criaturas humanas não representa senão o efeito do seu próprio merecimento, porque todas as almas foram criadas simples, livres, ingênuas e inocentes por sua própria ignorância, e todas, também por isso, absolutamente iguais. O maior número incorreu em pecado e, na conformidade de suas faltas, foram elas encerradas em corpos mais ou menos grosseiros, expressamente criados para lhes servir de prisão. Daí os procedimentos diversos da família humana. Por mais grave, porém, que seja a queda, jamais acarreta para o

[36] *Cristianismo e Espiritismo,* p. 292 e 293.

espírito culpado a retrocessão à condição de bruto; apenas o obriga a recomeçar novas existências, quer neste, quer em outros mundos, até que, exausto de sofrer, se submeta à lei do progresso e se modifique para melhor. Todos os espíritos estão sujeitos a passar do bem ao mal e do mal ao bem. Os sofrimentos impostos pelo Bom Deus são apenas medicinais, e "os próprios demônios cessarão um dia de ser os inimigos do bem e o objeto dos rigores do Eterno". (*História da Igreja*, pelo abade Bérault-Bercastel).

A Justiça Divina

Segundo a definição dada pela Ciência do Direito, Justiça é: "Conformidade com o direito; a virtude de dar a cada um aquilo que é seu".

Essa definição para a Justiça dos Homens, em hipótese alguma poderia ter características superiores à da Justiça Divina.

Não é pois admissível que, não seja dada igualmente a todos a mesma oportunidade para que aprendam, se aperfeiçoem, para que paguem seus débitos, reparem os erros cometidos contra seus semelhantes e assim, se aprimorem e evoluam.

Não é admissível que uns sofram mais do que outros; que não tenham todos as mesmas oportunidades e dificuldades.

Se a justiça dos homens, que é imperfeita, exige a reparação de danos, por que a justiça divina não a exigiria? Por que não seria ela distribuída igualmente para todos, privilegiando uns, em detrimento de outros?

Não é admissível que, dentro da perfeição divina, fosse desenvolvida a concepção de um sistema de criação que limitasse a dar ao homem uma única oportunidade de vida, em condições de desigualdade e de discriminação, e ainda, que dela pudesse resultar uma condenação ou absolvição eterna. Até mesmo a falha justiça dos homens tende hoje a eliminar a pena capital.

Como admitir que, na concessão de uma única oportunidade de vida, os frutos da criação pudessem ser condenados pela justiça divina ao sofrimento eterno, por não cumprirem as leis dos homens, fixadas por uma única religião, única detentora dos poderes da absolvição, concedidos por meio de rituais dogmáticos; ou ainda, por não estarem eles inscritos entre os eleitos de um deus despótico e que agiria sobre seus filhos, se utilizando de atitudes injustificadamente discriminatórias.

Não pode o espiritismo aceitar também, a justificativa da diferença entre os homens, como sendo atribuída ao pecado original cometido por Adão e Eva.

Argumentamos com o seguinte:

– Partindo da possibilidade de terem eles existido, teriam vivido por volta do ano 4000 a.C.[37];

[37] Pergunta 59 de *O Livro dos Espíritos.*

nesse caso, qual seria a justificativa do sofrimento para nossos antepassados que os antecederam, já que a ciência nos fala da existência de seres humanos que viveram há milhões de anos.

– Como poderíamos nós, sermos responsáveis pelos erros dos outros se, como vimos, cada um será julgado somente pelos seus atos?

– Supondo-se ainda que essa afirmativa tivesse lógica, por que cada um sofreria penas diferentes, para um mesmo crime?

– Se podemos ser absolvidos de nossos pecados utilizando somente a processualística de um cerimonial litúrgico criado pelos homens, qual o objetivo de nosso esforço em cumprir os preceitos e seguir os ensinamentos de Jesus?

– Por outro lado, por que nos esforçarmos para corrigir nossos defeitos, se eles só poderão ser corrigidos quando da concessão da graça divina e, mesmo assim, se viermos a ser considerados eleitos?

Seguindo a mesma linha de raciocínio, perguntamos: Como pode ser punido, inclusive com a pena eterna, aquele que a *priori*, teria sido criado para o mal, como insinuam; não tendo a capacidade ou dispondo dos meios para resistir às suas imperfeições e não lhe sendo dada a oportunidade ou o conhecimento para obter o perdão?

Não podemos aceitar que a bondade de Deus admitisse criar uma lei que adotasse como norma a

discriminação no tratamento e a injustiça na condução dos critérios de julgamento, quando Jesus nos prega a fraternidade, o amor ao próximo e o perdão aos inimigos.

Se aceitássemos essas condições sem termos a preocupação de analisar as informações, de sopesar sua racionalidade, seria o mesmo que aceitá-las cegamente. Quanto a isso, o Evangelho nos diz o seguinte[38] : "Cada religião pretende estar na posse exclusiva da verdade, mas preconizar a fé cega sobre uma questão de crença, é confessar a sua incapacidade de demonstrar que está com a razão".

O que entendemos lógico, aceitável, justo, é que possamos pagar os débitos que contraímos em conseqüência de nossa irresponsabilidade. Que nos seja dada a oportunidade de aprendermos e de corrigirmos nossas imperfeições. De aprendermos a agir com o nosso próximo como Jesus nos ensinou, quando se referiu à "Regra de Ouro – Tudo aquilo, portanto, que quereis que os homens vos façam, fazei-o vós a eles, pois esta é a Lei e os Profetas"[39] .

O Livre-Arbítrio

Livre-arbítrio é a liberdade absoluta de determinação e de escolha. É a liberdade de agir por sua

[38] *O Evangelho segundo o Espiritismo,* p. 234.

[39] Mateus 7:12. Essa afirmação de Jesus já era de uso corrente entre os judeus, mas sob a forma negativa: "Não devemos fazer a outrem aquilo que não queremos que nos façam".

própria vontade e segundo seus interesses.

Como seres humanos, certamente começamos a busca do aprendizado na condição de animalizados homens das cavernas, na pré-história.

No período Paleolítico Inferior, na Idade da Pedra Lascada, iniciamos nossa vida no âmbito da família, após aprender que a sobrevivência isolada era mais difícil. Em seguida, passaram essas famílias a formarem grupos para permitir realizar com mais facilidade a caça e a proteção contra outros grupos. A vida nômade, com o tempo, deu lugar à formação de vilas e, posteriormente, de cidades. Em cada uma dessas fases, a vida do homem em sociedade forçou a definição de regras de conduta, que passaram a definir o que seria o certo e o errado; o que passou a ser o bem e o mal, para essas sociedades em formação e quais as penalidades a que passaram eles a estar sujeitos. Já respeitavam eles os poderes naturais, como divindades e já procuravam ser agradáveis a elas. Por isso, devemos lembrar que o conceito do certo e do errado varia de região para região, de época para época, podendo hoje ser virtude o que ontem era defeito (pecado). Esses conceitos são subjetivos, como o são também os conceitos do belo e do feio, do grande e do pequeno.

Naquelas condições, havíamos iniciado a caminhada evolutiva em direção à perfeição, que é o desígnio do Pai, para todos nós, já que Ele não deseja

que nenhuma de suas ovelhas se perca pelo caminho. Nesse sentido, diz Jesus[40]: "Assim também, não é da vontade de vosso Pai, que está nos céus, que um destes pequeninos se perca"; ou de acordo com o apóstolo Paulo[41]: "Deus quer que todos os homens se salvem e cheguem a ter o conhecimento da verdade".

Nestes dizeres entende-se melhor a idéia do crescimento e da transformação, através da evolução alcançada pela vivência, pela experiência colhida nos ensinamentos do Mestre.

Antes de pensarmos em como encontrar o caminho da evolução, é necessário compreendermos o que significam, o "bem" e o "mal".

Segundo nos ensina Kardec[42], sendo Deus, inteligência, bondade e justiça, não iria Ele criar o mal. Assim se exprime: "Pode-se dizer que o mal é a ausência do bem, como o frio é a ausência do calor. Assim como o frio não é um fluido especial, também o mal não é atributo distinto; um é o negativo do outro".

Poderíamos então afirmar que o mal não existe como atributo específico, como instituição, como sentimento criado por Deus, mas sim, que ele é o resultado da ignorância do homem. À medida que o homem por seu próprio esforço, no uso de seu livre-arbítrio, adquire o conhecimento, se sociabiliza, se aprimora como ser moral, passa a ser melhor, a errar menos.

---

[40] Mateus 18:14.

[41] Epístola I Timóteo 2:4.

[42] *A Gênese,* Cap. III.

Tendo passado a conhecer esse aspecto do problema, a pergunta que se coloca neste momento é:

Como devo me conduzir? O que fazer?

A resposta é simples, mas as providências para a realização dessa tarefa, são extremamente difíceis de ser implementadas. Sabem por quê? Porque moralmente somos ainda muito fracos e imperfeitos.

A resposta a essas perguntas já foi dada nos textos que analisamos antes. Como certamente nos passou desapercebida, vamos repeti-la agora, com maior destaque.

Atenção! Leia e pense!

Nas escrituras, são inúmeras as referências à responsabilidade individual do ser humano perante si mesmo e perante o Criador. São elas encontradas, quer no Antigo Testamento, quer no Novo. Vejamos algumas:

Jó 34:11 – “Ele retribui ao homem segundo suas obras, e dá a cada um conforme sua conduta”.

Salmo 28:4 – “Dá-lhes conforme suas obras, segundo a malícia de seus atos! Dá-lhes conforme a obra de suas mãos, paga-lhes o devido salário!”.

Provérbios 12:14 – “Do fruto de sua boca o homem sacia-se com o que é bom, e cada qual receberá a recompensa por suas obras”.

Eclesiástico 16:12-14 – "Tão grande como a sua misericórdia é sua reprovação, ele julgará os homens segundo suas obras. Não deixará impune o pecador com o seu furto e nem a paciência do piedoso ficará frustrada. Ele terá em conta todo ato de caridade, cada um é tratado segundo suas obras".

Isaías 3:10,11 – "Feliz o justo, porque tudo lhe vai bem! Com efeito, colherá o fruto do seu procedimento. Mas ai do ímpio, do homem mau! Porque será tratado de acordo com suas obras".

Jeremias 31:29,30 – "Nesses dias já não se dirá: Os pais comeram uvas verdes e os dentes dos filhos se embotaram. Mas cada um morrerá por sua própria falta. Todo homem que tenha comido uvas verdes terá os dentes embotados".

Lamentações 3:64 – "Retribui-lhes, Iahweh, segundo a obra de suas mãos".

Ezequiel 18:19,20 – "E vós dizeis: "Por que o filho não há de levar a iniqüidade de seu pai?"Ora, o filho praticou o direito e a justiça, observou todos os meus estatutos e os praticou! Por tudo isso certamente viverá. Sim, a pessoa que peca é a que morre! O filho não sofre o castigo da iniqüidade do pai, como o pai não sofre o castigo da iniqüidade do filho; a justiça do justo será imputada a ele, exatamente como a impiedade do ímpio será imputada a ele.

Epístolas de Paulo

Aos I Coríntios 3:8: "Aquele que planta e aquele que rega são iguais entre si; mas cada um receberá seu próprio salário, segundo a medida de seu trabalho".

Aos II Coríntios 5:10: "Porquanto todos nós teremos de comparecer manifestamente perante o tribunal de Cristo, a fim de que cada um receba a retribuição do que tiver feito durante sua vida no corpo, seja para o bem, seja para o mal".

Aos Gálatas 6:4,5,7-9: "Cada um examine sua própria conduta, e então terá o de que se gloriar por si só e não por referência ao outro. Pois cada qual carregará o seu próprio fardo...Não vos iludais; de Deus não se zomba. O que o homem semear, isso colherá; quem semear na sua carne, da carne colherá corrupção; quem semear no espírito, do espírito colherá a vida eterna. Não desanimemos na prática do bem, pois se não desfalecermos, a seu tempo colheremos".

Aos Romanos 2:5-8: "...o justo julgamento de Deus que retribuirá a cada um segundo suas obras; a vida eterna para aqueles que pela constância no bem visam à glória, à honra e à incorruptibilidade; a ira e a indignação para os egoístas, rebeldes à verdade e submissos à injustiça".

Evangelho de Mateus 7:24,26 e 16:27: "Assim todo aquele que ouve essas minhas palavras e as põe em prática será comparado ao homem sensato que construiu

sua casa sobre a rocha"; "Por outro lado, todo aquele que ouve essas minhas palavras, mas não as pratica, será comparado ao homem insensato que construiu a sua casa sobre a areia"; "Pois o Filho do Homem há de vir na glória do seu Pai, com os seus anjos, e então retribuirá a cada um de acordo com o seu comportamento".

Epístola de Tiago 1:22-25: "Tornai-vos praticantes da palavra e não simples ouvintes, enganando-vos a vós mesmos! Com efeito, aquele que ouve a palavra e não a pratica, assemelha-se ao homem que, observando seu rosto no espelho, se limita a observar-se e vai embora, esquecendo-se logo de sua aparência. Mas aquele que considera atentamente a lei perfeita de liberdade e nela persevera não sendo ouvinte esquecido, antes, praticando o que ela ordena, esse é bem-aventurado no que faz".

No Evangelho de Maria de Magdala, que teve parte de seu texto descoberto em Nag Hammadi, no Egito, no ano de 1945, encontramos à página 7, versículos 14 a 26, o seguinte: "O Mestre diz: "Não há pecado. Sois vós que fazeis existir o pecado quando agis conforme os hábitos de vossa natureza adúltera; aí está o pecado. Eis porque o bem veio entre vós; ele participou dos elementos de vossa natureza a fim de reuni-la a suas raízes". Ele continuou e disse: "Eis por que estais doentes e por que morreis; é a conseqüência de vossos atos".

Conclusão! Devemos viver a vida calcando nossos atos nos ensinamentos de Jesus. Aliás, não somos considerados cristãos por declararmos nossa fé no Cristo ou por venerarmos Sua figura, Sua imagem,

Sua cruz, mas sim, por estudarmos Sua doutrina, por obedecermos e praticarmos Seus ensinamentos.

Portanto, devemos, a cada momento, dizer a nós mesmos: Todas essas referências me levam à conclusão que devo tomar minhas decisões sobre a gravidade dos atos que pratico. Nesse caso, ao contrário do que me foi exposto pelas outras religiões cristãs, tenho livre-arbítrio e devo exercer minha vontade com liberdade; não sou a conseqüência exclusiva dos desígnios do Pai; minha capacidade de realização não está condicionada ao recebimento ou não, de sua graça ou de ser um de Seus eleitos; compreendo que sou responsável pelos meus atos e que as vitórias que alcançar sobre minhas imperfeições e sobre minha ignorância, reverterão em proveito de meu próprio aprimoramento.

Agora podemos entender o apóstolo Paulo quando disse:

– "Por que minha liberdade haveria de ser julgada por outra consciência?"[43]

– "Vós fostes chamados à liberdade, irmãos. Entretanto, que a liberdade não sirva de pretexto para a carne, mas, pela caridade, colocai-vos a serviço uns dos outros"[44].

– "Discerni tudo e ficai com o que é bom"[45].

---

[43] Epístola I Coríntios 10:29.
[44] Epístola Gálatas 5:13.
[45] Epístola I Tessalonicenses 5:21.

– "Não olhamos para as coisas que se vêem, mas para as que não se vêem; pois o que se vê é transitório, mas o que não se vê é eterno"[46].

Como podemos entender, essa liberdade chama-se "livre-arbítrio" e pela possibilidade de utilizá-la, respondemos pelos nossos atos; assumimos responsabilidades.

A Reforma Íntima

André Luiz, em seu livro *Missionários da Luz*, inseriu a seguinte frase: "Não se pode compreender o cristianismo, sem a nossa integração prática nos exemplos do Cristo".

Como dissemos, isso é extremamente difícil, mas não impossível. É difícil porque deveremos, para isso, combater nossos vícios e defeitos. A esse combate é dado, no espiritismo, o nome de "Reforma Íntima" ou "Transformação Moral".

O que se deve pretender com essas medidas é tentar eliminar, nesta vida, nesta encarnação, o máximo de vícios e defeitos que pudermos, dentre os que ainda nos contaminam o Espírito.

Os vícios, como são hábitos nocivos, contraídos por imitação e repetição, mesmo dentro de toda sua

[46] Epístola 2 Coríntios 4:18.

complexidade, podem mais facilmente ser combatidos pela nossa força de vontade. No entanto, os defeitos, que ainda carregamos conosco, são resquícios da animalidade que nos acompanham desde nossa origem. Não nos esqueçamos que nossos antepassados eram mais animais do que homens. Como a inteligência do animal é o instinto e o instinto funciona para esse animal como um meio de sobrevivência através de um ato reflexo, generalizando, poderíamos dizer que: O que era virtude para o animal, seria um defeito para nós. Para melhor entendimento, vejamos alguns exemplos:

– O egoísmo, para o animal, é virtude que o preserva da fome, que lhe assegura o abrigo; para o homem que já se sociabilizou, é um defeito.

– A agressividade, para o animal, é uma virtude que lhe possibilita a defesa, a prioridade no momento da caça, da procriação, da sobrevivência; para o homem, é um defeito que pode vir a segregá-lo da sociedade.

Exteriorizamos nossos defeitos, de maneira consciente ou inconsciente. Os defeitos que são conscientemente colocados à mostra, pela nossa própria vontade, estão integralmente sob o nosso controle e podemos combatê-los simplesmente através dessa decisão. No entanto, aqueles que fogem ao controle de nosso raciocínio, que se apresentam como uma manifestação instintiva, explodindo em nós, sobretudo nos momentos de desequilíbrio, de descontrole, de medo, de defesa, estes provêm de nosso inconsciente e devem nos preocupar

mais, exigindo de nós um esforço redobrado.

São revelados quando nos sentimos feridos no orgulho, na vaidade. Quando ameaçados no que julgamos ser nossa propriedade, reagindo em virtude do egoísmo, do ciúme, da inveja, da prepotência, da arrogância, do egocentrismo, do melindre; quando atingidos pela impaciência, pela intolerância, pela raiva; levados à maledicência, à discriminação, ao preconceito.

Sim, estes somos nós, no estágio de evolução em que ainda nos encontramos. Necessitamos substituir a todos eles, por efeitos da razão, da racionalidade e do sentimento.

Para isso é preciso conhecermos a nós mesmos. Realizar permanentemente a auto-análise que nos permite atuar sobre os pontos em que ainda reconhecemos estar defeituosos. Por essa razão deve Jesus ter feito a afirmação que consta do Logion 3 do Evangelho de Tomé: "Disse Jesus: Se vossos guias vos afirmarem: eis que o Reino está no Céu, então as aves estarão mais perto do Céu do que vós; se vos disserem: eis que ele está no mar, então, os peixes já o conhecem... Pelo contrário, o Reino está dentro de vós e, também, fora de vós. Quando vos conhecerdes a vós mesmos, então sereis conhecidos e sabereis que sois os filhos do Pai, o Vidente; mas se não vos conhecerdes, então estareis na ilusão, e sereis ilusão".

Necessitamos realizar a transformação pela

reforma no campo material, que deverá ser alcançada com a purificação do corpo, em hábitos salutares e na eliminação dos vícios; no campo intelectual, pelo estudo e ampliação dos conhecimentos; no campo moral com o combate aos defeitos já enumerados.

O que necessitamos, é substituir em nós o "homem animal" pelo "homem espiritual". Quando atingirmos essa meta, teremos alcançado o ponto de conseguirmos "pôr em prática as palavras do Mestre" e teremos nos tornado "homens sensatos", alcançando, não a salvação, mas os meios para galgar os degraus da evolução. Teremos realizado a nossa reforma íntima, nos transformando em homens espirituais.

Nesse momento, teremos recebido não a "graça gratuita", mas a "retribuição segundo nossas obras", porque como nos disse Tiago (filho de Alfeu) em sua epístola, 2:14, 17 e 26: "Meus irmãos, se alguém disser que tem fé, mas não tem obras, que lhe aproveitará isso? Acaso a fé poderá salvá-lo?"; "Assim também a fé, se não tiver obras, está completamente morta"; "Com efeito, como o corpo sem o sopro da vida é morto, assim também é morta a fé sem as obras".

O espiritismo acredita que todos os filhos de Deus deverão evoluir e conquistar a perfeição, independentemente da religião que professem nesta ou em outra encarnação. Segundo nos ensinou o Mestre[47]: "Entrai pela porta estreita, porque largo e espaçoso é o caminho que conduz

[47] Mateus 7:13 e 14.

à perdição. E muitos são os que entram por ele. Estreita porém, é a porta e apertado o caminho que conduz à Vida. E poucos são os que o encontram".

Nessa mensagem, Jesus nos mostra que é necessário realizarmos a nossa parte, com nosso próprio esforço, para que, pelo mérito de nosso trabalho, vencendo as dores, as dificuldades e os obstáculos, com fé, resignação e paciência, possamos encontrar essa porta estreita, no caminho apertado, que nos leva a um plano espiritual onde as vibrações sejam mais leves, sejam carregadas somente de amor e de paz. Nessa e nas mensagens anteriores, não impõe Ele qualquer outra condição para o nosso aprimoramento espiritual. Não se refere a nenhum ritual específico ou a providências materiais para a obtenção da absolvição pelos erros cometidos.

A maior parte das vezes, iremos sofrer as conseqüências dos nossos atos, do sofrimento que causamos aos nossos semelhantes e a nós mesmos. As dores que iremos sofrer, certamente nos farão reconhecer os erros que não mais devemos cometer. Nos farão sentir que "não devemos fazer ao próximo o que não queremos que nos façam"[48] .

Léon Denis escreveu sobre isso alguns textos que devemos analisar.

Vamos iniciar por[49] : "A dor e o prazer são as duas formas extremas da sensação. Para suprimir uma ou outra

---

[48] Lucas 6:31.

[49] *O Problema do Ser, do Destino e da Dor*, p. 372.

seria preciso suprimir a sensibilidade. São, pois, inseparáveis em princípio e ambos necessários à educação do ser, que, em sua evolução, deve experimentar todas as formas ilimitadas, tanto do prazer como da dor". E ainda[50]: "Não imitemos esses que maldizem a dor e que, nas suas imprecações contra a vida, recusam admitir que o sofrimento seja um bem. Desejariam levar uma existência a gosto, toda de bem-estar, e de repouso, sem compreenderem que o bem adquirido sem esforço não tem nenhum valor e que, para apreciar a felicidade, é necessário saber-se quanto ela custa. O sofrimento é o instrumento de toda a elevação, é o único meio de nos arrancarmos à indiferença, à volúpia. É quem esculpe nossa alma, quem lhe dá mais pura forma, beleza mais perfeita".

Sintetizando, poderíamos dizer que para viabilizar a evolução, encontramos como elementos reunidos durante as encarnações sucessivas e na erraticidade, durante o período das entrevidas, os seguintes pontos:

– O aprendizado intelectual.

– A reparação dos danos causados a si próprios e ao próximo.

– O aprimoramento moral, pela transformação do homem animal em homem espiritual, utilizando os caminhos que permitam alterar os resquícios de instinto

---

[50] *Depois da Morte,* p. 141.

animal, para atos de racionalidade e espiritualização.

Segundo vai naturalmente desenvolvendo o processo evolutivo, o homem vai amadurecendo; seus hábitos, interesses, pendores, vão se transformando. Passa a não mais aceitar determinados tipos de atividade que para ele já não mais o satisfaz, que considera ultrapassado, desinteressante, fútil, inútil. Seria como sermos colocados para participar de uma reunião onde os assuntos tratados não nos dissessem respeito.

Mais uma vez vamos encontrar nas palavras de Léon Denis as explicações que não conseguimos transmitir com tanta objetividade[51]: "A idéia que fazemos da felicidade e da desgraça, da alegria e da dor, varia ao infinito segundo a evolução individual. A alma pura, boa e sábia não pode ser feliz à maneira da alma vulgar. O que encanta uma, deixa a outra indiferente. À medida que se sobe, o aspecto das coisas muda. Como a criança que, crescendo, deixa de lado os brinquedos que a cativaram, a alma que se eleva procura satisfações cada vez mais nobres, graves e profundas. O Espírito que julga com superioridade e considera o fim grandioso da vida achará mais felicidade, mais serena paz num belo pensamento, numa boa obra, num ato de virtude e até na desgraça que purifica, do que em todos os bens materiais e no brilho das glórias terrestres, porque estas o perturbam, corrompem, embriagam ficticiamente".

---

[51] *O Problema do Ser, do Destino e da Dor*, p. 373.

Como guia para a transformação moral, para a reforma íntima, o espiritismo indica os ensinamentos contidos no Evangelho de Jesus. Os ensinamentos e testemunhos que Ele nos deixou descritos com clareza e exatidão e que, apesar das dificuldades, precisamos aplicar na prática.

Auxiliando-nos na busca da reforma íntima, inúmeras Casas Espíritas mantêm o curso da Escola de Aprendizes do Evangelho, onde nos são fornecidas as ferramentas que nos possibilitam aprender a combater com menor dificuldade os nossos vícios e defeitos.

O Céu e o Inferno

Sabemos que os sacerdotes, de todos os credos, sempre procuraram conduzir os seus fiéis, amedrontando-os com punições graves pelos erros praticados, e acenando com o prêmio do prazer e da felicidade, aos que seguem seus ensinamentos. No entanto, vemos, com satisfação, essas figuras irreais começarem a ser desmistificadas por alguns dirigentes que falam com mais coerência. Isso, podemos encontrar nas manifestações do papa João Paulo II, quando em suas homilias pronunciadas durante audiências nos dias, 21 e 28 de julho de 1999, declarou: "No plano metafórico o céu é entendido como habitação de Deus, que nisto se distingue dos homens. Do alto dos céus Ele vê e julga e desce

quando é invocado por nós. Contudo, a metáfora bíblica faz bem entender que Deus nem Se identifica com o céu nem pode estar encerrado no céu; e isso é verdadeiro".

Em relação ao inferno, disse: "Deus é Pai infinitamente bom e misericordioso". Mas o homem, chamado a responder-Lhe na liberdade, pode infelizmente optar por rejeitar de maneira definitiva o Seu amor e o Seu perdão, subtraindo-se assim, para sempre, à alegre comunhão com Ele. Precisamente esta trágica situação é apontada pela doutrina cristã, quando fala de perdição ou inferno. Não se trata de um castigo de Deus infligido a partir do exterior, mas do desenvolvimento de premissas já postas pelo homem nesta vida. A própria dimensão de infelicidade que esta obscura condição traz consigo, pode ser de algum modo intuída à luz de algumas das nossas terríveis experiências, que tornam a vida, como se costuma dizer, um "inferno".

Infelizmente, essa visão não conta com um número grande de adeptos, dentro da igreja; pelo menos publicamente, eles mantêm a grande massa de fiéis alheia a esses pensamentos e ainda presa às alternativas do ócio celestial ou do fogo eterno.

Dando um verdadeiro exemplo a muitos cristãos, que aguardam as graças divinas, independentemente do merecimento, meditemos sobre esta oração feita pela muçulmana Santa Rabia, à Allah[52]:

---

[52] *Jesus e Sua Doutrina,* p. 233.

"Meu Deus, se eu Te adoro pelo temor do inferno, faz-me queimar nesse inferno; se Te adoro na esperança de ir para o céu, exclui-me do céu; mas, se Te adoro, por Ti mesmo, não me ocultes Tua eterna beleza".

O Céu

Na Antiguidade, a Terra era considerada como sendo o centro do Universo. O céu, espaço que a envolvia, era, para todas as religiões, considerado como sendo a morada dos deuses.

Entendiam que o céu era composto por sete camadas e que em cada uma delas, à medida que se afastava da Terra, a vida poderia desfrutar de maior felicidade.

Dessa concepção vem a utilização da expressão "viver no sétimo céu", como gozar da perfeita felicidade. Outra crença é a adotada pelos muçulmanos, que consideram a existência de nove céus, com diferentes gradações de prazer.

O conceito da criação do céu e do inferno foi ampliado em sua origem, pela religião de Orfeu, contemporâneo de Moisés, que reforçou a teoria da recompensa e da punição da alma no além-túmulo. Sua teoria foi desenvolvida nas comunidades intelectuais ligadas a Pitágoras, influenciando posteriormente Platão. Este, como um dos preparadores dos caminhos para o

cristianismo, utilizou eficazmente a concepção filosófica do céu e do inferno, na época em que se fazia necessária, como meio de combate ao materialismo.

Platão considerava que a dosagem da aplicação da pena era em função da gravidade do delito praticado. Assim, poderiam ser aplicadas penas eternas para delitos graves (adotado pela Igreja Católica); penas atenuadas pelas virtudes possuídas pelo autor dos delitos (purgatório católico); penas canceladas, após várias tentativas (reencarnação), quando perdoadas pelos ofendidos.

Da mesma forma e com maior influência sobre o povo judeu, encontramos a teoria persa do mazdeísmo, de Zoroastro, relatando que o mundo criado por Azurha Mazda foi entregue ao controle de duas forças antagônicas que, por sua atuação, iriam fazê-lo progredir. Essas forças eram controladas pelos deuses do bem, Ormuzd e do mal, Arhiman. Ao final dos tempos, o mundo chegaria a seu termo quando os homens estivessem purificados.

Sob o ponto de vista do espiritismo, o céu nada mais representa do que o local onde o Espírito permanece entre duas encarnações, no chamado período entre vidas. Kardec no livro *Céu e Inferno*[53], assim o define:

"No intervalo das existências corporais o Espírito torna a entrar no mundo espiritual, onde é feliz

---

[53] *Céu e Inferno,* item 10 do Cap. III, p. 32.

ou desgraçado segundo o bem ou o mal que fez.

Uma vez que o estado espiritual é o estado definitivo do Espírito e o corpo espiritual não morre, deve ser esse também o seu estado normal. O estado corporal é transitório e passageiro. É no estado espiritual, sobretudo, que o Espírito colhe os frutos do progresso realizado pelo trabalho da encarnação; é também nesse estado que se prepara para novas lutas e toma as resoluções que há de pôr em prática na sua volta à humanidade.

O Espírito progride igualmente na erraticidade, adquirindo conhecimentos especiais que não poderia obter na Terra, e modificando as suas idéias. O estado corporal e o espiritual constituem a fonte de dois gêneros de progresso, pelos quais o Espírito tem que passar alternadamente, nas existências peculiares a cada um dos dois mundos".

O Inferno

Em relação ao inferno, palavra originária de "inferi", em latim, significando local inferior, abaixo da terra, seria o local que receberia os condenados ao cumprimento de penas; foi adotada pela igreja católica a descrição existente no *Livro dos Mortos*[54] do antigo Egito.

[54] *O Cristianismo Primitivo,* do mesmo autor, p. 92

Dirigindo esse suposto estabelecimento penal, seria encontrada a figura de Satã. Teria ela sido adotada pelos judeus em substituição ao deus do mal da Pérsia, durante o período que permaneceram em regime de cativeiro na Babilônia (586 a 538 a.C.).

No entanto, a origem da palavra Satã é bem diversa da que se supõe. Sua origem estaria ligada ao horror infundido pela raça negra aos seus inimigos arianos, ou hiperbóreos. Os arianos denominavam a raça negra de "Sudeana". Desse termo tiveram origem as palavras Suth ou Soth dos egípcios, Sath dos fenícios e Shatan ou Satã dos árabes e dos hebreus. Sua raiz serviu às palavras Saturno, South para o inglês, Sud para o francês e para o alemão e Sul para o português.

Simbolizando a entidade Satã, os povos construíram um boneco pintado de preto, dotado de cornos e de cauda; possuía garras no lugar de unhas e dentes caninos afiados.

Comparando a crença das religiões pagãs, em relação ao inferno, com a que é adotada pelo entendimento cristão, Kardec no livro *Céu e Inferno*[55], reproduz as seguintes manifestações:

Sermão proferido em Montpellier no ano de 1860:

"O inferno pagão, descrito e dramatizado pelos poetas, foi o modelo mais grandioso do gênero, e perpetuou-

[55] *Céu e Inferno,* item 3 do Cap. IV, p. 41.

se no seio dos cristãos, onde, por sua vez, houve poetas e cantores. Comparando-os, encontram-se neles – salvo os nomes e variantes de detalhe – numerosas analogias; ambos têm o fogo material por base dos tormentos, como símbolo dos sofrimentos mais atrozes. Mas, coisa singular! Os cristãos exageraram em muitos pontos o inferno dos pagãos. Se esses tinham o Tonel das Danaides[56], a Roda de Íxion[57], o Rochedo de Sísifo[58], eram esses suplícios individuais; os cristãos, ao contrário, têm para todos, sem distinção, as caldeiras ferventes, cujos tampos os anjos levantam para ver as contorções dos supliciados; e Deus, sem piedade ouve-lhes os gemidos por toda a eternidade. Jamais os pagãos descreveram os habitantes dos Campos Elíseos[59] deleitando a vista no suplício do Tártaro[60]".

Texto de S. Tomás de Aquino:

"Os bem-aventurados, sem deixarem o lugar que ocupam, poderão afastar-se de certo modo em razão de seu dom de inteligência e da vista distinta, a fim de considerarem as torturas dos condenados, e, vendo-

[56] As Danaides, após matarem seus maridos, foram condenadas a encher de água um tonel sem fundo.

[57] Por ter sido o primeiro homem a matar um seu parente, Íxion foi condenado pelo deus grego Zeus, a viver amarrado eternamente a uma roda de fogo alada que permaneceria girando no espaço.

[58] Por ter desrespeitado os deuses gregos, Sísifo foi condenado a eternamente repetir a operação de transportar um rochedo até o topo de uma montanha e daí precipitá-lo.

[59] Paraíso.

[60] Região do oriente considerada um inferno por ser freqüentemente invadida por bárbaros sanguinários. Na mitologia grega, o Tártaro é um local infernal onde Zeus jogava todos os que o ofendiam.

os, não somente serão insensíveis à dor, mas até ficarão repletos de alegria e renderão graças a Deus por sua própria felicidade, assistindo à inefável calamidade dos ímpios".

Léon Denis nos fala dos frutos resultantes de nosso aprimoramento interior, nos seguintes termos[61]: "As causas da felicidade não se acham em lugares determinados no espaço; estão em nós, nas profundezas misteriosas da alma, o que é confirmado por todas as grandes doutrinas.

"O reino dos céus está dentro de vós", disse o Cristo.

O mesmo pensamento está, de outra forma, expresso nos Vedas: "Tu trazes em ti um amigo sublime que não conheces".

A sabedoria persa não é menos afirmativa: "Vós viveis no meio de armazéns cheios de riquezas e morreis de fome à porta".

Todos os grandes ensinamentos concordam neste ponto: "É na vida íntima, no desabrochar de nossas potências, de nossas faculdades, de nossas virtudes, que está o manancial das felicidades futuras".

Com o passar do tempo e com o aprendizado, vai o nosso Espírito adquirindo conhecimento e compreendendo em que pontos necessita corrigir-se. Passa ele a entender que Deus não cobra, não pune,

---

[61] *O Problema do ser, do Destino e da Dor*, p, 311.

não exige. Que os nossos erros e defeitos (pecados) são de nossa exclusiva autoria e responsabilidade e que por eles não seremos punidos senão por nós mesmos, pela nossa consciência, nossa culpa, pelo nosso arrependimento. Que somos capazes sim, de viver sem pecado, de resistir ao mal. Aí então, buscando melhor resistir a eles, devemos preparar convenientemente as reencarnações, programá-las[62], definindo os pontos a serem corrigidos e procurando criar condições na próxima vida que mais facilitem a obtenção de sucesso sobre as nossas tendências naturais em repetir os mesmos erros. Essas tendências, muitas vezes, só podem ser por nós controladas quando submetidos a situações que nos exijam passar por dificuldades ou sofrimentos físicos.

O nosso querido irmão Léon Denis[63] nos ensina: "Para gozar da abundância, é preciso ter conhecido as privações. Para apreciar a claridade dos dias é mister haver atravessado a escuridão das noites. A dor é a condição da alegria e o preço da virtude, e a virtude é o bem mais precioso que há no Universo".

Complementa ainda, dizendo[64]: "Todo mal se resgata pela dor. O que o homem faz de acordo com a lei do bem, proporciona-lhe tranqüilidade e contribui para sua elevação; toda violação provoca sofrimento... Alegrias, afeições, períodos de descanso e felicidade

---

[62] Pergunta 258 do *Livro dos Espíritos.*

[63] *O Problema do ser, do Destino e da Dor,* p, 289.

[64] *O Problema do ser, do Destino e da Dor,* p, 300.

se alternarão, no rosário das vidas, com as existências de luta, resgate e reparação".

O Corpo Físico e o Duplo Etéreo

O nosso corpo físico, constituído de matéria orgânica densa, é ligado à alma por meio de envoltórios que, conhecidos desde a Antiguidade, têm cada um suas propriedades e utilidades.

O duplo etéreo envolve o corpo físico, integrando-o, podendo ser descrito como um campo de radiação energético também conhecido como Aura; poder-se-ia dizer que esse campo energético se apresenta como a expressão da vida no corpo físico. Para um melhor entendimento poderíamos repetir as palavras de um conhecido médico espírita, quando esclarece: "o brilho dos nossos olhos é duplo etéreo; o que é medido num exame de eletrocardiograma é o duplo etéreo do coração".

O duplo etéreo pode hoje ser fotografado, visualizado através de instrumentos e, por meio de análise apropriada utilizando um processo biodinâmico, ser usado para a identificação e correção de desequilíbrios. Essa especialidade, já reconhecida mundialmente pela ciência, denomina-se Bioeletrografia.

Como o duplo etéreo integra o corpo físico, necessariamente, irá se decompor, com ele, após a sua morte.

O Perispírito e o Corpo Mental

Sendo o Espírito uma centelha divina, não possui por si só forma e dimensão. O que lhe dá forma é a matéria a que está ele ligado e que o envolve.

O apóstolo Paulo em duas oportunidades faz referência ao corpo espiritual:

– Na epístola I Tessalonicenses 5:23, quando fala da tríplice constituição do ser humano: "Espírito, Alma e Corpo" ou Espírito, Corpo Espiritual e Corpo Físico.

– Na epístola I Coríntios 15:44, quando explicava que a ressurreição não é da carne, mas do Espírito, diz o seguinte: "semeado corpo animal ressuscita corpo espiritual. Se há um corpo animal, há também um corpo espiritual". Este corpo espiritual é o que Kardec denomina de Perispírito.

Essa matéria que envolve o Espírito é de consistência sutil, vaporosa e essa sutileza é tanto maior, quanto mais evoluído for o Espírito que ela envolve.

Com a precisão característica de seus esclarecimentos, Léon Denis assim se exprime[65]: "Tudo é graduado na vida espiritual. A cada grau de evolução do ser para a sabedoria, para a luz, para a santidade, corresponde um estado mais perfeito de seus sentidos receptivos, de seus meios de percepção. O corpo

---

[65] *O Problema do ser, do Destino e da Dor,* p, 162.

fluídico, cada vez mais diáfano, mais transparente, deixa passagem livre às radiações da alma. Daí uma aptidão maior para apreciar, para compreender os esplendores infinitos; daí uma recordação mais extensa do passado, uma familiarização cada vez maior com os seres e as coisas dos planos superiores, até que a alma, em sua marcha progressiva, tenha atingido as máximas altitudes".

Por essa razão não podemos nós, encarnados, enxergar os desencarnados e, ao mesmo tempo, os desencarnados de pouca evolução enxergar os mais evoluídos.

Esse invólucro, que se denomina perispírito ou corpo espiritual, na realidade dá estrutura não só ao Espírito, mas também, como explica André Luiz, ao corpo mental[66], que é um envoltório também sutil que contém a mente.

Podemos dizer, para sermos mais claros, que o corpo mental preside a formação do perispírito, regulando sua aparência e este, por sua vez, funcionará como se fosse uma forma para a constituição do corpo físico.

Na mente estará alojada a memória e, portanto, o subconsciente; aí serão forjados o caráter e o temperamento; na mente, os conhecimentos e virtudes morais anteriormente adquiridos serão reunidos aos que são conquistados na atualidade.

---

[66] *Evolução em Dois Mundos*, p. 25.

No perispírito encontram-se ainda os centros de força que irão atuar no corpo físico, através do duplo etéreo, sobre o sistema nervoso central e sobre os plexos. Sendo o perispírito o elemento de ligação entre a mente do Espírito e o corpo físico, é ele, ao mesmo tempo, o veículo para a transmissão dos comandos que tem origem no Espírito e para recepção das sensações detectadas pelos órgãos dos sentidos existentes no corpo físico. Os sinais energéticos de recepção das sensações e de transmissão dos comandos é o que se entende como fluido nervoso.

Após o desencarne, as sensações não mais tendo origem no corpo físico, em pontos localizados, serão absorvidas por todo o perispírito. Não mais serão identificadas pelos órgãos dos sentidos, mas por todo o corpo espiritual. Não necessitam da luz para enxergar, da palavra falada para ouvir.

Para o desencarnado, outro aspecto que deve ser levado em consideração, é o da sensação das dores físicas, enquanto o Espírito se mantiver apegado mentalmente à matéria. Apesar de desligado do corpo físico, essa ligação mental manterá consigo os mesmos males materiais, como se ainda se encontrasse ligado à matéria.

Após o desencarne, o perispírito acompanha o Espírito e seu corpo mental, porque a ele está integrado.

Quanto à sua forma, o perispírito, após o desencarne sofrerá alterações, nas seguintes situações:

– Ao passar por um processo de reconstituição quando do renascimento para a verdadeira vida (morte física).

– Quando se restringe para se instalar em nova cavidade uterina, preparando-se para outra encarnação.

– Na erraticidade, quando se desloca de um local para outro, alterando suas características para uma matéria mais ou menos etérea.

A Energia

O Universo criado por Deus e tudo o que nele está contido, tem como elementos gerais a Energia, o Espírito e a Matéria.

A energia, por sua vez, tem sua fonte no fluido cósmico universal e se apresenta com características diferentes segundo sua aplicação. Assim é que o fluido vital, é o elemento intermediário entre o Espírito e a matéria, animalizando-a nos corpos orgânicos, segundo nos esclarece Kardec[67].

Por essa razão, os seres vivos, os seres orgânicos,

[67] *O Livro dos Espíritos*, Cap. IV.

são chamados de seres animados, isto é, que têm "anima", quem têm alma.

É importante esclarecer que as reações práticas que resultam da energia que transmitimos, que irradiamos, pelo pensamento, têm características próprias que provocam reações em nós mesmos ou naqueles que se encontram próximos de nós. Melhor dizendo, se o pensamento transmite amor e paz, o tipo de energia que é irradiado tem essas características. Se ao contrário, é de ódio, de desequilíbrio, a tonalidade dessa energia espelhará esses sentimentos.

Como estamos tratando de energia, para que possa ser melhor compreendido esse fenômeno, vamos verificar o que acontece, por exemplo, em nossa casa, com o nosso aparelho de televisão. Os programas transmitidos por todas as emissoras, chegam, ao mesmo tempo ao nosso aparelho, mas ele somente irá fazer aparecer na tela, o daquela emissora com a qual está sintonizado.

Da mesma forma, o pensamento transmitido e recebido por pessoas encarnadas ou desencarnadas, pode atraí-las entre si, quando estiverem vibrando na mesma sintonia ou afastá-las por estarem em sintonia diferente.

Esse entendimento vai facilitar a compreensão dos pontos que serão abordados em seguida.

O Espírito

Para vencer as etapas a serem cumpridas na matéria, além de lutar contra as próprias imperfeições, o Espírito encarnado precisa não se deixar sucumbir pelo envolvimento da energia dos pensamentos que atuam sobre sua mente, originários de outros encarnados e também de desencarnados. São influências benéficas ou maléficas, que a ele chegarão em função da sintonia vibratória que mantenha com uma ou com outra. Operando como qualquer energia eletromagnética, os transmissores e os receptores só se comunicam com os aparelhos que estão em sintonia, isto é, que trabalham, naquele momento, na mesma gama de freqüências ou em suas harmônicas.

Para melhor entendimento de nossas fraquezas, diante da matéria, nada melhor do que os ensinamentos transmitidos ao irmão André Luiz, quando de suas andanças pelo plano espiritual[69]: "Nossa mente é uma entidade colocada entre forças inferiores e superiores, com objetivos de aperfeiçoamento. Nosso organismo perispiritual, fruto sublime da evolução, quanto ocorre ao corpo físico na esfera da Crosta, pode ser comparado aos pólos de um aparelho magnetoelétrico. O espírito encarnado sofre a influenciação inferior, através das regiões em que se situam o sexo e o estômago, e recebe os

---

[69] *Libertação,* p. 31.

estímulos superiores, ainda mesmo procedentes de almas não sublimadas, através do coração e do cérebro. Quando a criatura busca manejar a própria vontade, escolhe a companhia que prefere e lança-se ao caminho que deseja".

Daí a sábia orientação do Mestre quando nos recomenda: "Vigiai e orai, para que não entreis em tentação, pois o espírito está pronto, mas a carne é fraca"[70]; ou seja, "Vigiai" para que seu teor vibratório não caia, pela perda de sintonia com o bem; "orai" para mantê-lo nessa sintonia elevada, fugindo das interferências negativas.

Todos nós conhecemos este ditado popular: ¨Diga-me com quem andas e eu te direi quem és¨. Considerando as influências exercidas entre nós, encarnados, podemos dizer que ele é válido. No entanto, se falarmos da influência resultante da companhia que nos fazem os desencarnados, seria mais correto afirmarmos: "Diga-me quem és e eu te direi com quem andas", porque, somos nós que os atraímos ou repelimos.

Também a esse respeito o nosso querido irmão, Léon Denis tem alguns conselhos[71]: "O Espírito ilumina-se a cada pensamento altruísta, a cada impulso de solidariedade e de amor puro. No sentido contrário, todo pensamento ruim, todo ato criminoso, todo hábito pernicioso provoca um estreitamento, uma contração do ser psíquico, cujos elementos se condensam, entenebrecem, carregam de fluidos grosseiros". Diz ainda[72]: "Os

[70] Mateus 26:41
[71] *O Problema do ser, do Destino e da Dor*, p, 303.
[72] *O Problema do ser, do Destino e da Dor*, p, 301.

pensamentos de ódio, vingança, os desejos de prejudicar, provenientes do exterior, só podem agir sobre nós e influenciar-nos desde que encontrem elementos que vibrem uníssonos com eles. Se nada existir em nós de similar, estas forças ruins resvalam sem nos penetrarem..."

Este conhecimento é de extrema importância para podermos compreender como se encontrará o nosso Espírito após o desencarne.

Após o desencarne, o homem não irá alterar substancialmente sua vida. Não irá encontrar uma corte de julgamento e não deverá esperar uma modificação substancial da vida que levava quando encarnado. Continuará a manter atividades que lhe são importantes e que espelham as suas tendências.

Assim nos explica Emmanuel[73]: "A morte não prodigaliza estados miraculosos para a nossa consciência.

Desencarnar é mudar de plano, como alguém que se transferisse de uma cidade para outra, aí no mundo, sem que o fato lhe altere as enfermidades ou as virtudes com a simples modificação dos aspectos exteriores. Importa observar apenas a ampliação desses aspectos, comparando-se o plano terrestre com a esfera de ação dos desencarnados.

Imaginai um homem que passa da sua aldeia para

---

[73] *O Consolador*, item 147, p. 92.

uma metrópole moderna. Como se haverá, na hipótese de não se encontrar devidamente preparado em face dos imperativos da sua nova vida?

A comparação é pobre, mas serve para esclarecer que a morte não é um salto dentro da natureza. A alma prosseguirá na sua carreira evolutiva, sem milagres prodigiosos.

Os dois planos, visível e invisível, se interpenetram no mundo, e, se a criatura humana é incapaz de perceber o plano da vida imaterial, é que o seu sensório está habilitado somente a certas percepções, sem que lhe seja possível, por enquanto, ultrapassar a janela estreita dos cinco sentidos".

No entanto, a sua tonalidade vibratória repercutirá na erraticidade de modo a conduzi-lo a se ligar aos outros espíritos com quem sintonize. É nesse momento que será atraído aos ambientes onde a convivência será uma expressão do grau de evolução que tenha atingido.

Se a sua vibração reflete revolta, dores de arrependimento e culpa por erros cometidos, será atraído para ambientes onde vivem outros espíritos que sofrem dos mesmos males e essa reunião só poderá projetar esses sentimentos, esses sofrimentos. Esses locais, na erraticidade, não foram especialmente criados para reunir esses irmãos, como se costuma imaginar, mas refletem o ambiente por eles gerado. São as regiões

chamadas de trevosas ou de umbrais. São verdadeiras colônias onde a vida é difícil e cheia de sofrimento, porque esse é o produto que suas consciências atribuem como sendo de seu merecimento, como sendo o resultado de seus atos. Tem sua origem na mente de seus próprios criadores que projetam e plasmam vibrações pesadas, escuras.

André Luiz esclarece esse assunto com bastante propriedade, quando nos relata a exposição de um iluminado instrutor espiritual[74]: "O espírito humano lida com a força mental, tanto quanto maneja a eletricidade, com a diferença, porém, de que se já aprende a gastar a eletricidade, no transformismo incessante da Terra, mal conhece a existência da força mental, que nos preside a todos os atos da vida.

A rigor, portanto, não temos círculos infernais, de acordo com os figurinos da antiga teologia, onde se mostram indefinidamente gênios satânicos de todas as épocas e, sim, esferas obscuras em que se agregam consciências embotadas na ignorância, cristalizadas no ócio reprovável ou confundidas no eclipse temporário da razão. Desesperadas e insubmissas, criam zonas de tormentos reparadores. Semelhantes criaturas, no entanto, não se regeneram à força de palavras. Necessitam de amparo eficiente que lhes modifique o tom vibratório, elevando-lhes o modo de sentir e pensar".

---

[74] *Libertação*, p. 14.

O Espírito permanece nessa situação, enquanto, como nos disse André Luiz, persevera no pensamento inferior, enquanto não consegue elevar esse teor vibratório em que se manteve envolto e que o aprisiona. Liberta-se quando alcança um momento de lucidez, quando consegue pedir ajuda por meio de uma elevação de pensamentos, ou quando recebe esse auxílio por iniciativa dos irmãos socorristas; essa medida identifica que o aprendizado, nessa fase, já se completou, sendo então, esses irmãos, conduzidos aos postos de socorro e de orientação ou aos hospitais do espaço. Ninguém continuará sofrendo inutilmente a partir do momento em que o aprendizado, dele resultante, já tiver sido alcançado.

Tendo recebido o atendimento e o esclarecimento de que necessita, o nosso irmão irá então começar uma nova vida de ampliação de conhecimento e de trabalho nas comunidades compostas por aqueles que têm grau de elevação semelhante.

VII

Aos Espíritas

Não se iluda o irmão espírita que, por se considerar um conhecedor da doutrina, será um privilegiado no retorno à Pátria Espiritual. Não nos esqueçamos do que o Mestre nos ensinou e que tanto nos foi repetido[75]: "Àquele a quem muito se deu, muito será pedido, e a quem muito se houver confiado, mais será reclamado". Cabe a nós, não a dedicação conveniente, mas o esforço possível, porque conhecendo mais, não temos a justificativa da ignorância. Conhecendo o caminho, não podemos deixar de ser úteis nos trabalhos realizados na Casa Espírita ou fora dela, em benefício do nosso próximo necessitado.

O esforço normal é esperado daqueles que desconhecem a lei. Para os que a conhecem, espera-se algo mais. Espera-se o "dar de si".

Não nos esqueçamos que em caso semelhante,

[75] Lucas 12:48.

[76] Mateus 5:46.

o Mestre disse[76]: "Com efeito, se amais aos que vos amam, que recompensa tendes? Não fazem também os publicanos a mesma coisa?"

Não nos esqueçamos que nossos atos são a materialização de nossos pensamentos e que estes só podem ser a expressão de nossos sentimentos, que retratam nosso teor vibratório, nosso grau de evolução.

Reforçando os pensamentos aqui apresentados, gostaria de incluir neste ponto o trecho de uma mensagem psicografada recebida em nossa Casa Espírita durante os trabalhos de desenvolvimento mediúnico, em abril de 2005, e que bem fala sobre nossa progressiva espiritualização:

"Aprendemos a amar, lentamente, quando ainda ignorantes da Verdade Eterna; quando ainda temos como bem maior a matéria real, concreta, que encanta nossos olhos, amortece nossos sentidos e nos leva para caminhos tortuosos e escuros; aquela que as nossas imperfeições cobrem com o véu ilusório do prazer e da felicidade efêmera.

A Doutrina Espírita, meus amigos, abre novos horizontes na nossa mente e nos auxilia a desprendermos da matéria necessária apenas para nossa evolução".

E, ainda outro alerta, mais forte, mais duro, mais compatível com as nossas imperfeições, mais pleno da realidade terrena, que nos foi deixado por Edgard Armond; dele reproduzimos este trecho[77]:

---

[77] Do mesmo autor, *Edgard Armond, Meu Pai,* p. 99.

"Todos os aspectos doutrinários do espiritismo têm sido ventilados, compreendidos, interpretados, expostos com clareza e competência; grandes têm sido os esforços e os méritos de todos estes servidores da seara; mas a maioria do povo, inclusive o povo espírita, não lê, não estuda, não investiga, não medita e por isso não compreende ou compreende mal, entende como entende e não como é preciso entender; não alcança a verdadeira finalidade da doutrina e, no campo das realizações práticas, abastarda a doutrina, empana o seu brilho, desvirtua seus efeitos, a rebaixa, quando deveria exaltá-la.

Empresta à doutrina um caráter mundano, material, de satisfações, de interesses pessoais, sem ter em conta seu principal objetivo, que é a redenção do indivíduo, pela sua reforma moral, pela aquisição de virtudes, pela purificação de seu espírito.

Vai às sessões como quem vai à missa e isso lhe basta; ouve os discursos e conferências e isso também lhe basta; lê um ou outro livro da doutrina e dá-se por sábio; doutrina um Espírito sofredor e imagina que possui todos os poderes; se é médium, recebe o protetor individual, ouve o que ele diz e declara que não precisa saber de mais nada. Pede um favor ao Espírito, dá ou recebe um passe, paga a mensalidade de seu Centro e volta satisfeito para casa, continuando a praticar os mesmos erros, os mesmos vícios que possuía antes.

Se se lhe fala em reforma moral, responde que

não é preciso, porque já pertence à doutrina e se lhe pede que combata seus vícios e defeitos, diz que isso virá com o tempo, porque vivemos na eternidade.

Por isso, irmãos, é que o umbral está cheio de indivíduos decepcionados e revoltados, apesar de possuírem na testa os rótulos brilhantes de espíritas. Seus protestos e lamúrias sobem aos céus, porém não abalam as potestades, porque está escrito que cada um colherá de acordo com o que semear".

No momento em que encerramos este estudo comparativo entre doutrinas que se propõem a ser o almejado resultado para um mesmo problema, chegamos à conclusão que não estamos tratando com diferenças de opinião ou de interpretação, para um mesmo enunciado, mas sim, que cada uma das religiões que se propôs a resolvê-lo, usou fórmulas diferentes. Que algumas delas, pelas conclusões a que se chega através de um estudo racional, apresentam metodologia que nada tem a ver com o que foi proposto, afastando-se mesmo da questão original; que pelo método por elas utilizado nunca poderão chegar a uma solução prática.

Essa é a conclusão a que chegamos. Os caminhos por elas adotados para a alma humana, serão ilusórios enquanto os homens se afastarem ou desprezarem as condições apresentadas na doutrina trazida pelo Cristo. Por sua vez, essa doutrina não estabelece quaisquer condições, nem relaciona providências a serem por nós tomadas, para atingir esse

objetivo. O que ela nos mostra é que cabe a cada um realizar o seu esforço, buscar a solução dos seus problemas, de suas dores, pelo trabalho individual e permanente na busca do aperfeiçoamento, da evolução e, através dessa evolução, alcançar a felicidade de poder ser útil, de auxiliar o próximo, de em síntese, conquistar a capacidade de aprender a viver sob as leis do amor universal.

Quando estivermos aptos a atingir esse estágio, quando aprendermos a amar como Jesus nos ama, chegaremos à conclusão que o nosso destino não é alcançado com fórmulas mágicas; chegaremos mesmo à conclusão de que todos os filhos de Deus a Ele retornarão pela evolução.

No entanto, enquanto não chegamos a esse ponto da conquista da verdadeira felicidade, vamos nos esforçar na caminhada de lutas e de sofrimento, com resignação, com fé e certos de que, pelo nosso esforço, seremos capazes de vencer a nós mesmos.

Ao finalizar a redação destes estudos, ainda que não fosse esse o objetivo principal, emergiu de todas as conclusões a que fomos levados, um assunto para o qual não havíamos sido atraídos anteriormente. Nos referimos ao seguinte: Apesar de todas as religiões cristãs reproduzirem e comentarem, em suas missas e cultos, os ensinamentos de Jesus, não apontam elas qualquer objetivo prático para a utilização desses ensinamentos. Em outras palavras, não nos demonstram quais os resultados

que a aplicação dos ensinamentos do Mestre trarão para o ser humano. Admitem a obtenção miraculosa de benesses, sob o efeito de rituais místicos, ou, sob o clamor dos fiéis, exigindo do Criador a concessão de graças imerecidas.

Hoje podemos afirmar que, dentre as religiões cristãs, o espiritismo é a única que se preocupa em realçar a necessidade da utilização do Evangelho de Jesus, apontando-o como rumo de orientação na reforma moral do indivíduo, ao mesmo tempo que demonstra qual o objetivo prático dessa transformação.

Esperamos que por meio desta obra tenhamos conseguido dar ao leitor, de maneira racional, respostas para as questões que mantinha em suas mentes. Que, a partir do momento em que passou a conhecer mais a fundo as **Religiões Cristãs - Suas Doutrinas**, possa ter condições, por meio de seu livre-arbítrio, de melhor conduzir sua alma nesta passagem terrestre.

É atribuída ao nosso maravilhoso irmão, Chico Xavier, uma frase que condensa um grande ensinamento. Esse ensinamento nos demonstra que ainda há tempo para iniciarmos uma nova caminhada.

"Embora ninguém possa voltar atrás e fazer um recomeço, qualquer um pode começar de novo e fazer um novo final".

Coragem e muita paz.

Bibliografia

A Bíblia Sagrada. 11, ed, S. Paulo (SP): Paulinas, 1983.

Armond, Edgard. *O Livre-Arbítrio*. S. Paulo (SP): Aliança, 2002.

Armond, Edgard. *Religiões e Filosofias*. 2, ed, S. Paulo (SP): Aliança, 1980.

Armond, Ismael. *O Cristianismo Primitivo*. S. Paulo (SP): Aliança, 2004.

Ben Avraham, Daniel Avishay. *Yessodei Israel – Fundamentos da Tradição de Israel*. Porto Alegre (RS): Fundação Educacional e Editorial Universalista, 2001.

Bíblia de Jerusalém. S. Paulo (SP): Paulus, 2002.

Brown, Peter Robert Lamont. *Santo Agostinho, uma biografia*. Tradução de Vera Ribeiro. Rio de Janeiro (RJ): Record, 2005.

Denis, Léon. *Cristianismo e Espiritismo*. 4, ed, Rio de Janeiro (RJ): FEB, 1941.

Denis, Léon. *Depois da Morte*. 19, ed, Rio de Janeiro (RJ): FEB, 1996.

Denis, Léon. *O Problema do Ser, do Destino e da Dor*. 11, ed, Rio de Janeiro (RJ): FEB, 1979.

Evangelho de Maria – Miriam de Magdala. Traduzido e Comentado por Jean Yves Leloup. 7, ed, Petrópolis (RJ): Vozes, 2005.

Evangelho de Tomé. Traduzido e comentado por Jean Yves Leloup. 7, ed, Petrópolis (RJ): Vozes, 2002.

Kardec, Allan. *A Gênese*. 33, ed, Rio de Janeiro (RJ): FEB, 1990.

Kardec, Allan. *Obras Póstumas*. Tradução de Guillon Ribeiro. 21, ed, Rio de Janeiro (RJ): FEB, 1985.

Kardec, Allan. *O Céu e o Inferno*. Tradução de Manoel Justiniano Quintão. 38, ed, Rio de Janeiro (RJ): FEB, 1992.

Kardec, Allan. *O Evangelho segundo o Espiritismo*. Tradução de Roque Jacintho. 3 ed, S. Paulo (SP): Luz no Lar, 1991.

Kardec, Allan. *O Livro dos Espíritos*. Tradução de Júlio Abreu Filho. 22, ed, S. Paulo (SP): Pensamento, 1978.

Leterre, A. *Jesus e Sua Doutrina*. Rio de Janeiro (RJ): FEB, 1934.

Miranda, Hermínio Correia de. *Os Cátaros e a Heresia Católica*. Niterói (RJ), Lachâtre, 2002.

Padre Alta. *O Cristianismo do Cristo e o dos Seus Vigários*. Rio de Janeiro (RJ): FEB.

Silva, Severino Celestino da. *Analisando as Traduções Bíblicas*. 4 ed, João Pessoa (PB), Idéia, 2002.

Xavier, Francisco Cândido. *A Caminho da Luz*. Ditado pelo Espírito Emmanuel. 13, ed, Rio de Janeiro (RJ): FEB, 1985.

Xavier, Francisco Cândido. *Evolução em Dois Mundos*. Ditado pelo Espírito André Luiz. 10, ed, Rio de Janeiro (RJ): FEB, 1987.

Xavier, Francisco Cândido. *Libertação*. Ditado pelo Espírito André Luiz. 13, ed. Rio de Janeiro (RJ), FEB, 1987.

Xavier, Francisco Cândido. *O Consolador*. Ditado pelo Espírito Emmanuel. 18, ed, Rio de Janeiro (RJ), FEB, 1997.

Editora Aliança

Série Edgard Armond

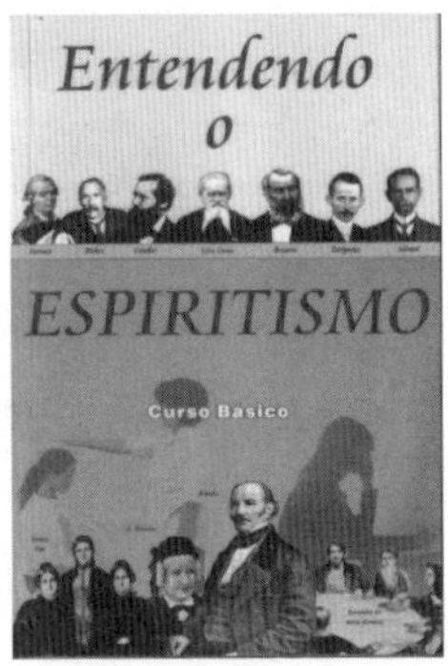

Campanha de Preservação da Vida
EDITORA ALIANÇA
Tema: ABORTO

O Livro dos Espíritos, Allan Kardec - questão 358:

Pergunta: *O aborto provocado é um crime, qualquer que seja a sua concepção?*

Resposta dos Espíritos: *Há sempre crime quando se transgride a lei de Deus. A mãe ou qualquer pessoa cometerá sempre um crime ao tirar a vida de uma criança antes do seu nascimento, porque isso é impedir a alma de passar pelas provas de que o corpo devia ser instrumento.*

Conheça outras obras de

Ismael Armond

Editora Aliança

Qual a Casa Espírita que freqüenta:

End.: Nº

Bairro Cidade: Est.:

CEP: Fone (contato):

A Casa possui Evangelização Infanto-juvenil? ☐ Sim ☐ Não

Responsável:

Quantas crianças atende normalmente? Quantos evangelizadores possui?

RAIO X
do
LIVRO ESPÍRITA

Eurípedes Kühl

RAIO X do LIVRO ESPÍRITA

Editora Aliança

do 1º ao 3º milheiro, julho/2003

Título

RAIO X DO LIVRO ESPÍRITA

Copyright 2003

Autor

Eurípedes Kühl

Revisão

Maria Aparecida Amaral

Editoração

MMS

Capa

Elifas Alves

Impressão

Assahi Gráfica e Editora Ltda.

Ficha catalográfica

Kühl, Eurípedes 1934-

K763r Raio X do Lívro Espírita / Eurípedes Kühl

1ª edição - São Paulo: Editora Aliança - 2003

128 págs.

1. Espiritismo 2. Literatura espírita I. Título

CDD - 133.9

EDITORA ALIANÇA

Rua Francisca Miquelina, 259 - Bela Vista - São Paulo - SP

CEP 01316-000 - Fone: (0xx11) 3105.5894 - Fax: (0xx11) 3107.9704

www.alianca.org.br e-mail: alianca@alianca.org.br

Dedicatória

A Literatura Espírita é assim como uma grande estrada, luminosa.
Os leitores — caminhantes dessa estrada — são peregrinos que vencem os espaços, na busca de esclarecimentos espirituais, conforto e paz.
Tudo isso encontram à sombra amiga das dadivosas árvores que a margeiam, cujos saborosos frutos são os livros espíritas.
Essas árvores não estão ali por acaso...
Alguém planta-as... incessantemente...
Outros cultivam-nas.

Esta obra é dedicada a esses peregrinos, semeadores e cultivadores:
- autores dos dois planos (espiritual e material)
- médiuns psicógrafos
- editores, distribuidores e livreiros espíritas.

Sumário

PARTE II

PARTE III

CONCLUSÃO

ANEXOS

Introdução

Considere-se, desde já, que este livro, de forma alguma, seja um manual de como psicografar ou escrever.

É sim, apenas um depoimento contendo simples sugestões àqueles que já são médiuns psicógrafos, ou já escrevem livros (espíritas), estando ambos em início dessas atividades.

Não é de bom som, na oratória, o palestrante falar sobre si mesmo. Menos ainda, o é de boa ética, na Literatura, o autor descrever-se.

Mas não há outro jeito: para passar ao leitor o que já sei, só posso mesmo escrever sobre o que vivenciei e sobre aquilo que aprendi... e continuo a aprender.

Por isso, eis a modesta história de um médium.

São Paulo/Capital:

Há cerca de 30 anos, retornei ao Espiritismo, que havia deixado por algum tempo.

Freqüentando um Curso de Médiuns, em um Centro Espírita (CE) "passei para a mesa", pois lá era feita uma espécie de "laboratório", para se definir médiuns emergentes e suas eventuais mediunidades.

Quando falo em "laboratório", no meu caso, refiro-me ao fato que, após leitura evangélica e prece, com um grupo reunido na minha frente e na frente de vários companheiros, eram colocadas folhas de papel em branco e lápis (objetivando-se identificar psicografia).

Um por um dos componentes da mesa recebiam passe, aplicado por médiuns experientes, ocasião em que, sem indução

de nenhuma espécie, o passista (geralmente um dos dois coordenadores do Curso) captava, também, se havia algum "sintoma" de psicofonia.

Algum tempo depois de iniciada a reunião, antes do encerramento do exercício ("laboratório"), todos eram convidados a se manifestar, ocasião em que surgiam algumas evidências de vidências (sem trocadilho), de intuição, de psicofonia e mesmo de psicografia — tudo encarado com respeito, análise e cautela, aguardando-se que o futuro viesse a comprovar a eclosão das citadas mediunidades; por três reuniões consecutivas, não senti absolutamente nada, nada escrevi.

Desde sempre fui e continuo sendo muito rigoroso, exercendo forte autopatrulhamento, na aceitação de "novidades", de forma particular em termos espíritas.

Por absoluto instinto, é do meu feitio espiritual tentar compreender o que desconheço: se não consigo decifrar algum assunto, tenho por norma deixá-lo em banho-maria, sem que isso se constitua em tibieza, mas sim, aguardando que novos fatos venham esclarecer ou dirimir minhas dúvidas. Algo assim, como Kardec aconselhou, quanto à *autoridade da Doutrina dos Espíritos, baseada na universalidade dos ensinamentos dos Espíritos* e a *fé ser raciocinada* (*O Evangelho segundo o Espiritismo*, Introdução, II, e Cap. 19, n°s 6 e 7). Então, rejeito ou aceito e será com sinceridade que, daí em diante, manifestar-me-ei a respeito, sempre que a oportunidade o ensejar.

Veio a quarta reunião: disposto a pôr o assunto em pratos limpos, consegui deixar minha mente quase em branco e o braço bem relaxado para ver se irromperia em mim a escrita velocíssima do Chico Xavier que em 1971 havia visto lá em Uberaba/MG, numa reunião mediúnica com ele.

Naquela reunião (a "de laboratório") e naquele momento, na minha mente, eu só seria médium psicógrafo, se escrevesse

também como o Chico: dezenas de páginas, com velocidade; quanta pretensão... e mais grave ainda, quanta ignorância, com a única atenuante de que agia sob rigorosa sinceridade; é que não havia estudado *O Livro dos Médiuns* e, nas aulas ministradas pelos coordenadores, o assunto "psicografia" ainda não tinha sido ventilado, ao menos, em aulas que eu houvesse assistido.

Mas aí aconteceu: nada de velocidade, nada de texto em muitas páginas, nada de elevado, apenas, sem que pudesse evitar e totalmente de forma inesperada, estando com os olhos fechados, comecei a ver uma região coberta de neve e ouvi alguém sugerir-me que escrevesse o que via e ouvia:

— *Muitos deste grupo de hoje já estiveram aqui; a arca do tempo guarda esse registro.*

Só que os médiuns estavam no mais absoluto silêncio... Atarantado, passei a perguntar-me, mentalmente:

— *De onde vem essa voz? De dentro da neve? Do ar? De onde, de onde, meu Deus?! E como posso ver, se estou de olhos fechados?...*

Sem obter respostas, foi com receio e timidez que passei aquelas duas frases para o papel à minha frente. Com a letra trêmula e de forma lenta. Sem signatário.

Desnecessário comentar a alegria do grupo, mais pela minha "iniciação psicográfica", do que, propriamente dito, pelas palavras que escrevi. Por mais dois anos, pontual e assiduamente, lá estava eu à mesa da reunião mediúnica, registrando cenas e sons que me visitavam a mente, como sempre, de repente, de forma e conteúdo inesperados.

Os textos eram curtos (menos de meia página, após passá-los à datilografia), sem autoria definida e sempre com conteúdo doutrinário, mas sem aprofundamentos filosóficos ...

Guardei todas essas mensagens.

Ribeirão Preto/SP

Tendo me mudado para esta cidade, prossegui psicografando mensagens doutrinárias, em quatro Centros Espíritas, que freqüentei, um de cada vez, de 1977 a 1988 (11 anos).

Numa reunião mediúnica, por volta de 1980, tive uma das maiores emoções desta existência: não conhecendo ninguém do grupo, estava atento às atividades e, de repente, vi aproximar-se de mim, o perispírito de uma jovem loura, de singular beleza e candura, que disse-me:

— *Sou Marta, discípula de Sheila, e é com alegria que estou encarregada de acompanhá-lo nas lides mediúnicas.*

Fiquei deslumbrado.

Exteriormente, mantive-me em absoluto equilíbrio, mas no meu coração, emoções se entrechocavam, num misto de felicidade e responsabilidade.

Terminada a reunião, a presidente do CE, médium consagrada nesta cidade e dedicada inteiramente a crianças sem lar, as quais ainda hoje acolhe em sua casa, disse-me:

— Eurípedes, por que você não escreveu? Ao seu lado estava uma entidade espiritual, uma jovem, feliz por ser encarregada de ajudá-lo na psicografia.

Foi nesse preciso momento que concretei em minha mente a certeza inabalável nos mecanismos da psicografia que Deus me houvera confiado, naturalmente para auxiliar-me na senda evolutiva, dessa forma reduzindo-me o passivo de descaminhos.

A partir de então, com muito mais confiança nos Amigos Espirituais, continuei psicografando mensagens — e arquivando-as —, já não tão curtas (de uma a duas páginas, após passadas a limpo), e, felicidade maior: com assinatura dos autores!

Assim, ao longo de quase 15 anos, psicografei cerca de 200 mensagens, sempre em reuniões mediúnicas normais, em CE.

A velocidade da psicografia foi aumentando...

Sim: foram 15 anos! Só de mensagens! Algumas delas (49), estão compiladas e editadas no livro *Grandes Pontos em Pequenos Contos* (Bauru: Ed. São João).

Obs: Este livro não teve a edição prevista completada e por isso foi reeditado em 2002, pela LEB (Livraria Espírita Bageense), com acréscimo de 10 (dez) novas mensagens. Foi rebatizado: *Âncoras de Luz*.

Findando 1988, subitamente irrompeu em mim a vontade de psicografar um livro.

Um livro! "Que bacana", pensei.

Logo, visitaram-me preocupações: "Mas, como será? Como começar? Sobre qual assunto? Uma mensagem tem sido relativamente fácil, mas um livro...".

De qualquer forma, confiei, orei, esperei e mantive-me predisposto ao que o futuro me reservasse.

Três semanas depois, já não psicografei mensagem, mas sim, a abertura do livro que iria ser editado sob o nome *O Prisma das Mil Faces* (Belo Horizonte: Ed. Fonte Viva,1994).

Aconteceram mais coisas...

Embora até esta data tenha sido reservado em detalhar muitas nuanças do meu exercício mediúnico, não obstante, visando tão-somente colaborar com o entendimento da mediunidade, registro que:

a) todos os livros que psicografei, só o fiz em reuniões mediúnicas semanais com duração média de 90 (noventa) minutos, cada, em Centro Espírita, sendo que os dois primeiros romances

mediúnicos, foram recebidos com participação de cerca de 20 (vinte) médiuns, em atividades paralelas de atendimento e esclarecimentos evangélicos a Espíritos desencarnados em estado de necessidade;

b) até hoje, a recepção integral de cada livro psicografado demanda-me cerca de 40 (quarenta) dessas reuniões semanais;

c) na recepção dos primeiros romances que já psicografei, praticamente me autonomeava "co-autor", "tentando decidir" quais os acontecimentos da próxima reunião mediúnica; aí, não deu outra coisa: o Autor espiritual passou a defasar os fatos e só ao final de toda a obra, na hora de ser passada para o computador, é que consegui enfileirá-los na devida ordem;

d) com o tempo, consegui autodisciplinar-me e com isso deixei de ficar remoendo, ou matutando durante a semana, sobre o "próximo capítulo";

e) a partir do terceiro livro, para o recebimento psicográfico, passei a fazê-lo no interior do Centro Espírita, em atitude de recolhimento e concentração espiritual, tendo escolhido um horário semanal, na parte da manhã, com absoluto silêncio nas dependências;

f) após leitura evangélica e prece, música suave proporciona paz no ambiente;

g) a cada livro e em cada reunião psicográfica, o enredo "do dia" se desenrola com intensa vivacidade diante de mim; então, registro no papel os acontecimentos que com clareza vejo mentalmente, deles sentindo-lhes muitas das particularidades físicas;

h) um exemplo disso: no caso particular do *Almas em Chamas* (S.Paulo: Ed. Lúmen, 1998), a dificuldade se mostrou quando, sendo eu desconhecedor de como se processavam os fenômenos de "combustão espontânea" — repetidos ao longo

da narrativa —, tive de registrá-los, sentindo as desencontradas emoções e perturbações psíquicas do personagem-médium fornecedor dos fluidos e do personagem Espírito incendiário;

i) só com estudos doutrinários complementares e consulta a espíritas encarnados, dedicados ao entendimento da complexidade de tal fenomenologia espiritual, pude melhorar a filtragem para prosseguir narrando tais emoções daqueles personagens, entendendo o "como" e o "porquê" da ação perturbada ou perturbadora de cada um deles: invigilantes os primeiros, vingativos os segundos;

j) ao final desse romance (*Almas em Chamas*), quando a Lei do Amor resplandece para os personagens desajustados pela vingança — fato que sempre acontece, cedo ou tarde, para todos os inimigos —, tive a suprema felicidade de ver a paz se instalar nos corações dos personagens;

l) normalmente, ao findar-se um livro, há para mim uma suave despedida dos seus personagens, após a convivência mental que tivemos ao longo de quase um ano, e dos quais, de alguma forma, tornei-me amigo; resta-me então, e apenas, a certeza de que não eram personagens: eram, sim, Espíritos que em algum lugar do Tempo e do planeta Terra, viveram realmente tudo aquilo;

m) pela Bondade do Mestre Jesus, para preencher a lacuna daqueles amigos que as brumas da consciência aos poucos vão arremessando para longe, talvez levando-os para seus destinos de Espíritos em crescimento moral, que afinal todos somos, novos "personagens espirituais" vão, pouco a pouco, aproximando-se de minha mente... novos irmãos, um novo livro!

No início deste ano (2003), 27 anos decorridos da primeira palavra psicografada, eis o que, graças a Deus, já conseguimos:

a) cerca de 200 mensagens doutrinárias;
b) livros espíritas publicados:
- 11 romances mediúnicos
- 1 livro de mensagens psicográficas
- 9 livros de pesquisas (lavra própria)

♦

A história da minha atividade literária espírita já não foi curta como deveria, por isso vou encerrando-a.

Moveu-me, digo-o com sinceridade, ser o catalisador de um sentimento de confiança no Plano Maior a alguém que esteja no início das lides da psicografia ou da escrita própria do *livro espírita*. É indubitável que Jesus e seus prepostos jamais desamparam ou desconhecem os esforços sinceros dos médiuns psicógrafos ou escritores espíritas que, ao escreverem textos doutrinários, fazem disso objeto de melhoria moral, própria e de eventuais leitores, no caso da escrita vir a ser publicada.

Se você, leitor, faz parte dessa paisagem, e já tem essa visão e esse sentimento, ainda assim, pensei em repassar algumas "dicas" do universo "espiritual-administrativo" do *livro espírita*.

Se apenas um médium ou um escritor, em fase inicial dessa gratificante atividade, aproveitar algo da experiência que estou repassando, estarei recompensado.

Caso contrário, afinal, esta narração serviu-me de oportunidade para agradecer a Jesus e aos Amigos Espirituais a felicidade que vêm me proporcionando, confiando-me lições evangélicas úteis, que recebo "em primeira mão", as quais procuro aproveitar antes de tentar repassá-las a vocês.

PARTE I

1
O LIVRO ESPÍRITA
Estrutura Espiritual

Escrever um livro não é tarefa simples.

Tratando-se de livro espírita, psicografado ou de autoria de encarnado, além da *especialidade* literária, em si, a questão espiritual impõe-se. Médium ou escritor, precisam vivenciar atitudes dignas, de forma a atraírem a aproximação dos bons Espíritos, que no primeiro caso (psicografia) encontrarão trânsito fácil para o ditado mente a mente, e no segundo (lavra própria), a possibilidade de cooperar, via inspiração.

Dessa forma, precisamos enfatizar, mais uma vez, que este livro não se destina a "ensinar" como escrever livros, mas sim tecer comentários sobre a vida do livro: do nascimento à eternidade...

Eternidade, sim, porque os livros — qualquer livro — depois de editados, qual seja seu destino, são contemplados com a imortalidade, nem que seja na alma do autor, porque ali jamais será esquecido.

Contudo, para um livro ser escrito, não basta a vontade de ser médium ou autor: a questão da mediunidade está muito bem esclarecida, de forma a não deixar qualquer dúvida, nos capítulos que nesta obra citamos sobre o *O Livro dos Médiuns*, de Allan Kardec. Nele, o mestre lionês leciona, com rara pedagogia, como uma pessoa certifica-se se possui ou não a mediunidade (no caso, a psicografia). Já quanto à competência literária,

não basta também almejá-la: ela é conquista individual, a traduzir-se por clareza e estilo, fruto de não poucos estudos.

Num e noutro caso (psicógrafo ou autor) não basta querer sê-lo: a questão se reveste de aspectos que, com toda certeza, conduzem o presente à transcendentalidade, talvez fazendo emergir a vontade de escrever, com fatores pré-disponentes oriundos de vidas passadas.

Não estamos afirmando que assim seja, apenas refletindo que assim pode ser...

A psicografia é *faculdade* (ferramenta) que já nasce com o médium, emprestada por Deus, como instrumento episódico de progresso na existência terrena.

Já a autoria literária é *dom*, isto é, conquista definitiva, patrimônio perpétuo de quem o possui.

Conclusão: o psicógrafo tem uma faculdade; o autor encarnado/desencarnado, um dom.

1.1 Finalidades

Várias são as finalidades do livro espírita. Destacamos três:

1ª) Benefício ao encarnado (autor ou médium).

O maior beneficiado pelo livro é quem o escreve ou psicografa, pois entra em contato com um assunto em toda a sua amplitude, seja pela pesquisa, no primeiro caso (lavra própria), seja pela oportunidade de interação com os ensinamentos e as vibrações positivas do autor espiritual (no caso da psicografia).

2ª) Benefício a centenas de leitores (milhares, quase sempre).

O livro espírita é o de mais baixo custo no mercado literário, principalmente se for adquirido por intermédio de algum *Clube do Livro Espírita* (CLE), pois o associado recebe

a obra pronta, podendo consultá-la quando, onde, quanto e como quiser.

Quando um palestrante espírita profere uma excelente conferência, empolgando multidões até, o mérito é indiscutível, pois aos ouvintes lhes é dado um encantamento, proporcionando momentos de elevação e aprendizado moral.

Terminada a palestra, a memória tende a não arquivá-la por inteiro.

Mas quando alguém adquire um livro espírita e o lê, por um fenômeno psicológico denominado *inferência*, deduz o que lê, alia-se à autoria da obra, quase sempre projetando-se na personalidade de um personagem ou como agente reflexivo de uma ação ou descrição. E o livro está ali, à mão, o tempo todo, para ser consultado, relido, emprestado, comentado.

Além do mais, e essa é a nossa realidade, temos visto que as edições giram ao redor de três mil (3.000) exemplares, havendo até obras que alcançam centenas de milhares de exemplares. O que isso significa? Que milhares de pessoas, dos mais distantes pontos geográficos, estão com um exemplar à sua disposição, proporcionando que a mensagem evangélica permaneça à mão. E não sao poucos os que emprestam seus exemplares, ou simplesmente os doam. Outras vezes, os familiares interessam-se por tais livros, pelo que ouvem de quem já os leu, lendo-os também. E aí, já não serão iguais os números de exemplares editados e de leituras efetuadas.

3ª) Benefício ao autor espiritual.

Sim: benefício ao Espírito que, possuindo luzes a mancheias, encontra a oportunidade de distribuí-las, tal como se fosse o dispenseiro que oferta graciosamente alimento ao faminto. Essa nossa lucubração é feita com o maior respeito aos Amigos Espirituais que inspiram aos escritores ou que se utilizam de

um médium para fazerem a divulgação evangélica do alto conhecimento que detêm, por certo, fruto do seu redobrado esforço na busca de mais saber e decorrente de longas e permanentes jornadas no Bem.

Arrima-nos essa reflexão as considerações de Allan Kardec em *O Livro dos Espíritos*, Parte 2ª, Cap. I, quando, tratando da "Escala Espírita", nos diz:

"Segunda ordem - Bons Espíritos":

- *n° 111. Segunda classe. ESPÍRITOS SUPERIORES.*

... Sua superioridade os torna mais aptos do que os outros a nos darem noções exatas sobre as coisas do mundo incorpóreo, dentro dos limites do que é permitido ao homem saber. Comunicam-se complacentemente com os que procuram de boa-fé a verdade;

"Primeira ordem - Espíritos puros":

- *n° 113. Primeira classe - Classe única:*

(...) Assistir os homens nas suas aflições, concitá-los ao bem ou à expiação das faltas que os conservam distanciados da suprema felicidade, constitui para eles ocupação gratíssima."

Como podemos depreender, esses abnegados Mensageiros de Jesus, em se tratando dos ensinamentos contidos nos livros espíritas psicografados ou inspirados, necessitam de lanternas com pilhas ativas para esparzirem suas luzes — no caso, os médiuns. Assim, cada livro espírita é uma lanterna acesa, para sempre.

Em conversa com amigos, costumo valer-me de um exemplo desse processo:

- a Espiritualidade é como um reservatório de combustível, imenso, infindável;

- cada livro é um posto de abastecimento;
- cada médium, ou autor, é a bomba desse posto, que atende aos motoristas;
- a quantidade de combustível (conhecimentos) adquirida é aquela da capacidade de cada veículo... e tal combustível tem a propriedade de se auto-renovar, proporcionando, muitas vezes, despercebidos potenciais.

Esse exemplo, utilizo-o tanto para a escrita espírita quanto para a fluidoterapia (os passes), substituindo o livro pela câmara de passes e o conhecimento pelos fluidos assimilados.

Resumindo, dizemos que o livro espírita é um guia para a auto-reforma moral.

1.2 O Livro Espírita Número Um!

Nossos pensamentos volvem a 18-4-1857, no lançamento de *O Livro dos Espíritos*, pedra angular da Doutrina dos Espíritos.

Tamanha e tanta é a luz que emana dessa obra, que dela, com gratidão profunda, reverenciamos seu autor fundamental: o Mestre Jesus; eis que nela recorda aquilo que já havia dito e exemplificado, derramando ensinamentos morais, cumprindo o prometido quanto ao Consolador espiritual dos tempos modernos.

Naturalmente, Jesus incumbiu prepostos de repassarem a Allan Kardec — investigador emérito — as respostas que iluminariam a dúvida humana, consubstanciada nas reflexões filosóficas de todos os tempos: *de onde vim, a que estou, para onde irei*?

A essas três perguntas fundamentais da existência humana, bem como a centenas de outras, *O Livro dos Espíritos* responde, com lógica irretorquível.

É por isso que reafirmamos:

"*O Livro dos Espíritos*: O LIVRO ESPÍRITA NÚMERO UM!"

1.3 O Presente e a "Globalização"

A *globalização mundial* (pleonasmo) praticamente eclodiu no apagar das luzes do século XX, mas explodiu na vida de quase todos os lares do planeta.

Nos últimos anos o mundo mudou, e essa mudança, batizada de *globalização* (cuja certidão de nascimento foi a "queda do Muro de Berlim"), operou-se por desígnios superiores do Alto. Jamais, ao acaso. Essas, as nossas reflexões. Refletimos também que Jesus está no leme e, por isso, o grande barco que é o planeta Terra — abençoada escola — não está à deriva, muito menos ao sabor dos ventos globalizantes. Navegando no mar de provas e expiações, é natural que as tempestades (consumismo, crises sociais, políticas e financeiras) açoitem os passageiros de todas as classes.

Nesse navegar, os *livros espíritas,* atualmente expostos em quase todas as livrarias, colocam na cabine mental dos leitores a moral cristã, para reflexão de que Deus fez leis, sintetizadas no Amor, que não podem ser sequer arranhadas. E mais: delas, nenhum contraventor (que amiúde somos todos nós) sairá incólume, desfrutando tranqüilidade ou omissão ante tanta dor, surdo à magistral advertência de Meimei: "não passes distraído diante de alguém necessitado".

Maior indução à caridade, impossível!

Eis a missão precípua do livro espírita: esclarecer, aconselhar, consolar. E aí, o papel do psicógrafo ou autor, adquire importância fundamental, porque ambos passam a ser agentes do Plano Maior, de onde, incessantemmente, flui a Caridade do Criador.

1.4 O Futuro

O terceiro milênio e a "regeneração planetária"

Sim: antes do mundo regenerar-se — desejamos que tal aconteça o mais rápido possível, bem antes do fim do terceiro milênio (praza aos Céus!) —, os países sofridos, sofridíssimos, da chamada *África Negra* e mesmo dos demais continentes, por certo, via vidas sucessivas, ainda continuarão a ser berço de muitos de nós. Isso, certamente, até que, com o auxílio mundial, evoluam nossos irmãos que ali vivem, ou venham a nascer e viver, o que poderia ocorrer com qualquer um de nós.

Quanto à regeneração do nosso mundo, ela vem sendo fartamente anunciada pelos Amigos Siderais, que preconizam banimento terreno dos devedores terrenos, impenitentes ou contumazes no erro, como por exemplo, nos diz São Luiz (questão n° 1.019 de *O Livro dos Espíritos*); antes porém de serem alijados, talvez no terceiro milênio, indo para mundos primitivos, podemos verificar que aqui mesmo, ainda por algum tempo, tem cada Espírito os ambientes adequados à regeneração individual, que somada às dos demais, será a regeneração planetária terrena.

Nesse ponto, o Espiritismo, mais do que qualquer outra filosofia, tem capital importância para orientar o procedimento da humanidade.

Sim, o mundo será melhor quando, globalmente, diminuirmos a distância que nos separa uns dos outros e reunirmo-nos, todos, à volta do Evangelho de Jesus, fato que o *livro espírita* enseja e que Kardec preconizou e batizou de "regeneração mundial" (*O Evangelho segundo o Espiritismo*, Cap. III, n° 19).

Por tudo isso, nós, espíritas, não podemos permitir que

o *livro espírita* esteja no rol consumista dos artigos descartáveis ou ultrapassados. E estará, se for editado, distribuído (ou comprado) e lido – tudo às pressas –, sem promover reflexões que:

a) esclareçam a causa dos sofrimentos, pela Lei Divina de Ação e Reação;

b) convençam plenamente que Deus é justo, daí originando fé inabalável no futuro;

c) aqueçam e iluminem a alma, despertando para o amor ao próximo;

d) enfim, induzam à reforma íntima.

1.5 Segmentos literários espíritas

Nesse ponto de nossas considerações, buscando aproximação com a realidade do livro espírita, vamos enquadrá-lo em seis segmentos literários:

- romances (mediúnicos ou não);
- poemas;
- mensagens;
- científicos;
- estudos doutrinários;
- infantis.

Sem grande esforço, verifica-se que o primeiro segmento (romances), sozinho, alcança mais ou menos a metade dos lançamentos. A outra metade corresponde ao somatório dos demais segmentos.

Comprovante dessa estimativa é o fato de que, oito, dentre dez Editoras Espíritas, privilegiam o lançamento de romances, isso porque, os Clubes de Livros Espíritas, que de alguma

forma respondem pela prosperidade da primeira edição, sabem que seus associados "preferem romances, aos demais segmentos".

Por que isso?

É o que tentaremos responder.

1.6 O Romance Espírita (Mediúnico ou não)

Quando o romance é espírita...

No caso específico do romance espírita, sua narração, sempre com lógica, sem abusar das doses, oferta (ou deve ofertar) muito mais:

a) O "acaso", bem como "sorte", "azar", "destino", são desdobramentos que têm de estar sempre excluídos do texto espírita, peremptoriamente (questão n° 8 de *O Livro dos Espíritos*). O autor espírita formula suas narrações adequando-as às Leis Morais, justificando o presente, onde os reflexos das vidas passadas demonstram programações reencarnatórias. Assim, as tais "coincidências da vida" têm explicação lógica, inquestionável;

b) Se passado e futuro, como rotina, são vertentes a evitar no romance, no caso do texto espírita, outra é a conotação: a Lei Divina de Ação e Reação (Causa e Efeito), deverá necessariamente ser explicitada, mas com cautela, discernimento e propriedade doutrinária;

c) Enquadramento das dores e angústias humanas na Lei de Ação e Reação, evidenciando que são conseqüência de descaminhos daquele que as sofre, que teria cometido infração ao Bem, em vidas anteriores ou mesmo nesta existência;

d) Por conseguinte, fé na Justiça Divina, no Amor de Deus e na Caridade de Jesus, clarificando a quitação dos débitos morais por provações ou expiações;

e) Os personagens com desajustes, reequilibrando-se graças à auto-reforma, alijando más tendências e buscando comportamento segundo o Evangelho de Jesus (salutar indução aos leitores...);

f) A prática do Amor, em todas as facetas:

- amor de Deus, mesmo invisível, mas sublime como a luz do Sol;
- amor à Natureza, que é inteiramente obra de Deus;
- amor ao próximo: palpável, pela ação dispensada por protetores encarnados ou desencarnados ("anjos" guardiões), se possível, ao maior número de personagens, principalmente quando no processo de quitação dos débitos;
- amor entre duas criaturas que se unem, com sexo responsável, lar, família — com ou sem filhos (nada contra que ao final vivam mesmo *felizes para sempre*...), mas substancialmente deve ser exaltada a sublimidade da dedicação recíproca, indene à infidelidade, ao ciúme, à intolerância.

Yvonne do Amaral Pereira (24/12/1900-9/3/1984), médium inolvidável e autora de livros, em sua obra *Devassando o Invisível*, editada pela Federação Espírita Brasileira (FEB) desde 1963, no Cap. VI — "Romances mediúnicos", destaca a opinião dos Instrutores Espirituais sobre narrações românticas, psicografadas. O capítulo é extenso e de grande valia para os médiuns e autores, em geral. Dele, citaremos apenas um trecho.

Diz Yvonne, na referida obra da qual já foram publicadas várias edições:

(...) "Sabemos que o móvel dos romances espíritas é a propaganda da Doutrina por meio suave e convidativo, tributando

os Instrutores Espirituais grande apreço a essas obras, por julgá-las imensamente úteis em virtude dos exemplos vivos oferecidos aos leitores. (Grifo nosso.)

Conquanto os Espíritos-Guias dêem preferência à parte doutrinária, à moral elevada que vemos presidindo a tudo quanto a Revelação Espírita tem concedido generosamente aos homens, também observamos que jamais se descuram eles de embelezá-las com os traços vigorosos de uma Arte pura, elevada e, por assim dizer, celeste".

Yvonne psicografou romances de autoria espiritual do Dr. Bezerra de Menezes, contos de Léon Tolstoi e de Charles, além de novela de Camilo Castelo Branco. Deste último, psicografou também *Memórias de um Suicida*, livro de monumental conteúdo moral e informativo sobre o horror espiritual advindo aos suicidas, pois, embora a incessante caridade de Deus não os abandone, jamais seu tresloucado gesto cria barreiras dificílimas ante os Espíritos tutelares — prepostos divinos — que vão até eles, aliviando-lhes dores cruciais. Tentam resgatá-los, sendo fundamental o merecimento de cada um...

Fizemos estes comentários até aqui, em primeiro lugar, recomendando a todos aqueles que se interessam pelos livros espíritas, que leiam o capítulo citado do *Devassando o Invisível* e, se possível, a obra toda. Para os psicógrafos, esta leitura é imperdível. Necessário, diríamos.

Ainda num segundo enfoque, que atenuaremos o possível, registramos, com pesar, que poucos espíritas, situados entre os que mais estudam o Espiritismo, declaram que não lêem romances espíritas pois preferem "obras de estudos".

É um direito deles, que respeitamos.

Contudo, o que nos entristece é que desconsideram quantas

pessoas que ao lerem tais obras, muitos sem conhecer nada do Espiritismo, passam a se interessar pelos ensinamentos espíritas, pois visita-lhes o despertamento para as coisas da Espiritualidade.

Aos que já têm tais conhecimentos, por que não se permitem momentos de encantamento, de empatia com algum dos personagens?

É de natureza suave o romance espírita, ao lado da utilidade do exemplo vivo ofertado ao leitor. É também algo transcendental, que só mesmo a Literatura, enquanto Arte, se vinda do Plano Espiritual (pela psicografia), ou de autor encarnado, promove a reflexão, ora cândida, ora exaltada; ora confirmativa, ora interrogativa.

Neste ponto, por último, cabe apenas pequena referência à questão da autoria, no seu aspecto moral. Quando a obra for psicografada, embora todos os que a lerem e gostarem (que ninguém se iluda: haverá sempre os que não gostam...) tendam quase sempre a conceder autoria ao médium, elogiando-o, este, com firmeza, deve taxativamente declinar de tal homenagem, que embora sendo sincera, está dirigida a endereço equivocado, pois a autoria é de um Espírito, que não ele.

1.7 O Médium Psicógrafo e o *O Livro dos Médiuns*

Antes de qualquer atividade espírita, é indispensável ouvir o mestre Kardec.

Por isso, complementando considerações particulares sobre o *livro espírita*, enquadrando-o em algumas das vertentes do Evangelho, vamos fazer uma visita à 2ª parte de *O Livro dos Médiuns*, a fim de que possamos estar bem informados sobre os mecanismos da mediunidade psicográfica.

Em particular, focalizaremos os capítulos XIII, XV, XVI e XVII, nos quais Allan Kardec tece valiosas e imperdíveis considerações para os *médiuns escreventes*.

Permita-me resumi-las:

1.7.1 Cap. XIII – Da Psicografia

São especificadas mediunidades de:

- *psicografia indireta*: médiuns fornecem fluidos para que sobre um papel surjam palavras escritas, mediante dispositivo de pranchetas, lápis enfiados em cestinhas, etc.;
- *psicografia direta*: manual, feita pelo próprio médium.

1.7.2 Cap. XV – Médiuns Escreventes e Psicógrafos

Trata da escrita por:

- *médiuns mecânicos ou passivos*: ação do médium sobre a cesta ou ação direta do Espírito sobre a mão do médium, impulsionando-a a escrever, de forma ininterrupta e inconsciente;
- *médium intuitivo*: por ação espiritual sobre a mente do médium, este escreve, com impulsão própria e de forma consciente;
- *médium semimecânico*: escreve sob as duas condições acima, isto é, sente a mão impulsionada sem sua vontade, mas está consciente daquilo que vai sendo escrito;
- *médium inspirado*: variedade do médium intuitivo, mas com influência espiritual quase despercebida; para se definir tal mediunidade, a regra de ouro ofertada por Kardec é a *espontaneidade das idéias*, que fluem vindas de longe dos pensamentos do médium.

1.7.3 Cap. XVI – Médiuns Especiais

Trata de um resumo (quadro sinótico) de todas as mediunidades.

Há uma referência interessante sobre *médiuns pneumatógrafos*: os que obtêm a escrita direta.

(Diz Kardec: "fenômeno muito raro e sobretudo muito fácil de imitar pela charlatanice". A seguir, faz judiciosa análise dessa mediunidade, citando insistência dos Espíritos *contra sua opinião*, para colocar a escrita direta entre os "fenômenos de ordem física". Bem interessante essa informação de Kardec, demonstrando como ele mantinha-se fiel ao que sentia, conquanto mantendo também o maior respeito pelos Espíritos que o acompanhavam. Sem polêmicas.)

No item "Variedades dos médiuns escreventes", sintetizaremos:

1.7.3.1 Segundo o Modo de Execução

- *médiuns escreventes ou psicógrafos*: os que têm a facilidade de escrever por si mesmos, sob influência dos Espíritos;
- *médiuns escreventes mecânicos*: os que escrevem recebendo um impulso involuntário na mão, sem ter nenhuma consciência do que escrevem. Muito raros;
- *médiuns semimecânicos*: os que escrevem recebendo um impulso involuntário na mão, têm consciência imediata das palavras e das frases que vão escrevendo. São os mais comuns;
- *médiuns intuitivos*: os que recebem as comunicações dos Espíritos mentalmente, mas escrevem por vontade própria;

(Kardec observa: diferem dos *médiuns inspirados* porque estes não têm necessidade de escrever, enquanto o *médium intuitivo* registra o pensamento que lhe é sugerido rapidamente, sobre determinado assunto que lhe foi proposto. São muito

comuns, mas estão muito sujeitos a errar, porque freqüentemente não podem discernir o que provém dos Espíritos do que é deles mesmos.)

- *médiuns polígrafos*: os que mudam de caligrafia segundo o Espírito que se comunica ou têm a aptidão de reproduzir a letra que o Espírito comunicante tinha em vida;
- *médiuns poliglotas*: os que têm a faculdade de falar ou de escrever em línguas que não conhecem. Muito raros;
- *médiuns analfabetos*: os que só escrevem como médiuns, não sabendo ler nem escrever no seu estado habitual. Mais raros que os anteriores.

1.7.3.2 Segundo o Desenvolvimento da Faculdade

- *médiuns novatos*: os que não têm suas faculdades completamente desenvolvidas nem possuem a experiência necessária;
- *médiuns improdutivos*: os que só recebem sinais sem importância, monossílabos, traços ou letras esparsas;
- *médiuns desenvolvidos ou formados*: os que têm suas faculdades mediúnicas completamente desenvolvidas, transmitindo as comunicações com facilidade e presteza;
- *médiuns lacônicos*: os que recebem facilmente as comunicações, mas breves e sem desenvolvimento;
- *médiuns explícitos*: os que recebem comunicações amplas e extensas como as que se podem esperar de um escritor consumado;

(Kardec comenta: "esta aptidão está relacionada com a facilidade de combinação dos fluidos. Os Espíritos os procuram para tratar de assuntos que necessitam de grande desenvolvimento".)

- *médiuns experimentados*: a facilidade de escrever é uma questão de hábito, que geralmente se obtém em pouco tempo, enquanto a experiência resulta de estudo sério de todas as

dificuldades que se apresentam na prática do Espiritismo. A experiência confere ao médium o tato necessário para apreciar a natureza dos Espíritos que se manifestam, julgar pelos menores indícios as suas qualidades boas ou más, discernir a mistificação de Espíritos enganadores que se disfarçam nas aparências da verdade;

• *médiuns flexíveis*: os que têm faculdades que se prestam mais facilmente aos diversos gêneros de comunicações;

• *médiuns exclusivos*: os que recebem de preferência determinado Espírito, e até mesmo com a exclusão de todos os outros, respondendo ele pelos que são chamados através do médium;

(Analisa Kardec: "Trata-se sempre de falta de flexibilidade. Quando o Espírito é bom, pode ligar-se ao médium por simpatia e com finalidade louvável. Quando é mau, tem sempre em vista submeter o médium à sua dependência. É mais um defeito do que uma qualidade, e muito próximo da obsessão".)

• *médiuns de evocações*: os *médiuns flexíveis* são naturalmente mais convenientes para esse gênero de comunicações, mais aptos a responder às questões específicas que lhes forem propostas;

• *médiuns de ditados espontâneos*: os que recebem de preferência comunicações espontâneas de Espíritos não chamados.

1.7.3.3 Segundo o Gênero e a Especialidade das Comunicações

• *médiuns versificadores*: são os que obtêm mais facilmente comunicações em versos. Muito comuns para os maus versos, muito raros para os bons;

• *médiuns poéticos*: são os que, sem obter versos, recebem comunicações de estilo vaporoso, sentimental, sem qualquer

tom de aspereza... tudo neles é vago e seria inútil pedir-lhes algo de precioso. Muito comuns;

- *médiuns positivos*: suas comunicações têm, em geral, um caráter de nitidez e precisão que se presta espontaneamente às explicações detalhadas e circunstanciadas, aos ensinamentos exatos. Muito raros;
- *médiuns literários*: não têm o tom vago dos médiuns poéticos nem o terra-a-terra dos *médiuns positivos*, mas dissertam com sagacidade. Seu estilo é correto, elegante;
- *médiuns incorretos*: podem obter comunicações muito boas, pensamentos de elevada moralidade, mas seu estilo é difuso, incorreto, sobrecarregado de repetições e termos impróprios;

(Pensamento que Kardec exterioriza a respeito: "A incorreção material do estilo decorre geralmente da falta de cultura intelectual do médium, que não serve de bom instrumento para o Espírito nesse sentido".)

- *médiuns historiadores*: os que têm aptidão especial para as dissertações históricas. Essa faculdade, como todas as outras, independe dos conhecimentos do médium, pois há pessoas sem instrução, e até mesmo crianças, que tratam de assuntos muito além do seu alcance;
- *médiuns científicos*: não dizemos sábios, porque podem ser até muito ignorantes, mas apesar disso são especialmente aptos a receber comunicações relativas às Ciências;
- *médiuns medicinais*: sua especialidade é a de servirem mais facilmente aos Espíritos que fazem prescrições médicas. Não se deve confundi-los com *médiuns curadores*;

(De nossa parte opinamos que essa mediunidade só deverá ser exercida por médicos, pois do contrário, será indevida, por caracterizar exercício ilegal da Medicina.)

• *médiuns religiosos*: recebem mais especialmente comunicações de caráter religioso ou que tratam de questões relativas à religião, sem embargo de suas crenças e de seus costumes;

• *médiuns filósofos e moralistas*: suas comunicações tratam geralmente de questões de Moral ou de alta Filosofia. Muito comuns para as questões morais.

Neste ponto, o Espírito Erasto (guia de Kardec) observa:

"Todas essas classes constituem diversidades de aptidões dos bons médiuns.

Quanto aos que têm aptidões especiais para certas comunicações científicas, históricas, médicas e outras, acima do seu alcance atual, podem estar certos de que possuíram esses conhecimentos em outra existência e os conservam em estado latente, fazendo parte, assim, dos elementos cerebrais necessários à comunicação do Espírito".

Prosseguindo, com Kardec:

• *médiuns de comunicações triviais e obscenas*: estas palavras indicam o gênero de comunicações que certos médiuns recebem habitualmente, e a natureza dos Espíritos que as transmitem... Espíritos cuja perversidade se iguala à dos homens mais depravados... ou, menos abjetos, contentam-se com expressões triviais.

1.7.3.4 Segundo as Qualidades Físicas do Médium

• *médiuns calmos*: os que sempre escrevem com certa lentidão, sem a menor agitação;

• *médiuns velozes*: os que escrevem com uma rapidez que não poderiam desenvolver voluntariamente em seu estado normal. Neles, a rapidez é a do relâmpago; há o inconveniente, às vezes, da escrita se tornar quase ilegível para outras pessoas;

• *médiuns convulsivos*: permanecem num estado de superexcitação quase febril. Sua mão e às vezes todo o corpo se agitam num tremor que não conseguem dominar.

(Recomenda Kardec: "Esses médiuns só devem servir-se raramente de sua faculdade, pois o uso muito freqüente pode afetar-lhes o sistema nervoso").

1.7.3.5 Segundo as Qualidades Morais do Médium

Esclarece Kardec:

"São mencionados sumariamente, lembrando-os apenas para completar o quadro, pois serão tratados a seguir em capítulos especiais: "Da influência moral dos médiuns" / "Da obsessão" / "Da identidade dos Espíritos" / e outros, para os quais pedimos particular atenção".

a) Médiuns imperfeitos:

• *obsedados / fascinados / subjugados / levianos / indiferentes / presunçosos / orgulhosos / susceptíveis / mercenários / ambiciosos / de má fé / egoístas / ciumentos.*

(Em meio as peculiaridades desses médiuns, recomenda o Espírito Erasto: "Deixai-os ir pavonear onde quiserem e procurar ouvidos mais complacentes, ou que se isolem. As reuniões de que se afastaram nada perdem.")

b) Bons médiuns:

• *médiuns sérios*: os que só utilizam suas faculdades para o bem e para finalidades realmente úteis. Julgam profaná-las pondo-as ao serviço dos curiosos e dos indiferentes, ou para futilidades;

• *médiuns modestos*: os que não se atribuem nenhum mérito pelas comunicações recebidas, por melhores que sejam.

Consideram-nas como alheias e não se julgam livres de mistificações. Longe de fugirem às advertências imparciais, eles as solicitam;

- *médiuns devotados*: os que compreendem que o verdadeiro médium tem uma missão a cumprir e deve, quando necessário, sacrificar os seus gostos, seus hábitos, seus prazeres, seu tempo e até mesmo os seus interesses materiais em favor dos outros;
- *médiuns seguros*: os que, além da facilidade de recepção, merecem a maior confiança em virtude de seu caráter, na natureza elevada dos Espíritos que os assistem.

Concluindo este capítulo, Kardec registra que todas essas variedades mediúnicas apresentam uma infinidade de graus de intensidade. (...) Um médium pode ter numerosas aptidões, mas sempre haverá a predominância de uma, e essa é a que ele deve tratar de cultivar, se for útil. É um erro grave querer forçar de qualquer maneira o desenvolvimento de faculdade que não se possui.

1.7.4 Cap. XVII – Formação dos Médiuns

Neste capítulo, podemos vislumbrar a importância que Kardec atribuía à psicografia, pois dedica-o especialmente aos médiuns escreventes. Antes, ouçam:

> *N° 200: (...) Só há um meio de constatar a existência (da psicografia): é experimentar. (...) Consiste unicamente em pegar-se um lápis e papel e pôr-se em posição de escrever, sem qualquer outra preparação. Mas, para se conseguir bom resultado, são indispensáveis muitas recomendações.* (Grifo nosso.)

Em seqüência, tantas são as considerações que Kardec expende, além de ajuizadas recomendações, que torna-se mesmo

inviável sintetizá-las. Contudo, como nosso objetivo é mostrar uma diretriz aos psicógrafos iniciantes, cuja mediunidade já tenha sido robustamente comprovada, bem como aos escritores novatos, julgamos de utilidade, sem que tal configure seleção, apontar algumas dessas abençoadas conclusões a que chegou o mestre lionês, pois quase todas servem para ambos.

Buscando não comprometer o contexto, pinçamos a seguir o resultado das pesquisas e observações de Kardec sobre os médiuns escreventes, no que se refere ao desenvolvimento da mediunidade, à mudança de caligrafia e à perda e suspensão da mediunidade.

1.7.4.1 Desenvolvimento da Mediunidade

- gênero de mediunidade que mais se expandiu;
- é a um tempo o mais simples, o mais cômodo, o que proporciona resultados mais satisfatórios e mais completos;
- é ainda o que todos ambicionam;
- pode-se usar indiferentemente a pena ou o lápis.

(Kardec considerou que a pena seria para médiuns calmos, tornando impossível seu uso para os que escrevessem com grande velocidade; precisamos considerar que isso foi escrito em 1862. Portanto, ainda não existiam as canetas esferográficas; logo acreditamos que não tardarão os médiuns informatizados, registrando textos ditados pelos Espíritos diretamente no computador.)

- as relações de um Espírito (autor) com o médium demandam tempo e sintonia;
- o médium deverá sempre orar a Deus e ao seu Anjo guardião, antes da tarefa;

- o problema da identidade da autoria espiritual requer maior experiência;
- calma e recolhimento são indispensáveis à execução da tarefa mediúnica;
- o recolhimento é favorecido pela solidão, pelo silêncio e o afastamento de tudo o que possa provocar distrações; (Grifo nosso.)
- é bom lembrar que podem ocorrer tentativas infrutíferas da atividade psicográfica;
- um meio que quase sempre dá bom resultado é o emprego, como auxiliar momentâneo, de um bom médium escrevente flexível e já formado, que colocará sua mão sobre a do que deve escrever, sendo raro que esta não se mova imediatamente;
- às vezes, também basta magnetizar com essa intenção o braço e a mão do que deseja escrever;
- outro meio poderoso, consiste em reunir um certo número de pessoas, todas em absoluto silêncio e animadas do mesmo desejo e da mesma intenção (psicografia);
- a fé não é condição obrigatória para o iniciante, embora seja recomendável; a pureza da intenção, o desejo e a boa vontade bastam;
- o primeiro indício da disposição para escrever é uma espécie de frêmito no braço e na mão;
- as primeiras comunicações obtidas só devem ser consideradas como exercícios a cargo de Espíritos secundários, pelo que não se deve atribuir-lhes senão um valor medíocre; (Grifo nosso.)

(No nosso caso, conforme já o dissemos, psicografamos mensagens doutrinárias por quinze anos, antes que nosso primeiro livro viesse à luz.)

- essa é uma prova para quase todos os médiuns escreventes; se aprovados, conquistarão a simpatia dos Espíritos verdadeiramente superiores;
- é prudente desconfiar da natureza dos primeiros Espíritos comunicantes: é preciso considerar a linguagem deles: sinais, figuras, emblemas inúteis ou pueris; escrita irregular, deformada, de tamanho exagerado ou em formas ridículas e estranhas.

Aliás, a vigilância quanto ao conteúdo, não deverá acontecer apenas no início da psicografia, mas sim, permanentemente. Exemplo incomparável desse cuidado encontramos no procedimento da médium Yvonne A. Pereira, no seu livro *Devassando o Invisível* (Rio de Janeiro: FEB, 1963. cap. VII: o amigo beletrista). Sua leitura é obrigatória àqueles que desejem apurar sua atividade psicográfica.

- não confundir tamanho exagerado com a pouca economia de espaço que fazem os Espíritos;
- a satisfação que o desenvolvimento mediúnico provoca a alguns iniciantes precisa ser controlada: só utilizá-lo nos momentos oportunos e não a todo instante;
- é bom escolherem dias e horas determinados para a prática mediúnica, de maneira a se prepararem com maior recolhimento, e para que os Espíritos que desejam comunicar-se estejam prevenidos e também se coloquem em melhores posições.

1.7.4.2 Mudança de Caligrafia

- fenômeno comum entre os médiuns escreventes, segundo os vários Espíritos que se comunicam;
- o mais notável é que a mesma caligrafia se repete sempre com o mesmo Espírito;
- a uniformidade da escrita, mesmo num médium mecâ-

nico, nada prova, absolutamente, contra a sua faculdade, pois a mudança de caligrafia não é condição absoluta na manifestação dos Espíritos.

1.7.4.3 Perda e Suspensão da Mediunidade

- a faculdade mediúnica está sujeita a intermitências e suspensões momentâneas;
- quase sempre isso acontece porque os Espíritos assim o decidem;
- o emprego da mediunidade em futilidades ou com finalidades ambiciosas afasta o Espírito que irá procurar um protegido mais digno;
- pode ocorrer privação momentânea da mediunidade, como lição para o médium não se envaidecer;
- outras vezes, pode haver uma proteção do Espírito para um descanso do médium; nesse caso, o médium continua a ter a companhia do Protetor, mas sem nenhuma comunicação, algo assim como se alguém ficasse cego por algum tempo, mas seus amigos estivessem sempre protegendo-o;
- o médium pode e deve aperfeiçoar-se sempre, mesmo sem lições diretas dos Espíritos: os livros, o Evangelho, por exemplo, ensinam, sem que seja preciso ter ouvido as palavras da própria boca do Mestre Jesus.

1.8 Os Autores Espíritas e a *Revista Espírita*

Aos médiuns psicógrafos, eis algumas das recomendações que Kardec lhes deixou, sobre o exame rigoroso do que publicar. De passagem, faz referência a Espíritos...

Revista Espírita, novembro/1859, p. 283:

"Deve-se publicar tudo quanto dizem os Espíritos?

(...) O erro de certos autores é o de escrever sobre um assunto antes de tê-lo aprofundado suficientemente, e, por aí, dar lugar a uma crítica fundada. Lamentam-se do julgamento temerário de seus antagonistas: não prestam atenção ao fato de que, eles mesmos, freqüentemente, mostram o ponto fraco."

Revista Espírita, maio/1863, p. 156:

"Exame das comunicações medianímicas (o mesmo que mediúnicas) que nos são dirigidas.

(...) Fizemos exame (...) de três mil e seiscentas (...) Entre elas encontramos (...) mais de três mil de uma moralidade irrepreensível: trezentas para a publicidade; apenas cem de um mérito sem paralelo. (...) Dos manuscritos ou trabalhos de grande fôlego que nos são dirigidos, entre os quais, sobre trinta deles não encontramos senão cinco ou seis tendo um valor real. No mundo invisível, como sobre a Terra, os escritores não faltam, mas os bons escritores são raros." (Grifo nosso.)

Essas lições, de indiscutível atualidade, embora destinadas aos médiuns escreventes, certamente podem ser estendidas para os autores espíritas.

Num e noutro caso, não apenas para iniciantes.

Aliás, se nos permitem, recomendamos a todos aqueles que exerçam qualquer atividade na literatura espírita que leiam — na íntegra — e estudem detalhadamente os referidos artigos. Haverá um imenso ganho de qualidade naquilo que fazem.

PARTE II

2
O LIVRO ESPÍRITA
Estrutura Material

2.1 Reprodução de alguns tópicos da Revista *Reformador*, FEB

Reproduzimos agora parte dos artigos de *Geraldo Campetti Sobrinho*, publicados pela Revista *Reformador* (órgão oficial da FEB).[1]

O citado articulista é formado em biblioteconomia, com curso de mestrado em Ciência da Informação, pela Universidade de Brasília.

Solicitamos-lhe autorização para as transcrições abaixo, obtendo pronto e fraternal atendimento. Inclusive, solicitamos também que fizesse a revisão deste livro.

Repetindo fraternidade, aquiesceu.

Somos-lhe grato!

Vejamos alguns comentários (não todos).

a) Literatura Espírita: Uma Breve Reflexão (*Reformador* de janeiro/1998)

Considerações iniciais:

É impressionante como toda semana surge, pelo menos, um novo título nas livrarias das capitais e cidades do interior

[1] Aqui, como, aliás, em todo o contexto deste livro, foi utilizado a norma para referências bibliográficas da ABNT, a NBR 6023:2000. (Nota da Editora)

do país. Romances, contos, crônicas, mensagens, poemas, livros os mais variados para a escolha de todo tipo de leitor; livros que estão entre os *best-sellers*, entre os mais vendidos em livrarias que comercializam literatura em geral!

Esta grande quantidade de obras, infelizmente, nem sempre apresenta a qualidade que as publicações consideradas espíritas deveriam assegurar.

Quanto ao Conteúdo

O conteúdo de um *candidato* a livro, seja mediúnico ou resultado do trabalho de pesquisas por parte de estudiosos encarnados, deve ser exaustivamente revisado. Outras pessoas, além do médium ou do autor encarnado, serão encarregadas de analisar detalhadamente o que está sendo veiculado na publicação. É para isso que existem os chamados conselhos editoriais.

Idéias confusas, pensamentos truncados, frases mal-elaboradas, *meias-verdades*, citações incompletas, erros gramaticais e outros aspectos precisam ser corrigidos antes de a obra ir a lume. Depois será tarde.

É evidente que, por se tratar de realização humana, sempre haverá detalhes a serem retificados em futuras edições do livro. Mas isto não justifica o descuido dos responsáveis pela edição.

Quanto à Forma

A apresentação de um livro deve ser feita com carinho e zelo pelos diagramadores, arte-finalistas, publicadores. É uma questão de paixão. Para quem não gosta e não sabe fazer, é melhor dedicar-se a outro ramo.

Da primeira à quarta capa[2], gramatura do papel, espaçamento entre linhas e entre palavras, tamanho da fonte, mancha e divisão dos tópicos. Deve-se pensar em fazer algo para o conforto e satisfação de quem vai ler. Um livro de qualidade quanto à forma é adquirido pela capa. É amor à primeira vista. Chega a ser irresistível: você vê e compra.

Títulos Que Enganam

Há livros cujos títulos são chamativos, atraentes, mas enganadores.

Com um rápido compulsar da obra, percebe-se que o conteúdo não corresponde às expectativas motivadas pelo título. Um livro também é vendido pelo título.

Pressa em Publicar

Parece que tanto os autores como os editores ficam ansiosos em tornar conhecido o trabalho que têm em mãos. A literatura espírita está sofrendo desse mal — a precipitação —, que necessita de ser curado em sua fonte. Os responsáveis pela editoração de livros espíritas precisam estar conscientes do trabalho que desenvolvem.

Observa-se que o livro espírita é cada vez mais bem aceito pela sociedade. Isto é excelente, pois demonstra que o Espiritismo está chegando a outras mentes e corações.

O principal problema que o Movimento Espírita enfrenta na atualidade é, justamente, o da divulgação doutrinária.

[2] Várias editoras têm aproveitado a quarta capa para divulgação do próprio livro ou de outras publicações, por meio de resumos. Isto facilita ao leitor selecionar o livro de seu interesse.

Muitos estão se aproveitando e falando em nome do Espiritismo, publicando em nome da Doutrina. O interesse comercial, às vezes, supera o doutrinário. As editoras que publicam livros de baixa qualidade, quanto ao conteúdo e à forma, provavelmente não são espíritas, mas publicam livros ditos *espíritas*.

E por causa dessa pressa toda, dessa falta de cuidado, a qualidade fica comprometida, tanto no que se refere ao conteúdo quanto à forma de apresentação da obra.

Editoras criteriosas dificilmente publicarão obras ruins. É fato que determinados editores recusam muitos originais que lhes são remetidos para publicação. Quanto aos originais aproveitáveis, são submetidos a seguro exame no que se refere ao conteúdo que tais obras abordam e no que concerne à forma. Isto faz parte do trabalho sério.

Literatura Mediúnica

É bom que se diga com clareza e honestidade que nem tudo o que é originado dos Espíritos é Espiritismo, pelo fato óbvio — mas nem sempre lembrado — de que a desencarnação não torna sábios os Espíritos, mesmo que já possuam conhecimento da realidade espiritual. (...) Quantos Espíritos dizem o que pensam livremente, como fruto de suas experiências, às vezes com boas intenções, mas cujos conceitos não resistem a uma análise mais profunda, fundamentada nos princípios básicos da Doutrina?

O Espiritismo não é seita, nem tem rituais, não está vinculado a práticas ocultistas e esotéricas, embora, genericamente, se categorize como filosofia espiritualista.[3]

[3] Cf. Item I da Introdução de *O Livro dos Espíritos*.

A Seleção do Leitor

É preciso separar o joio do trigo, pois nem todos os leitores, principalmente os iniciantes nos conhecimentos doutrinários, sabem distinguir o que é ou não Espiritismo nesta farta literatura espalhada pelo Brasil e mundo afora.

Não se pode cogitar de um *Index prohibitorum*, no Movimento Espírita. A Igreja já o fez, incorrendo em equívocos lamentáveis.

O Espíritismo é doutrina de liberdade, mas também de esclarecimento: "Conhecereis a verdade e ela vos libertará"[4], ensinou-nos Jesus. O melhor caminho para o conhecimento é o estudo.

Estudar Kardec

A leitura atenciosa e o estudo criterioso das obras básicas são premissas para a formação de uma sólida cultura doutrinária.

Não estamos fazendo apologia da elitização do Espiritismo por uma classe culta, melhor preparada intelectualmente. Ressaltamos a importância e a necessidade do estudo para o bom conhecimento da Doutrina. E isto independe da inteligência no tocante aos aspectos básicos, aos princípios fundamentais do Espiritismo.

Por isso, há que se começar pela base: *O Livro dos Espíritos*, *O Livro dos Médiuns*, *O Evangelho segundo o Espiritismo*, *O Céu e o Inferno*, *A Gênese*. Os livros *O que é o Espiritismo* e *Obras Póstumas*, complementam esta formação cultural doutrinária.

De nossa parte, acrescentamos o valiosíssimo subsídio doutrinário ofertado pela *Revista Espírita*, publicação mensal a cargo de Kardec, de 1858 a 1869.

O estudo pode ser enriquecido com os considerados *clássicos do Espiritismo* lançados no final do século XIX e início

[4] João, 8:32.

do século XX, que a Federação Espírita Brasileira continua editando, como: Ernesto Bozzano, Gabriel Delanne, Camille Flammarion, Léon Denis e outros estudiosos que deixaram registrados seus trabalhos para consulta dos que os sucederiam, na condição de aprendizes da realidade espiritual que a vida descortina além-túmulo.

Em seguida, obras subsidiárias psicografadas por médiuns de assegurada idoneidade moral, como Francisco Cândido Xavier, Yvonne A. Pereira, Divaldo Pereira Franco, José Raul Teixeira e outros.

Obras de Referência

(...) São catálogos, bibliografias, índices, dicionários, glossários, enciclopédias e outras publicações do gênero, que possibilitam ao leitor acessar informações sumárias ou encontrar a indicação de fontes para os assuntos de seu interesse. Obras que representam o primeiro passo para qualquer pesquisa. Por meio delas, chega-se às fontes primárias, conseguindo o acesso à informação completa. (...) Geralmente são compactações, resumos e indicações do texto integral contidos nos documentos referenciados.

Em texto à parte, relacionaremos algumas "Obras de referência", que consideramos indispensáveis ao médium ou escritor espírita.

Direitos Autorais

Este é um tema complexo e de extrema importância, que os autores e estudiosos devem procurar conhecer, principalmente nos dias atuais, em que o conhecimento humano e a disseminação de informações têm crescido rápida e quase que descontroladamente.

As relações entre os espíritas devem-se pautar pela ética e respeito que o Evangelho preconiza. Há livros espíritas que são cópias parciais de outros já publicados por diferentes editoras. Compilações, às vezes, realizadas às pressas e que, por isso, deixam a desejar, não acrescentando nada à literatura: toma-se uma mensagem ali, uma crônica acolá, redigem-se algumas páginas e pronto, tem-se um *novo livro* que não chega, na maioria dos casos, a cem páginas.

Também em texto próprio, trataremos dos "Direitos Autorais", no tocante à melindrosa questão financeira...

b) Não Esqueça as Fontes (*Reformador* de novembro/1998)

Considerações iniciais:

Ao redigir um texto para livro ou periódico, é importante que o autor se lembre de fazer as devidas anotações das fontes consultadas e citadas em seu trabalho.

O registro das fontes de onde se extraíram informações para fundamentação conceitual, argumentação de idéias, oposição a teorias já expostas anteriormente é tão importante quanto o desenvolvimento do próprio assunto.

Citação

A citação é a menção no texto de uma informação extraída de outra fonte, seja livro, folheto, periódico ou outra qualquer.

A citação pode ser realizada de duas formas: direta (transcrição textual *ipsis litteris*) e indireta (utilização de idéias de outro autor).

(...) As aspas duplas são utilizadas para destacar os trechos

citados, e as aspas simples quando ocorre a inserção de uma citação em outra.

A composição dos trechos que superam a cinco linhas deve ser feita com recuo em relação à margem esquerda, e em tipo menor que o do restante do texto.

(...) As omissões feitas em um texto citado são indicadas por reticências entre parênteses (...) e as interpolações, por colchetes [ ].

Caso exista algum erro ou impropriedade, emprega-se em seguida ao texto citado, entre colchetes, a palavra latina [*sic*] que significa como impresso.

Referências Bibliográficas

A referência bibliográfica é um conjunto de elementos que permitem a identificação, no todo ou em parte, de documentos impressos ou registrados em diversos tipos de materiais.

Quando a citação de uma obra é realizada pela primeira vez, a sua referência bibliográfica deve ser completa.

Ex: PEREIRA, Yvonne A. *A Voz do Consolador*. 2. ed. Rio de Janeiro: FEB, 1997.

As iniciais das palavras que compõem o título estão em maiúsculas, objetivando manter o padrão editorial adotado pela FEB. Não há obrigatoriedade deste procedimento, excetuando-se a primeira letra da primeira palavra e os nomes próprios.

A referência bibliográfica de uma obra mediúnica é feita assim:

XAVIER, Francisco Cândido. *A Caminho da Luz*: história da civilização à luz do Espiritismo. Ditada pelo Espírito Emmanuel. 20. ed. Rio de Janeiro: FEB, 1994.

(...) É importante ainda saber que a referência bibliográfica pode aparecer em nota de rodapé ou de fim de texto. (...)

Algumas Dicas Importantes

p ou pp?

Não há necessidade de duplicação do p na identificação do número de páginas ou intervalo das páginas referenciadas.

Exemplos errados: 150 pp; pp. 8-15.

Exemplos certos: 150 p.; p. 8-15.

O "azinho" da edição

Citar a edição de um livro é muito fácil. Basta colocar o número da edição seguido de ponto e da abreviatura ed. Exemplos: 2. ed.; 3. ed.; 4. ed.; 5. ed.; 10. ed. ...

O azinho é dispensável e incorreto (somente para referências bibliográficas).

Em tempo: não se deve citar a primeira edição (1. ed.). Quando inexiste especificação do número da edição, subentende-se que é a primeira. (...)

O mais discreto

O destaque dos títulos e das expressões ou termos latinos podem ser em *itálico*, **negrito** ou <u>sublinhado</u>. Recomendamos o uso do *itálico*. Ele é mais discreto. Por favor, nada de usar mais de um destaque ao mesmo tempo.

c) Editoração Espírita no Brasil: Alguns Subsídios (*Reformador*, abril/1999)

Conteúdo

(...) Imaginemos a situação do indivíduo que ainda não

teve oportunidade de conhecer a Doutrina Espírita, mas ouviu alguma coisa a respeito, ficou curioso e resolveu ir a uma livraria para adquirir um "livro espírita". Chegando lá, encontra grande variedade de títulos, o que é muito bom. Todavia, dentre os títulos expostos, há diversos, cujos conteúdos não são "rigorosamente" espíritas. Esse simpatizante do Espiritismo poderá, em uma circunstância dessa, iniciar seu aprendizado da Doutrina Espírita de maneira inadequada.

Nesse caso, haveria necessidade de vendedores treinados, que conhecessem bem o Espiritismo (...). Ocorre que tais livros estão disponíveis em livrarias que não são espíritas, que comercializam esse tipo de literatura porque "vende bem". O interesse nesse caso não é o da divulgação doutrinária, mas o comercial. (...)

Sumário e Índice

A correta elaboração do sumário e do índice, duas partes comumente confundidas, mas que possuem funções e estruturas diferentes, é muito importante para a melhoria da qualidade de apresentação de uma obra.

O *sumário* é a "enumeração das principais divisões, seções e outras partes de um documento, na mesma ordem em que a matéria nele se sucede". O sumário deve figurar no início do livro, apresentando uma visão geral do conteúdo, conforme a estrutura seqüencial dos assuntos desenvolvidos no corpo da obra. Neste caso, a numeração progressiva das seções do documento é fundamental para a clareza da apresentação e rápida identificação dos assuntos nele tratados.

O *índice* é a "enumeração detalhada dos assuntos, nomes de pessoas, nomes geográficos, acontecimentos, etc., com a

indicação de sua localização no texto". É uma lista que localiza e remete para as informações contidas em um texto. Daí a impropriedade da adjetivação *remissivo* que é de uso comum, logo após o termo índice.

(...) O índice é localizado no final da publicação e deve ser denominado simplesmente de índice, índice temático (de assuntos), onomástico (de nomes), geográfico (de locais), cronológico (de datas) de acordo com a natureza do índice. (...)

Capa e Quarta Capa

(...) A utilização da chamada quarta capa, ou última capa do livro, para divulgação do conteúdo, informações sobre o autor, ou apresentação do resumo de outras obras, representa uma comodidade para o leitor, que facilmente obterá informações objetivas por meio da obra que tem em mão, dispensando o ato de abertura do livro ou o compulsar de suas páginas. (...)

Título de Lombada

O título da publicação a ser estampado na lombada da obra, de acordo com a NBR (NBRs = normas brasileiras, editadas pela ABNT - Associação Brasileira de Normas Técnicas) 1.225, deve ser horizontal ou vertical. A aposição horizontal é uma opção para o caso de livros muito volumosos, que permitam o título nessa posição, abreviadamente ou não (...). O título de lombada vertical é "escrito longitudinalmente e legível do alto para o pé da lombada". Conhecido por título de lombada descendente, esta forma permite a leitura do título quando o livro está colocado horizontalmente sobre uma mesa, ou qualquer outro objeto, com a face voltada para cima. (...)

2.2 Obras de Referência

Como já vimos, *obras de referência* são valiosas ferramentas para o pesquisador.

Aqui, citaremos algumas: a maioria ligada à elaboração do *livro espírita* e outras, de caráter informativo geral.

Dessa forma, como guias de busca e instrumentos indispensáveis à pesquisa literária espírita, sugerimos consultas:

2.2.1 Espiritismo

a) Obras básicas (de Allan Kardec): *O Livro dos Espíritos*, *O Livro dos Médiuns*, *O Evangelho segundo o Espiritismo*, *O Céu e o Inferno* e *A Gênese*.

- As obras básicas foram objeto de várias traduções para o português. A FEB, de longa data, em suas edições, citações e transcrições, contempla a que foi feita por Luís Olímpio Guillon Ribeiro (1875-1943), consagrado escritor espírita, tradutor emérito, "conhecedor profundo de vários idiomas e cultor, entre os melhores, do português escorreito e castiço".
- O Instituto de Difusão Espírita (IDE), de Araras/SP, em muito boa hora vem editando essas obras, cada uma com o respectivo Índice Analítico, extremamente útil à busca e ao encontro do tema sobre o qual se quer saber algum detalhe.

b) *Revista Espírita*, sob responsabilidade editorial de Allan Kardec, de 1858 até sua morte, em março de 1869. Publicação mensal, contendo índice de todos os assuntos tratados.

c) *O Espiritismo de A a Z*. Rio de Janeiro: FEB (Federação Espírita Brasileira). A nosso ver, o melhor indicador à pesquisa de temas espíritas.

d) *Vade Mecum Espírita*. De Luiz P. Guimarães. 6. ed. rev. e aum. Nosso Lar, 1996. Salvo engano, é obra pioneira; oferta precioso guia para pesquisas espíritas.

e) *Prontuário de André Luiz*. De Ney da Silva Pinheiro. Araras: IDE, 1998.

Temas de todas as obras ditadas pelo Espírito André Luiz!

f) *Espiritismo Básico*. De Pedro Franco Barbosa. Rio de Janeiro: FEB [19--].

g) *Pérolas do Além*. Psicografia de Francisco Cândido Xavier, pelo Espírito Emmanuel. Rio de Janeiro: FEB [19--].

h) *Dicionário da Alma*. Psicografia de Francisco Cândido Xavier, autores Espirituais diversos. Rio de Janeiro: FEB [19--].

i) *Dicionário de Filosofia Espírita*. De L. Palhano Jr. Rio de Janeiro: CELD [19--].

j) *Índice Geral das Mensagens Psicografadas por Francisco Cândido Xavier*. De Vivaldo da Cunha Borges. Belo Horizonte: União Espírita Mineira, 1988.

Esta publicação facilita a localização de onde foram publicadas mensagens doutrinárias, de vários autores espirituais, psicografadas pelo nosso Chico Xavier. Sua utilidade surge quando vemos em vários CE serem distribuídas mensagens espíritas mediúnicas, citando apenas o autor. Se, por exemplo, quisermos transcrever uma frase de alguma delas, teremos dificuldade de citar a fonte. Neste caso, esta obra o facilita.

l) Revistas e Periódicos Espíritas (à livre escolha do pesquisador)

Além da tradicional revista *Reformador*, da FEB, cuja remessa é gratuita aos CEs, muitas outras circulam hoje no Brasil, como assim também jornais mensais.

m) *Bibliografia Espírita*. Salvador: GBDE (Edição do Grupo de Divulgação de Bibliografia Espírita), 1996. 2 v.

n) *Guia de Fontes Espíritas*: obra de referência. Brasília: FEB, 2000. Contendo "Índice de assuntos e de nomes encontrados em 355 livros publicados pela FEB".

2.2.2 Biografias (de Espíritas)

a) De Allan Kardec: *Allan Kardec*: meticulosa pesquisa biobibliográfica. De Zëus Wantuil e Francisco Thiesen. Rio de Janeiro: FEB, 1973. 3 v.

b) *Grandes Vultos da Humanidade e o Espiritismo*. De Sylvio Brito Soares. Rio de Janeiro: FEB [19--].

c) *Grandes Espíritas do Brasil*. De Zëus Wantuil. Rio de Janeiro: FEB [19--].

Existem atualmente várias obras referentes a outros consagrados espíritas, encarnados e desencarnados, as quais são de fácil aquisição nas Livrarias, Bancas e Feiras de livros espíritas.

2.2.3 Espiritualismo

a) *Dicionário de Parapsicologia, Metapsíquica e Espiritismo*. De João Teixeira de Paula. São Paulo: Banco Cultural Brasileiro, 1970. 3 v.

Denominar de "dicionário" esta obra remete o autor a uma exemplar humildade, eis que nela são encontrados — e comentados — praticamente todos os termos correntes sobre espiritualismo, inclusive as respectivas designações em idiomas outros, além do Português. A meticulosidade que transcende dos registros feitos, bem demonstra a infinita paciência e o acendrado zelo com que o autor elaborou-a. Mais que dicionário, muito mais, é verdadeira enciclopédia. Opinamos, a bem da verdade, que a leitura dessa obra muito nos sensibilizou, sendo

uma das mais úteis de que dispomos para nossas buscas histórico/doutrinárias em geral.

b) *Espírito, Perispírito e Alma*. De Hernani Guimarães Andrade. São Paulo: Pensamento, 1984.

Esta obra contém "ensaio sobre o Modelo Organizador Biológico".

2.2.4 A Bíblia

a) *Antigo e Novo Testamentos*. Tradução de Novo Mundo das Escrituras Sagradas. Edição da Sociedade Torre de Vigia de Bíblias e Tratados [19--]. (Edição brasileira.)

Este compêndio da Bíblia é de baixo custo e oferta, ao final, duas "Tabelas dos livros da Bíblia" (uma, sobre os livros antes da era cristã e outra, durante); além disso, oferece um "Índice de Palavras Bíblicas", que facilita, muito, qualquer pesquisa bíblica.

b) *Pequena Enciclopédia Bíblica*. De O.S. Booyer. Miami: Ed. Vida [19--]. (Edição em língua portuguesa.)

Assim como a indicação anterior, esta obra também é riquíssima em detalhes bíblicos, contendo: a) Dicionário; b) Concordância; c) Chave bíblica; d) Atlas bíblico; e) Enciclopédia bíblica.

2.2.5 Cultura geral

a) Enciclopédia (à escolha do pesquisador)
b) Dicionário (idem)
c) Vocabulário ortográfico (idem)
d) Revistas especializadas, jornais, etc. (idem)

Aqui, sugerimos que o pesquisador organize um "arquivo

pessoal", devidamente indexado, no qual mantenha artigos extraídos de várias fontes, a seu gosto, nos quais faça anotações para futura utilização.

Obs: A Internet também fornece incontáveis informações sobre assuntos espiritualistas e espíritas. As chamadas "home-page", mesmo sob responsabilidade de Entidades espíritas ou de autores nominados, na nossa opinião só devem merecer crédito se os textos estiverem apoiados em embasamento kardequiano.

2.3 Brevíssimas Noções de Literatura

Encontramos obras espíritas apresentadas na forma de todos os gêneros literários. Por isso teceremos rápidos comentários sobre Literatura. Nosso objetivo não é lecionar sobre "literatura", mas trazer à tona um pouco da fascinante história da escrita e como ela desdobrou-se ao longo do tempo, com autores *de cá* e *de lá*...

De nossa parte, ao contrário de alguns ensaístas, consideramos que é na Literatura onde mais se sobressai o caráter universal das artes, eis que ela consegue, a um só tempo, impregnar o leitor de reflexões, povoando-lhe a alma de sentimentos cômicos ou trágicos, de angústia ou de exaltação, além de idéias e ideais.

A Música, que mais se aproxima da Literatura nessa universalidade (já que ambas desconhecem fronteiras de povos e nações — tempo e espaço), não dá ao ouvinte o passaporte para a ficção. É verdade que a audição encanta, promovendo devaneios, mas não tem a força da Literatura para, como ela, fixar-se nos escaninhos da alma do leitor, proporcionando-lhe passeios ao passado, e por vezes, arremessando-o ao futuro...

O ouvinte é sempre passivo, no sentido de que a Música o enleva, mas dela ele não faz parte.

O leitor, ao contrário, a bordo de um texto, participa mentalmente do seu contexto, inserindo-se no conteúdo narrativo, vivenciando simpatias ou antipatias, alegrias ou tristezas, identificando-se com este ou aquele personagem, ficando feliz ante "finais felizes" ou sofrendo, ante "infelicidades definitivas".

Em qualquer gênero literário, há sempre oportunidade de algum aprendizado.

Ademais, a Literatura tem na palavra o condão de exprimir e provocar na mente do leitor o resultado (signos) das demais artes:

- o som, como na Música;
- a cor, como na Pintura;
- movimentos, como na Coreografia;
- volume, como na Escultura;
- espaços vazios, como na Arquitetura.

A leitura oferta a cada leitor diferentes graus de intensidade quanto aos sentimentos, decorrente da universalidade do texto, produzindo-lhes paisagem mental de imaginário único, individual.

Se as artes e suas expressões em geral promovem *emoções estéticas*, cuja contemplação se dá por análise e captação do conteúdo íntimo que levou o autor a produzi-las, na Literatura, em particular, provoca *emoções psicológicas*, remetendo o leitor a integrar-se no conhecimento da mensagem, por inferência.

2.3.1 Gêneros Literários

Vem dos gregos clássicos (Aristóteles e Platão, por exemplo) o esforço em conceituar o que seja Literatura.

No pensamento aristotélico, Literatura seria a imitação da realidade.

Platão dividiu a Literatura em três gêneros:

- tragédia ou comédia (teatro);
- ditirambo (poesia lírica);
- poesia épica.

A rigor, podemos dizer que só pertencerão à Literatura (ficção/imaginação/subjetivismo), os textos de palavras polivalentes:

- a poesia;
- o conto;
- a novela;
- o romance.

Atualmente é mais aceita a classificação literária em apenas dois gêneros:

poesia	**lírica** (soneto)- canto (da alma) individual **épica** (epopéia)- exaltação coletiva de um feito
prosa	**o conto**: matriz da novela e do romance **a novela**: história longa e sentimental **o romance**: vizinho mais novo da epopéia

2.3.2 Conteúdo: Particularidades e Estrutura

Considerando que cada gênero literário tem "vida própria", quanto à sua composição, vamos relacionar algumas de suas características específicas:

2.3.2.1 Poesia

Grosso modo, diz-se que a poesia é simetria na Literatura,

enquanto a prosa seria a assimetria. Em outras palavras: a poesia baseia-se em certas regras de forma, ritmo e, por vezes, rima, utilizando quase sempre vocábulos metafóricos. A prosa é o texto sem a musicalidade poética.

Contudo, essa questão de formas já não satisfaz, eis que o Modernismo (movimento cultural que eclodiu na Espanha no fim do séc. XIX e no Brasil na década de 1920) orientou a poesia para estética, ferindo de morte, por exemplo, o Parnasianismo (arte pela arte: a forma, em detrimento, se necessário, do conteúdo — sonetos e rimas raras).

Se na poesia o "eu" é a um só tempo o agente passivo e ativo, na prosa o autor lança para o exterior o "não eu", convidando o leitor a inserir-se no contexto.

No entanto, vezes há em que poesia e prosa se mesclam, não admitindo demarcação de fronteiras, quando, por exemplo, o autor de um romance, num parágrafo em especial, se põe a viajar com nostalgia, narrando o passado do personagem principal, descrevendo um *crepúsculo* existencial.

Aí teremos, quase certo, um retrato daquilo que algures ele próprio vivenciou, contudo, credita ao personagem.

Na verdade, tudo se junta e se mescla:

- a metáfora (crepúsculo = passado);
- a projeção do "eu" (ele próprio);
- o personagem abstrato (o "não eu").

Particularizar a poesia épica e a poesia lírica, estabelecendo-lhes diferença, é como andar no "fio da navalha": corre-se o risco permanente de *acidentes retóricos*.

Até porque, de há muito, desintegraram-se os estilos e os gêneros poéticos, não sendo poucos aqueles que consideram a poesia como boa inquilina para museus.

É verdade que aqui ou acolá, heroicamente, surge um

soneto, ao estilo clássico, mas falando sinceramente: quem é, hoje, o poeta aclamado pelos seus sonetos?

Apenas para constar, e de relance, firmemo-nos nos gêneros que a poesia teve:

a) formas épicas: o poeta expressando uma concepção do mundo, numa epopéia;

b) formas líricas: o poeta empregando a forma, sem as angústias românticas.

Hoje (no século XXI), o que impera é um "à vontade formal", com a arritmia dominando a poesia em toda a sua extensão. Vejam os suplementos literários e confirmem-no.

2.3.2.2 Prosa

O *conto*, a *novela*, o *romance*.

Enumerar a contento as particularidades e as características de cada um desses gêneros da prosa é tarefa que demandaria espaço incompatível com a nossa proposta, que repetimos, é tão-somente ofertar uma diretriz ao médium psicógrafo iniciante ou ao autor novato.

Por isso, o que se segue é um resumo. Incompleto, aduzimos. Como, aliás, quase todos os resumos...

2.3.2.3 O Conto

a) Particularidades:

Na Literatura, a palavra *conto* é empregada como historieta, narração, "caso", fábula, etc.

O *conto* é de origem anciã, isto é, de remota existência.

Talvez não seria exagero de nossa parte conjeturar que o *conto* é o pai de todas as demais formas literárias, partindo

do pressuposto que desde o antigo Egito, passando pelo Velho Testamento, pelo Novo Testamento, pela Idade Média, pelo Renascimento e na atualidade, encontramos narrativas que nada objeta de serem consideradas *contos*.

Seria grave equívoco o imaginarmos que o *conto* pudesse ser revertido à *novela* ou ao *romance*. E mais: que estes pudessem se converter naquele.

Não!

O *conto* é o *conto* e não pode se confundir ou mesclar com outras áreas literárias. Tem fronteiras bem delimitadas e estrutura específica.

Via de regra, ele nasce de um conflito:

- de um personagem consigo mesmo (seus desvios e desconfortos psíquicos);

- de duas ou mais personagens, de convivência em atrito.

Tal conflito não tem satélites (incontáveis, como na *novela*, ou apenas o principal, com mais alguns "subsatélites" interligados a ele, como no *romance*). O conflito, o drama, a "história" enfim, são únicos. Sem apêndices. O que vem antes e o que acontece depois do fato narrado, bem como as características físicas do ambiente, pouca substância contém, quando muito, ralas referências.

Como exemplo de conto, citamos Ernest Miller Hemingway (1898-1961), famoso contista e romancista norte-americano. Dentre suas celebradas produções, destacamos *O Velho e o Mar*, uma parábola sobre o homem (pescador ao mar) enfrentando a natureza (um peixe). Nessa obra — Prêmio Nobel de Literatura de 1954 —, no decorrer da narração, o leitor visita todos os escaninhos da alma humana, ali extraídos de apenas um personagem (o pescador), sendo que o peixe é uma metáfora das adversidades naturais da vida. O epílogo é grandiloqüente, decisivo, definitivo.

b) Estrutura:

- Tempo e espaço: irão visitar o conto, apenas em síntese.
- Pormenores: não há. O texto vai direto ao ponto.
- Composição: há uma única unidade narrativa.
- Narração: preferivelmente, sempre na terceira pessoa (é alguém que está *contando* algo).
- Linguagem: de rápido entendimento, sem segundas intenções (as metáforas).
- Diálogo: quando há, os dramas e conflitos pressupõem alguém falando, consigo mesmo (monólogo), ou com a pessoa que compartilha o fato.
- Cronologia: linear, a do relógio. Na brevidade do *conto*, complicaria o entendimento do leitor ter que viajar na cápsula do tempo, ao passado ou ao futuro...
- Começo e fim: são incrustados, isto é, já no início o leitor deverá captar algo do epílogo. Mas aí há uma espécie de armadilha, pois o epílogo geralmente pega-o desprevenido, já que vinha sendo atraído por um "mistério" ou um enigma, que agora se resolve(m) de forma imprevisível. Assim, se o início convida e induz, o fim surpreende.

2.3.2.4 A Novela

a) Particularidades:

A palavra *novela*, depois de vários saltos, na Idade Média adquiriu a conotação de "narrativa enovelada".

Para nós, da Língua Portuguesa, *novela* pode significar "engano", "embuste", "mentira", etc. Mas, sobretudo, depois de tantos retumbantes sucessos populares, primeiro na rádio e agora na televisão, hoje, no Brasil, *novela* remete o significado a uma história longa e sentimental, que não contraria o que de fato é.

A *novela* não tem origens, como o conto.

Teria florescido com as narrações dos grandes feitos de guerras, a partir da França, no início do segundo milênio, logo espalhando-se por outros países, Portugal em particular.

Cada narrador acrescentava às longas narrações que ouvia detalhes que inventava e assim a história do feito ia se alongando, ao sabor do autor e do gosto popular.

Tal e qual, aliás, ocorre nas atuais novelas televisivas...

Novela, em princípio, identifica-se com a classe popular de cultura: destinada a produzir entretenimento, o fio narrativo, elástico sempre, após criar um núcleo central, vai criando situações de pequena duração, as quais interliga àquele núcleo. Tais situações, quais satélites, logo se intensificam, angustiam ou alegram, mas cedo desaparecem, dando lugar a substitutos, quase sempre eventuais também.

b) Estrutura:

- Ação: múltipla (uma série de pequenos dramas, interligados).
- Tempo: poucas referências ao passado dos personagens, ênfase no presente, cujo desenrolar dos atos e fatos, determinará o futuro, que poderá conduzir ao sumiço brusco de cena (morte, fuga, exílio, etc.), ou à conquista da felicidade, tão almejada quanto negada em toda a longa e labiríntica narração, mas comedida no minuto final.
- Espaço: há variedade de lugares (paisagens e dependências).
- Linguagem: contempla o diálogo (não pode ser discursiva). dispensa subentendidos; os dizeres se encerram segundas intenções, estas logo se clarificam, de forma a não onerar o leitor.
- Personagens: ao contrário do conto, na novela não há limite. Até porque, muitos deles visitam fugazmente a narrativa. Contudo, uma ou mais personagens, permanecem, do começo

ao epílogo, geralmente, formando "escada" para os acontecimentos que envolvem o núcleo central.

- Trama: sempre acelerada, com muita ação e peripécias, sobrepondo-se, céleres, umas às outras.
- Composição: várias unidades narrativas unindo-se em sentido horizontal, indo sempre em frente; muitas das que ficaram para trás vão desaparecendo, sem deixar vestígios.
- Começo e fim: de início, o leitor precisa ficar cativo à trama, qual se visse a conquista do "paraíso" ou a fuga do "inferno" a poucos passos, ao seu alcance, isto é, de forma embrionária, mental, nasce-lhe um sentimento inconsciente de que a breve tempo isso acontecerá (nos próximos capítulos); já o epílogo, via de regra, traz a solução de vários "mistérios", que intencionalmente foram cultivados e foram sendo deixados ao longo do caminho... Qualquer que seja o desfecho, o leitor deve sentir-se "recompensado".

Detalhe curioso é que a novela, querendo o autor, pode ter vários "fins", e também pode prosseguir até o infinito, isto é, depois de "qualquer fim", poderá reabrir a trama e continuar. Algo assim como o estratagema das mil e uma noites da jovem e bela Sherazade, prisioneira do rei que, para não ser executada na manhã seguinte, cada noite deixava uma história inacabada...

O exemplo só serve pela longevidade de "capítulos superpostos", pois na verdade, "As mil e uma noites" é uma coletânea de contos árabes, traduzida para o francês por A. Galland, entre 1704-1717.

2.3.2.5 O Romance

a) Particularidades:

Na origem, a palavra *romance* talvez tenha se originado de *romans*, do vocábulo provençal (língua falada na província da antiga Provença, no sudeste da França), por sua vez derivado da forma latina *romanicus* (resultante estropiada do Latim em contato com os povos conquistados por Roma).

No dealbar dos séculos, passou a significar linguagem popular, não clássica.

As epopéias, podemos imaginar, formaram o alicerce do atual *romance*.

Daí ao folclore e às criações literárias ficcionistas, imaginativas, um passo.

Hoje, quando alguém se enfastia ou descrê de uma narrativa real que ouve, declara:

— "*Você está fazendo um* romance *desse caso*"...

Ou então:

— "*Acho que você anda lendo muitos* romances"...

Noutra circunstância, romance pode indicar um namoro:

— "*Fulano está de* romance *com aquela moça*"...

O *romance*, de modo geral, tem a magia e o encantamento de retratar personagens e vidas, que podem ser as dos próprios leitores, sem que eles, deleitando-se com a fantasia, o percebam.

Nesse aspecto, o *romance* é como um espelho no qual o leitor se mira e, incapaz de ver-se, vê outra pessoa.

De início, otimista que era, o romance ofertava ao leitor uma imagem do que ele queria vir a ser ou ter (normalmente, um casamento feliz), mas, a seguir, passou a anexar crítica velada "ao mundo" (costumes: diferenças sociais, culturais e financeiras) que, sobremaneira, dificultava a esse leitor essa felicidade.

Sonhadores, idealistas, artistas, se rebeldes, valeram-se

do *romance* para nele desabafar o que lhes ia na alma, contudo, expressando-se sob a salvaguarda de se auto-retratar num personagem fictício.

b) Estrutura:

• Faculdade essencial: recriar ou reconstruir o mundo, sob novos ângulos, segundo os olhos do autor (conceituação particular da existência).

• Liberdade: total, sem descambar para a anarquia dos valores éticos consagrados. Fácil entender que o autor viaja a bordo da intuição/imaginação, ao (re)criar personagens e fatos que possam ser identificados em qualquer latitude. Algo assim como uma utópica "unificação evolutiva do Universo"(!).

• Entretenimento: é a expectativa do leitor, mas não a única.

• Cosmovisão: é a tarefa do autor, que não deve ser por demais intelectual, porque isso prejudicaria o mérito (dele, autor) e o interesse (do leitor).

• Ação: nesse ponto, o romance iguala-se à novela, isto é, nele co-habitam células narrativas, embora em número menor naquele do que nesta, e de diferentes dramaticidades; a diferença fundamental é que a novela, de núcleos ilimitados, pode prosseguir após qualquer que seja o epílogo, criando infinitas células (*As mil e uma noites*, já citamos, o exemplifica); no romance, isso não acontece: seu fim é definitivo e suas unidades narrativas se resolvem por completo.

• Composição: células periféricas, convergentes o tempo todo para um ponto em comum, o núcleo central, tudo isso desembocando num ápice (epílogo) de *grand finale*; alegoricamente, talvez possamos comparar o romance a um sistema solar, em cujo contexto vários corpos celestes (personagens)

e seus satélites (dramas coadjuvantes), orbitam cativos ao sol (drama central do enredo). No romance, não é comum que passados os primeiros capítulos venham a surgir novos personagens. Os que alicerçaram a introdução e início da trama, quase sempre permanecem até o fim, podendo alguns deles serem excluídos em meio à caminhada.

- Espaço: no romance, é ilimitado. Os personagens podem expor ou viver suas histórias num interior de casa, escola, hospício, cadeia, delegacia, quartel, hospital, etc., como podem viajar bastante. No primeiro caso (insulamento), há o perigo da ação ficar algemada, por impedimento de mobilidade; já no segundo (planos físicos polivalentes), o autor correrá o risco de precisar fundamentar cada paisagem e a influência do meio ambiente em cada personagem, o que irá esticar a narração, talvez excessiva, e por conseguinte, cansativamente.
- Tempo: se no conto e na novela a ação é cronológica, linear, no romance é de livre criação do autor: passado, presente e futuro são elementos que se alternam e se mesclam, nem sempre ordenadamente. O básico no romance é que o leitor:

  1º) Esteja aflito a cada página, a perguntar: "e agora?"; "o que vai acontecer?"; "ele(a) vai conseguir?"; "por quê?"

  2º) Identifique-se com um personagem (às vezes até com mais de um).

  3º) Tenha a impressão que conhece, pelo menos um personagem, "de algum lugar".

Pelo exposto, podemos inferir que o tempo, embora mesclado, tende a ser progressivo, como um rio. A leitura seria como uma canoa nesse rio.

Mas, cautela: misturar épocas é escorregadio: se o autor retroagir fatos, ou projetá-los à frente, para justificar o pre-

sente, o texto (o rio) passa a correr em perigoso curso que pode desinteressar ao leitor.

Prosseguindo com a alegoria do rio: voltar ao passado seria criar barreiras para interromper o curso d'água e formar um imenso remanso, ou obrigar um canoeiro (o leitor) a remar contra a correnteza (curso invertido); ao passo que ir ao futuro, seria transformar o curso tranqüilo em corredeira, às vezes despencando numa abrupta cachoeira, interrompendo a viagem (a leitura).

- Personagens: em princípio, só pessoas devem atuar no romance. Animais, se visitarem o texto, que o seja de passagem e como elementos secundários, jamais, como principais. O romance é, essencialmente, o roteiro de vivências emocionais, polivalentes, no campo físico e mais no psicológico, objeto que os animais pouco têm a ofertar para os leitores. Animais se prestam mais a mobiliar contos.

Quanto ao número de personagens, tal é de livre criação do autor, havendo casos de romances ora com pouquíssimos, ora com inúmeros.

Em linhas gerais, o romance deve contemplar e hierarquizar a importância de cada célula dramática, não sendo fácil concentrar a narração em reduzidas unidades narrativas. Voltando ao exemplo do rio, diríamos que se ele não recebe afluentes (células anexas, complementares da trama), tem seu curso morno, pouco alterado, às vezes até perdendo substância ao longo do seu desaguadouro no mar (final do romance).

- Linguagem: só podemos afirmar que a linguagem, no romance, tem de ser bem elaborada:

1º) sem nenhum desleixo (gírias, clichês);

2º) evitar lugares-comuns, estrangeirismos, pleonasmos

e não admitir injúrias à gramática, à ortografia ou à semântica;

3°) dispensar preciosismos estéticos, ou emprego de vocábulos que cansem o leitor de tanto ir ao dicionário;

4°) diálogo: deve ser amplamente contemplado no romance, mas, cuidado: não o diálogo da rotina de todos nós, do dia-a-dia do autor e sim o que expresse o sentimento das almas dos personagens; por aí se vê como é difícil elaborar um bom romance, nesse aspecto, pois o autor precisa ser multivalente, de ponta a ponta da narrativa; quanto mais diversificar o psiquismo humano no enredo, melhor será o romance; se apenas esse fator for considerado, o romance já pode bem demonstrar qual a competência do autor.

- Narrações/descrições/dissertações: embora indispensáveis, não podem ter o privilégio de grandes espaços, pois prejudicam o engajamento dos leitores, que querem continuar "vivendo" com os personagens e não apenas "vendo" onde eles se movimentam; usando sempre o exemplo do rio, uma narração/descrição extensa é como um grande remanso num ponto qualquer do curso do rio, muitas vezes com um redemoinho ao centro, impedindo o canoeiro (leitor) de ir em frente (prosseguir a leitura).

- Trama: na maioria dos casos, uma ideologia, uma frustração, uma intriga, com resultantes de tragédia ou comédia — quase sempre tudo isso junto, com doses adequadas à trama —, criam os personagens na mente do autor e os conduzem no fio narrativo do romance.

Coincidências: O bom romancista, embora "crie" as coincidências, para os entrechoques dos personagens nos cenários da trama, delas não abusa. O enredo, que precisa mesmo servir-

se de algumas coincidências, encadeia tais coincidências com naturalidade, sem forçar arremessá-las ao exagero "do destino" — *sorte* ou *azar.*

Já o romancista espírita tece a trama e desenrola-a sob as injunções da Lei de Causa e Efeito (vide item 1.6 desta obra).

- Instrumentalidade: a maioria dos romances caminha na impessoalidade dos seus autores, que os narram na terceira pessoa. Empenhados com a ética e a moral, preconizam a vitória do bem sobre o mal. Vai longe o tempo dos romances de epílogos puramente casamenteiros, do tipo: "*...e viveram felizes para sempre*".

- Epílogo: em quase todas as circunstâncias, nos romances, o enredo produz um enigma que se apodera da atenção do leitor, despertando-lhe curiosidade crescente; avolumando-se a expectativa, o leitor fica como que "preso" à leitura, sentindo dificuldade para deixá-la e ir fazer qualquer outra atividade; no desfecho, com assombro ou alívio, deve ele sentir-se recompensado pelo crédito (tempo de leitura, acompanhamento) concedido ao livro. Na verdade, ao autor.

2.4 Brevíssimas noções de redação

Na seqüência dos apontamentos que acabamos de apresentar sobre Literatura, percebemos que talvez fosse também de utilidade expor algumas das dificuldades que nós próprios encontramos na elaboração de textos. Assim, formulamos este capítulo, que não se reveste de "aula gramatical", sendo, antes, um leve bate-papo sobre as complicadas injunções da Língua Portuguesa...

Seria vã pretensão querer apresentar aqui todas as exigências para uma boa redação: só na parte gramatical, por exemplo,

as polpudas gramáticas se superpõem, umas às outras, emparelhando-se no atacado, mas apresentando pequenas discrepâncias no varejo, segundo seus autores.

Os mais famosos clássicos da língua portuguesa, submetidos às lentes da análise criteriosa, por especialistas consagrados, não logram aprovação unânime, quanto a determinadas construções frasais.

A própria riqueza da nossa língua induz o escritor a deslizar, muitas vezes, sobre o já citado "fio da navalha", sendo tênue discernir onde está *razão* (o certo ou o errado): se com a norma culta ou com a forma tradicional.

Ademais, como a Língua pertence necessariamente ao povo, ela torna-se dinâmica, na proporção em que o progresso traz fatos novos, que precisam ser nominados, muitas vezes em detrimento de algo já existente.

Tudo isso, sem falar das diferenças culturais do Português do Brasil em relação ao de Portugal e dos outros poucos países que o adotam como idioma pátrio.

Daí elegemos, desse pequeno céu idiomático brasileiro (quando falado), mas que se transforma num universo gramatical, ortográfico e semântico (quando escrito), apenas algumas *estrelas*, que são os tópicos relativos à boa construção fraseológica que apresentamos a seguir.

2.4.1 Estilo

Segundo o padre jesuíta Antônio Vieira (1608-1697), nascido em Lisboa, considerado um dos maiores escritores barrocos da língua portuguesa, o *estilo* há que ter palavras como as estrelas: dispostas com precisão e clareza, para todos verem e entenderem-nas.

Todos sabemos que escrever não é fácil. Exige, no mínimo, algum talento.

Já Françóis M. Arouet, dito *Voltaire* (1694-1778), escritor francês, apregoava que uma única palavra fora do lugar "estraga o pensamento mais bonito".

Leciona Kardec (*O Livro dos Médiuns*, Cap. XVI, n° 197) que quanto mais segurança puder oferecer o médium psicógrafo, tanto mais elevado moralmente será o autor espiritual que com ele sintonizará.

Não houvesse outros indicativos, só este já basta para que os médiuns psicógrafos se esforcem em ofertar ao Autor espiritual melhores condições, a fim de que a mensagem doutrinária possa fluir na trilha literária com poucos obstáculos.

Vamos exemplificar, quanto a esses tais "obstáculos":

Num determinado Centro Espírita havia um médium psicógrafo dedicado, sincero, pontual e assíduo às reuniões mediúnicas. Trabalhava com verduras e era de poucas letras. Certa vez, um Espírito passou-lhe a seguinte mensagem telepática:

"*numa alvorada muito calma, com a relva ainda orvalhada, amigos espirituais se reuniram para orar*".

Captando a dita mensagem, o médium sapecou:

"*antes do almoço, um grupo de pessoas foi na horta para comprar verduras; no íntimo, pediam a Deus encontrar repolhos bem fresquinhos*".

Não temos também a pretensão e menos ainda a competência para, neste opúsculo, ensinar estilo, porque estilo é faculdade que se aprimora, mas não é transferível. Cada pessoa tem o seu e nisso (diversificação estilística) reside a graça e a beleza da Literatura.

Não obstante, assim como nas demais Artes, também

na Literatura existem técnicas enunciadas e aprimoradas ao longo da existência humana sobre a Terra, que facilitam a melhoria das obras já realizadas.

Vejamos (de forma sumária) algumas dessas técnicas, não apenas sobre *estilo*, mas, também, quanto à imagem final da obra:

2.4.1.2 Apresentação do Trabalho (forma)

a) Títulos e sub-títulos devem ser grafados em caixa alta (redação, itálico ou negrito) ou caixa alta e caixa baixa (redação, itálico ou negrito) e sem ponto final.

b) É elegante, mas não obrigatório, que o início da narração de cada título seja capitulado. *Capitular* é aumentar sensivelmente o tamanho da primeira letra da primeira palavra da frase. Existem várias formas de realizar essa tarefa. Vejamos uma:

Certa vez uma família reuniu-se para orar. Todos eram espíritas e tinham o salutar costume de realizarem em seu lar, com a presença de todos, o denominado "culto do Evangelho no lar". Nesses momentos de prece, suave clima de paz brindava-os. Quase se poderia afirmar que Jesus, como convidado, ali estava...

c) Nas mudanças de cenário, de tempo ou de espaço, é recomendável deixar uma linha em branco, o que, subliminarmente, estará informando ao leitor que houve tal mudança.

2.4.1.3 Frases

As frases de um texto podem ser apresentadas de várias formas.

Na escolha de cada uma dessas formas reside a diferença entre os autores...

Para a apregoada simplicidade do texto, contudo, eis alguns conselhos, que extraímos de consagrados estudiosos:

a) Contemple a *ordem direta*, tão decantada e ensinada nos albores dos bancos escolares (sujeito + verbo + complemento). Ex:

"Maria (sujeito) pediu (verbo) ao marido para ir à padaria buscar leite (complemento)".

e não:

"O marido, a pedido de Maria, de buscar leite, foi à padaria".

b) Use sempre as construções fraseológicas mais simples e esclarecedoras.

Substitua, por exemplo, *"com o objetivo de"* por *"para"*:

"O técnico convocou os jogadores com o objetivo *de repreendê-los".*

"O técnico convocou os jogadores para *repreendê-los".*

c) Reduza ou substitua palavras com ganho do sentido:

"Dentro de mais alguns instantes deve começar a cair chuva".
"Estava um dia muito, muito quente".
"Um dos melhores tenistas do mundo".

Escreva simplesmente:

"Vai chover".
"38 graus à sombra".
"Segundo tenista do mundo".

d) Palavras: use as mais simples. Substitua:

"o parlamentar" por *"o vereador".*
"obviamente" por *"é claro".*
"diligenciar" por *"esforçar-se".*

"auscultar" por *"sondar"*.

"unicamente" por *"só"*.

e) Na elaboração frasal, surgem problemas para aqueles que não estão acostumados a lidar com determinadas *armadilhas* que só podem mesmo serem evitadas com a prática da escrita. Nunca será demais estarmos atentos a algumas delas:

Frases fragmentadas:

Um dos erros mais primários em redação é pontuar frases incompletas, fragmentando a oração. Ex:

Errado:

"Fiz um teste para o emprego. Que me interessava."
"Nasci em Igarapava. Uma cidade paulista."

Certo:

"Fiz um teste para o emprego que me interessava."
"Nasci em Igarapava, uma cidade paulista."

Frases siamesas:

Outro erro primário: duas frases completas, escritas numa só. Em muitos casos, a boa pontuação ou mudança verbal o corrige. Ex:

Errado:

"O goleiro ficou triste pelo gol perderia a posição".
"Almocei depressa poderia assistir ao programa na televisão".

Certo:

"O goleiro ficou triste pelo gol: perderia a posição".
"Almocei depressa para poder assistir ao programa na televisão".

Paralelismo:

O paralelismo, segundo antiga convenção da linguagem

escrita, é a apresentação de idéias similares na mesma forma gramatical.

Com isso, a frase fica mais clara, mais cristalina.

O paralelismo, no caso, faz com que *locução nominal*, *verbo* e *reduzida de infinitivo*, sejam apresentados com idêntica hierarquia quanto à função e à construção gramaticais. Ex:

"O patrão mandou o empregado fechar a porta e que guardasse a chave".

"Na rua, ele mostra calma, ser paciente, confiança e não ter insegurança".

Tornando as frases paralelas (mais claras), teríamos:

"O patrão mandou o empregado fechar a porta e guardar a chave".

"Na rua ele mostra calma, paciência, confiança e segurança".

Ambigüidade:

Ocorre quando a frase tem mais de um sentido.

Às vezes, o leitor "decodifica" o sentido principal, mas quase sempre não o consegue. Aí, a frase está perdida...

Só há um jeito de evitar ambigüidade: escrever frases simples.

Vejamos os exemplos:

1. *"Ele comeu as frutas que comprou ontem."* (Comeu ontem ou comprou ontem?)

2. *"Ele foi no carro quando chegou."* (Quem chegou: ele ou o carro?)

3. *"Voltando, as pessoas viam os animais."* (Quem voltava: as pessoas ou os animais?)

4. *Maria disse à colega que ela não viajaria.* (Quem não viajaria: Maria ou a colega?)

Simplificando as frases, teríamos:

1. *"Ontem ele comprou frutas e depois comeu-as."*
2. *"Quando o carro chegou, foi nele."*
3. *"Na volta das pessoas elas viram animais."*
4. *"Maria disse à colega que ela, Maria, não viajaria."*

2.4.2 Pontuação/Sinais/Traços

a) Ponto de interrogação (?): não cometa o terrível engano de colocar interrogação no título; o leitor é que deve perguntar, e o texto responder. Exemplificando:

O título *O Espiritismo Aprova a TVP?*, deve ser substituído por *TVP à Luz do Espiritismo*.

Nesse caso, antes de ler, o leitor já sabe que sua pergunta estará respondida no livro. Por outro lado, se surgir uma pergunta no meio do texto, jamais a deixe sem resposta.

b) Ponto de exclamação (!): evite, use palavras fortes, que o dispensem; use-o apenas em caso de exaltações, do tipo: *"Deus é Amor!"; "A caridade do Mestre Jesus nunca abandona o réprobo!"*.

c) Dois pontos (:): sinal utilizado para anunciar uma citação, declaração, explicação, conseqüência, etc. Ex: *"Espiritismo: alvorada moral para a humanidade"*.

d) Aspas ("v"): melhor não usá-las, se há dúvida. De modo geral, são usadas em todos os trechos de transcrições, em apelidos (apenas de personagens fictícios), nomes de animais, ou para ressaltar palavra ou expressão; ex: *Allan Kardec, "o codificador"*.

e) Grifo: para caracterizar títulos de obras, destacar uma palavra ou frase, para nomes científicos. Há várias formas de

grifar: com **negrito**, com *itálico*, com sublinhado. Em qualquer hipótese, só grife de uma forma.

f) Travessão (—): é um traço que abre diálogos; não deve haver mais de uma oração intercalada com travessão numa mesma frase. É usado também para ligar palavras ou grupo de palavras que formam, por assim dizer, uma cadeia na frase.

Ex: ... a transição sólido — líquido — gasoso.

Cuidado: é muito comum confundi-lo com o hífen: Travessão (—) ; hífen: (-).

g) Hífen (-): é também um traço, mas de união dos elementos das palavras compostas.

Ex: "*Amo-te, ó lindo beija-flor!*".

h) Parênteses ( ): sinais que servem para encerrar frases conexas ao sentido do período, mas distintas e separadas dele. Ex: "*Allan Kardec* (cujo nome verdadeiro era Hippolyte Léon Denizard Rivail) *codificou o Espiritismo*".

2.4.3 Números

a) Em quaisquer circunstâncias, tenha o maior cuidado com eles, conferindo sua exatidão:

Idades, datas, porcentagens, medidas, cálculos, distâncias;

b) No caso dos algarismos romanos, não é difícil que ocorram graves equívocos cronológicos.

c) Num romance, por exemplo, é indispensável que o acompanhamento do tempo seja conferido, à parte, em anotações progressivas. Um fácil modelo de acompanhamento progressivo de um programa, é o chamado gráfico PERT-CPM*, desenvolvido

* PERT = sigla da expressão inglesa *Program Evaluation and Review Technique* (técnica de revisão e avaliação de programa); CPM = outra técnica relacionada a programas PERT, que divide as fases de um determinado projeto ou empreendimento

em 1956 pela Marinha dos EUA. Consiste numa técnica de relacionar datas e eventos de certa duração, que se interligam, os quais são representados em gráficos horizontais e paralelos, possibilitando visualização global e instantânea da situação. Pode parecer complicado, mas não é: basta que haja pequeno treino e logo a utilidade dessa providência surgirá. Por exemplo:

- no caso de personagens: cada linha corresponderá a um deles; o comprimento da linha poderá ser feito em escala de milímetro ou centímetro, cada uma dessas medidas valendo um mês, um ano, um decênio e assim por diante; de acordo com o comprimento da linha é fácil verificar-se a idade do personagem;
- no caso de ações ou situações: cada linha do personagem terá uma linha paralela, em cor diferente, enunciando a cronologia dos acontecimentos e dos agentes.

2.4.4 Vultos Históricos

a) Tais citações, se houver, deverão sempre ser seguidas do nome completo, data de nascimento e morte, se for o caso (só os anos), acompanhadas por breves informações biográficas. Ninguém é obrigado a saber quem é ou foi a pessoa citada. Quando são muitos os personagens citados, é comum que as respectivas informações pessoais constem ao final do livro.

Assim, em vez de:

"Kant, pesquisando sobre os limites da sensibilidade e da razão..."

"Emmanuel oferta-nos uma história real dos primeiros tempos do Cristianismo, na obra 50 Anos Depois.*"*

em *eventos e atividades*, também representados graficamente no diagrama PERT (ou CPM).

Deveremos registrar:

"Immanuel (Emanuel, em português) Kant (1724-1804), filósofo alemão, autor de consagradas obras de filosofia, pesquisando sobre os limites da sensibilidade e da razão...

"Emmanuel, Espírito iluminado, pela psicografia do médium Francisco Cândido Xavier, no livro 50 Anos Depois *(1. ed. Rio de Janeiro: FEB, 1940), oferta-nos uma história real dos primeiros tempos do Cristianismo."*

2.4.5 Verbos *dicendi*

Parece coisa complicada, mas não é: trata-se dos verbos que dão vida aos diálogos.

(Bom recordarmos que a leitura de um romance se tornará agradável e fácil para os leitores, se nele encontrarem mais diálogos do que descrições.)

Assim, *verbos dicendi* são os verbos que antecedem ou se seguem a uma pergunta ou a uma afirmação, ou resposta. Por isso mesmo, são de largo emprego. O verbo dizer, o mais simples e mais claro dos verbos *dicendi*, se for muito utilizado, cairá na mesmice e provocará tédio ao leitor, pois o texto ficará monótono e frio.

O escritor deve diversificar, adequando:

dizer / afirmar / exclamar / perguntar / responder / redargüir / confirmar / falar / expressar-se / prosseguir / seguir / intervir / retrucar / apartear / elucidar / interrogar / continuar / exortar / conclamar / insistir.

Há outros. O escritor deve utilizá-los.

Além da repetição de verbos dicendi, é preciso também verificar o abuso de substantivos que geram a mesmice.

Vejamos, então, um pequeno exemplo de mesmice (diálogo entre dois irmãos, Paulo e Maria):

Vendo Maria chorar, Paulo perguntou-lhe:
— Por que choras, Maria?
Maria respondeu a Paulo:
Estou muito triste.
Paulo citou a caridade de Jesus e perguntou-lhe:
— Posso ajudar-te? Posso aplicar-te um passe?
Maria respondeu a Paulo:
— Ficarei grata.

(Faça as contas das repetições.)

Esse breve diálogo poderia, por exemplo, ficar assim:

Vendo-a chorar, Paulo perguntou:
— Por que choras, minha irmã?
Maria respondeu-lhe:
— Estou muito triste.
O jovem citou a caridade de Jesus e ofertou:
— Posso ajudar-te, com um passe?
A moça, grata, anuiu.

Como podemos observar, refazendo o texto, houve diversificação tanto de *verbos dicendi*, que grifamos, quanto de substantivos.

2.4.6 Adjetivos e Advérbios

Só use o necessário. Cuidado com as ênfases, quase sempre desnecessárias.

a) Não permita uma enxurrada de palavras terminadas em "mente" (*inutilmente, favoravelmente, incrivelmente, demasiadamente, profundamente, intensamente, naturalmente, cansativamente*...).

Quando o texto está digitado, é fácil identificarmos o número de vezes que esse sufixo é empregado, bastando utilizar (no computador, por exemplo, no Editor de Texto *Word*) o comando "editar" e "localizar" e citá-lo.

b) Substitua as frases pomposas e recheadas de adjetivos, como por exemplo:

"*O texto, naturalmente belíssimo, continha substantivos sólidos e verbos exatos*".

por:

"*O texto era belo*".

c) Não menospreze ou olvide a inteligência do leitor. Assim, num outro exemplo, se o texto informa que um personagem "está triste", não precisa acrescentar que "sua alma estava profundamente angustiada". O leitor capta o clima e mentaliza o íntimo desse personagem.

d) Empolgado com seu texto, por vezes o escritor comete exageros, que devem ser evitados.

Substitua:

"*peço-lhe mil perdões*" por "*perdoe-me*".
"*milhões de pessoas*" por "*multidão*".
"*já disse duzentas vezes*" por "*repeti*".

e) Tome muito cuidado com o vocábulo "mesmo", que tanto pode ser advérbio ou adjetivo.

São tantos os empregos desse vocábulo que quando se tratar de substantivo (pessoa), será prudente não empregá-lo e sim usar o pronome pessoal. Exemplificando:

"*Luiz emprestou-me dinheiro. No dia seguinte paguei* ao mesmo."

Melhor será:

"Luiz emprestou-me dinheiro. No dia seguinte paguei-lhe."

2.4.7 Repetições

É comum que numa mesma frase estejam algumas palavras repetidas: *mas / que / sem / pois / eis / além disso / de qualquer (alguma) forma*, e outras. Corte-as, ou use sinônimos. Exemplos:

"De alguma forma, ele ficou feliz, embora desconfiado, mas não porque ela concordou, mas sim porque, embora ela o amasse, de alguma forma, não demonstrou interesse."

As palavras sublinhadas são repetição. Suprimindo-as ou substituindo-as, teríamos:

"De alguma forma, ele ficou feliz, embora desconfiado, não porque ela concordasse, mas sim por amá-lo sem demonstrar interesse."

2.4.8 Abreviaturas

Recomenda-se que sejam evitadas, quando o texto é corrido. Mas, para as formas cerimoniosas de tratamento, não tem jeito: o melhor é consultar a gramática ou um bom dicionário. Vejamos alguns exemplos de como administrar a vontade de abreviar.

Evitar: *"Bebi ½ l d'água"*. / *"Dirigi o carro por 32 km"*.

Melhor: *"Bebi meio litro de água"*. / *"Dirigi o carro por trinta e dois quilômetros"*.

Quando uma grandeza ou medida aparece várias vezes, pode ser abreviada após a primeira citação por extenso, de uma ou outra.

2.4.9 Pleonasmos

Repetição de palavras que têm um mesmo sentido, seja por redundância (*descer para baixo, subir para cima, sair para fora*), seja semântico (vi com meus olhos).

Só aceitáveis por estilo. Ex: *ambos os dois.*

2.4.10 Vícios de linguagem

Hilariantes, quando falados; trágicos, se escritos...

Cacófato: sugestão de palavras descabidas em encontros de palavras sem pausa (uma mão, ela tinha).

Técnicas de redação:

Existem muitos livros sobre o assunto, mas, particularmente, recomendo um, de agradável leitura e fácil assimilação das idéias, propostas pelo consagrado autor escritor italiano Umberto Eco: *Como se Faz Uma Tese*. 14. ed. São Paulo: Perspectiva, 1998.

Mesmo referindo-se à feitura de Teses, a obra traz ricas sugestões de como elaborar textos em geral, instruindo e educando com saudável humor.

PARTE III

3
O LIVRO ESPÍRITA
Publicação

Tão-somente com o intuito de informação, registraremos a seguir alguns ângulos materiais, práticos, técnicos e utilitários relativos ao livro espírita.

Jesus ensinou-nos que "nem só de pão vive o homem". Com o maior respeito, apropriamo-nos desse ensinamento e dizemos que "nem só de espiritualização vive o livro espírita".

Naturalmente, este capítulo não deve ser considerado como diretriz, sendo, antes, um bate-papo entre novatos e quem já vivenciou essas fases materiais relativas ao livro espírita. E como todo bate-papo, este não deve ter prioridade no contexto desta obra.

3.1 Encaminhamento Para Publicação

Quando o médium psicógrafo e o autor (novatos) estão com o livro pronto, é-lhes de pleno direito que queiram vê-lo publicado. É algo assim como o pai que quer ver seu filho vencer.

Contudo, sabendo-se como a tiragem inicial é sempre custosa e que nem todas as obras são editadas, visitam-lhes não poucas preocupações.

A primeira dificuldade para eles, ainda desconhecidos, é saber a qual editora remeter uma cópia da obra e solicitar a edição.

A sugestão que podemos apresentar, baseada em nossa vivência, é que visitem uma livraria ou banca de livros espíritas e anotem o nome e endereço das editoras com as quais tenham condições de entrar em contato. Outra excelente fonte de endereços são os catálogos gratuitos das distribuidoras de livros espíritas ou das próprias editoras.

De posse dos endereços, elaborem uma carta para cada editora (pode e deve ser tentado contato com várias), consultando sobre o interesse delas em receber a cópia do livro. Dessa carta deverá constar uma sinopse do livro, os dados pessoais do autor ou médium, endereço do Centro Espírita que freqüenta, etc.

Querendo (e podendo, pois é caro), já na primeira carta pode ser dispensada a sinopse e ser remetida a cópia... Uma para cada editora...

Nesse preciso ponto, impõe-se o exercício da paciência e da fé no Plano Maior, quanto à prosperidade da obra. O médium e o autor, então, no aguardo da resposta, deverão manter viva a esperança, alimentada esta por preces diárias.

As respostas, em geral, acontecem em mais ou menos 100 (cem) dias e podem trazer duas vertentes: obra aprovada ou não. No primeiro caso, os contatos passam a ser efetuados amiúde, por iniciativa da editora; aí, após assinatura do "Contrato de Cessão de Direitos Autorais", autor e editora vinculam-se legalmente.

No caso da resposta demorar mais de três meses, nova carta deverá ser dirigida, solicitando definição. Não prosperando essa iniciativa, é provável que a obra não foi aprovada e que a editora não quer se dar ao trabalho de informá-lo.

Não é hora de desanimar: é hora de contatar novas editoras,

eis que certa vez, quando vivenciávamos esse clima, um Amigo espiritual, nos lecionou:

"O sucesso é a soma das tentativas".

Nunca mais esquecemos ou esqueceremos essa verdade...

Ademais, se a obra não alcançar mesmo edição, ainda assim a fé na Justiça Divina ensejará oportunidades para novas providências, para novas realizações.

O importante é perseverar!

3.2 A Revisão

Apenas como informação, eis nosso procedimento quando concluímos um livro: antes de remetê-lo para publicação, fazemos duas ou três revisões bem atentas e como o texto está digitado, utilizamos o recurso informático da "revisão ortográfica" que o computador oferece.

É incrível, mas mesmo assim várias incorreções permanecem invisíveis...

Isso porque ao revisarmos nossa própria elaboração, é compreensível que um erro de base permaneça, pois nossa mente não o capta; quanto ao computador, ele nem sempre tem 100% de vocábulos registrados e mesmo os que estão anotados, por vezes também apresentam falhas ortográficas. Além do mais, a revisão informatizada do idioma, não contempla a concordância gramatical, fonte de tantos e tantos senões...

Por essas e outras, *antes da edição*, os autores espíritas (ou médiuns psicógrafos) devem, sim, deixar em aberto aos críticos e revisores, sugestões e críticas das obras que contenham sua participação. Humanos, cometemos erros, todos nós. Mas, a humildade cristã não nos permite mais o melindre, mormente

quando alguém sugere melhoria no nosso trabalho. Aceitá-la ou não é opcional, mas agradecer, é dever que a gratidão recomenda.

Sabemos que em várias Editoras Espíritas há uma equipe de revisores e analistas de livros, objetivando impedir que sejam editadas obras doutrinárias que colidam com a ética, mas, principalmente, com a pureza da Doutrina dos Espíritos.

Por "pureza doutrinária" entendemos contê-la as obras que necessariamente se assentam e erguem-se sobre o irretocável alicerce kardequiano, construído, este, sob supervisão de Jesus!

Além disso, tais Editoras – felizmente, a maioria – primam para que suas edições sejam modeladas em linguagem perfeita.

3.3 A Tiragem (nº de exemplares editados)

Quando uma Editora Espírita lança uma primeira edição com elevada tiragem, longe de ser *uma alucinação*, tal fato traz em seu bojo cores de novos tempos, em que o nosso Brasil começa a desenhar uma alvissareira paisagem literária, com esse expressivo número de leitores interessando-se por livros espíritas.

Não cabe crítica ao grande número de exemplares de uma publicação espírita.

Recordemos que Kardec, Léon Denis, Gabriel Delanne, Ernesto Bozzano, Deolindo Amorim, J. Herculano Pires, e outros, se não tiveram a primeira edição de seus livros com com dezena ou centena de milhares de exemplares, as repetidas edições de suas úteis obras somam milhões de livros. E as reedições não cessam...

Chico Xavier — o médium integral —, em setenta e três anos de mediunidade (!) psicografou quatrocentos e dezenove livros, de autores iluminados, dos quais resultaram centenas

de edições, que somadas, perfazem cerca de vinte e cinco milhões de exemplares. (Revista *Época*, 20 nov. 2000)

Quem pode ajuizar os benefícios espirituais resultantes?!

3.4 Da Produção ao Consumo

Há uma lei de mercado, certamente a principal quanto à produção, determinando que aquilo que for produzido só dará lucro se for consumido.

Parece óbvio, mas tem sido uma grande dor de cabeça para muitos produtores...

Em outras palavras, exemplificando: não prosperará a indústria cujos produtos não forem vendidos. Simples, não?

Tratando-se do processo de *oferta e demanda*, em geral, para o bom resultado, agora na ponta final da atividade, aplica-se uma outra lei, de apuração, embutida na rubrica "custo-benefício", onde o *custo* compreende a fase material (gastos), e o *benefício*, a fase moral (vendas e satisfação dos clientes).

Da produção ao consumo, qualquer produto passa por fases intermediárias, compreendidas pelas leis de seleção e compra da matéria-prima, instalação de maquinário e dependências, estocagem, produção e distribuição no atacado, para redistribuição no varejo. Finalmente, a venda individual, para uso ou consumo.

Se estabelecermos um paralelo do automóvel ao livro espírita, utilizando ambos como exemplo próximo daquilo que expusemos acima, teremos que:

- não basta produzir um veículo, de um determinado modelo: anualmente, no mínimo, novos modelos têm de ser ofertados aos consumidores;
- o livro espírita também segue aquele roteiro de ampliação de conhecimentos e a fase evolutiva planetária exige que novos

livros sejam lançados, não necessariamente um por ano, mas, por exemplo, é exigência da maioria dos quase 200 Clubes de Livros Espíritas (CLE), que hajam lançamentos mensais.

Dissemos que o exemplo é próximo porque, na maioria dos casos, o mesmo automóvel é utilizado por muitos anos pelo dono, ao passo que o livro, espírita ou não, uma vez lido, via de regra é relegado. Se o leitor gosta de ler (caso dos associados dos CLE), o jeito mesmo é renovar as ofertas, incessantemente, mês a mês.

Formando juízo de valor, espelho da realidade, se o automóvel, qualquer que seja o modelo, marca ou ano de fabricação, sempre terá um chassis sobre o qual se assentam carroceria, eixos, motor, etc., o livro espírita, em paralelo, também tem um indispensável "chassis", sobre o qual deve assentar-se a mensagem doutrinária: o legado kardequiano, que compreende as cinco obras básicas do Espiritismo.

Ausente tal condição, o livro já não será espírita...

3.5 As Editoras

A edição de livros, grosso modo, segue o modelo econômico do item anterior.

Contudo, particularizando o enfoque, trazendo-o para a observação dos livros espíritas no Brasil, aí nos defrontaremos com uma realidade que comanda, se é que assim podemos nos exprimir, o atual mercado livreiro de obras espíritas.

Data do século há pouco findado, a eclosão de Editoras Espíritas (EE), as quais, se na primeira década daquele século (Séc. XX) seu número não alcançava os dois dígitos (dezena), na última, ultrapassou a centena.

De fato, temos cerca de 100 (cem) EE, além de aproximadamente 60 (sessenta) outras empresas, que não podendo ser consideradas EE, contudo editam alguns livros espíritas. Cabe aqui esclarecer que, para ser considerada uma Editora, pela Câmara Brasileira do Livro, há necessidade de uma firma (pessoa jurídica) editar, no mínimo, 5 (cinco) livros/ano. Assim, será considerada *editora* aquela firma constituída dentro da lei fiscal e que editar pelo menos cinco livros por ano, devidamente catalogados naquela Câmara, para só então colocá-los à venda pública.

Nesse contexto, não dificulta ao raciocínio entender que todas as EE, só poderão sobreviver se operarem com margem equilibrada de operacionalização financeira (eufemismo para *lucro...*), isto é, editar livros que sejam vendidos.

3.6 Os "Clubes de Livros Espíritas" (CLE)

De alguns anos para cá, paralelamente ao aumento da publicação de obras espíritas, os "Clubes de Livros Espíritas" foram criados e se multiplicaram rapidamente. Esses Clubes são, via de regra, administrados por voluntários dos Centros Espíritas.

Aliás, também os CE vêm instalando minilivrarias em suas dependências, ofertando livros espíritas a preços mais baratos do que aqueles das livrarias em geral.

Graças a um e outro fator, num salutar "efeito cascata", o livro espírita viu-se visitando praticamente todos os recantos brasileiros.

Assim, cartesianamente interligados, autores ou médiuns + livros espíritas produzidos + editoras + CLE + pequenas livrarias dos CE + leitores, formam, hoje, um imenso painel,

das ordenadas comerciais há pouco referidas (sobre os automóveis... e o livro), com a resultante da divulgação do Espiritismo, numa sublime abscissa.

3.7 A Realidade da Editoração Espírita

No pressuposto de que:

a) as cerca de 100 (cem) EE precisam realizar um número razoável de lançamentos, a cada ano, fazendo ampla divulgação, para prosperarem as expectativas;

b) os cerca de 200 (duzentos) CLE, via de regra, ofertam aos associados 1 (um) livro, por mês;

c) os CLE obtêm os lançamentos quase que a preço de custo e os revendem aos associados com margem de lucro que viabilize sua manutenção e até mesmo proporcione recursos para obras assistenciais do CE;

d) algumas EE, lançam também livros espiritualistas, isto é, não necessariamente espíritas;

e) as EE editam, em média 2 (dois) livros espíritas/ano e praticamente todas fazem oferta da edição inicial deles aos CLE, no pressuposto de que os leitores associados farão sua divulgação, naquilo que se denomina "boca-a-boca", elogiando-os a conhecidos, daí resultando vendas de reedições para as livrarias e às distribuidoras em geral, agora a preço lucrativo.

Teremos que:

a) no Brasil, hoje, estão sendo lançados anualmente cerca de 200 títulos espíritas inéditos (100 EE x 2 livros/ano, cada);

b) os CLE têm à sua disposição, para escolha de repasse aos associados, cerca de 16 (dezesseis) títulos inéditos, a cada mês – 200 livros/ano ÷ 12 meses –; esse número de ofertas

pode ser menor, pois aqui não estamos fazendo afirmação, mas sim, apenas cálculos aproximados e conjeturas;

c) ainda em razão desses cálculos, já se pode deduzir que a tarefa das EE não é fácil, nos dois elementos da equação:

Conseqüências:

a) a principal consideração a ser feita sobre o quadro que acabamos de pintar é de ordem moral: queda da qualidade do livro espírita, a despeito de todo o cuidado dos editores e da sinceridade dos autores;

b) consta que a maioria das EE recebe uma grande quantidade de originais de livros ditos espíritas, muitos dos quais não resistem à menor análise doutrinária; e mais: quando aprovados doutrinariamente, pouquíssimos são os livros que resistem à análise gramatical, demandando ainda cuidadosa revisão ortográfica;

c) talvez não seja exagero de nossa parte conjeturar que a cada livro novo que surge nas hostes espíritas, outros três são reprovados;

d) como estão sendo lançados cerca de 200 (duzentos) títulos/ano, podemos inferir que mais ou menos 100 (cem) autores ou médiuns os produziram (imaginando-se que, um pelo outro, seja autor ou médium, cada um produza dois livros/ano);

e) afirmamos que vemos com muita alegria o surgimento de tantos escritores e médiuns, novatos uns, iniciantes outros; contudo, embora posicionados ao lado deles, somos daqueles que elegem a *qualidade*, em detrimento da *quantidade*.

Exemplos de *qualidade* com *quantidade* em médiuns produtivos são raros.

Ocorrem-nos dois:

- Chico Xavier: 419 livros psicografados (!!!)
- Divaldo Franco: 182 livros psicografados

(Os cálculos e as quantidades deste item [n° 3.7] são estimativos, e não, absolutos).

3.8 Administrando as Críticas...

> *"Se tua obra não é reconhecida, não sofras: vede o Sol, que toda manhã oferta graciosamente o maior espetáculo da Terra e no entanto metade da platéia está dormindo..."*[5]

A maior obra moral do planeta Terra foi realizada por Jesus! No entanto, ele foi contestado brutalmente pelos homens. Para nós, espíritas, Jesus é o modelo a ser seguido (questão n° 625 de *O Livro dos Espíritos*). Não deverão o médium psicógrafo ou autor melindrarem-se diante das críticas ferinas a seus livros, editados ou não. Nenhuma agressão merece revide.

Mas, também, foi Jesus que, *ad infinitum*, alertou aos críticos para só atirarem a primeira pedra se...

Alguns comentaristas espíritas vêm assinalando "erros doutrinários" e "erros de português", ressaltando que alguns livros apresentam: "*linguagem muito pobre; palavras inadequadas; características de composição escolar; centenas de sentenças em que faltam as vírgulas*", etc. Além dessas, há outras críticas mais contundentes que classificam as obras como: "*Plágio*", "*dramalhão de folhetim*", etc.

[5] Desconhecemos o autor dessa belíssima frase. Penitenciamo-nos da falha, mas não de omiti-la. (O Autor)

Não estivéssemos no início do terceiro milênio diríamos que tal atitude teria o aval do famigerado *Index Librorum Prohibitorum*, instituído no séc. XVI pelos papas, ansiosos por aniquilar as doutrinas heterodoxas; continha a lista oficial dos livros cuja publicação, leitura e venda eram interditados aos católicos; foi suprimido por Paulo VI, em 1965.

3.8.1 Os Críticos Espíritas

Ser crítico literário espírita deve ser, seguramente, uma das mais difíceis opções de atividade intelectual, graciosa, pois no caso de um livro não agradá-lo, ele estará na tênue fronteira que separa a tolerância da condenação.

Jesus declarou que nosso falar fosse "sim, sim" e "não, não" (Mateus 5:37) e ficamos a imaginar como um crítico deve agir quando, a seu ver, encontra erros doutrinários e gramaticais num livro espírita...

É claro que não deve silenciar, já que optou por essa ingrata atividade.

— Mas, e aí? Como proceder?

— Simples: fazendo exatamente como gostaria que fizessem com ele, caso também participasse da escrita espírita (aliás, já participa: pela própria crítica que está fazendo).

O trabalho de um crítico de obras espíritas pode ser realizado em duas circunstâncias principais: *antes* do livro ser publicado, — o que entendemos como o melhor momento —, ou *depois* da sua publicação.

Antes: oferecendo-se às Editoras.

Depois: em se tratando de obra publicada, quer nos parecer que a conduta mais ética (para não dizermos caridosa) será contato direto com Editora e médium, ou autor.

Em ambos os casos, apontar falhas é favor que estará prestando, pois na eventualidade de reedição, serão sanadas. Tanto o editor, quanto o médium ou autor querem ver seu trabalho com o chamado "erro zero", isto é, sem falhas, nem gramaticais, nem doutrinárias. Disso não há duvidas!

Vários leitores apontaram falhas em algumas obras com nossa participação. Nós e o nosso editor, acatamos a todas! (E antes da publicação, de nossa parte fazemos, no mínimo, três revisões.)

Por essas e outras, o ideal é que a obra seja revisada por várias pessoas, sob diversos aspectos, *antes de ser publicada*. Aí se incluem: o próprio cuidado do autor ou do médium na redação da obra; o zelo da editora quanto às *revisões de conteúdo doutrinário*; a preocupação com a obediência às normas da Língua Portuguesa; e o trabalho minucioso relativo à normalização técnica e à forma de apresentação do livro em consonância com o público a que se destina.

Neste caso, é conveniente que a editora constitua um conselho, ou disponha de uma equipe, para fins de definição de uma política editorial e revisão das obras que pretenda publicar. É recomendável que a própria editora submeta o livro ao exame de pessoas que conheçam o assunto doutrinariamente, ou dependendo da natureza da obra, a especialistas com conhecimentos técnicos, caso tais pessoas já não sejam integrantes do referido conselho editorial.

Todavia, essa não parece ser, ainda, uma prática comum na realidade do mercado editorial de obras espíritas. Decorrência disso, é a publicação de livros que precisam ser melhorados em termos de conteúdo e de forma.

Nesse contexto de obras já publicadas e que reclamam melhorias ou correções entra, também, o trabalho dos críticos.

O primeiro papel de todo crítico é, evidentemente, o de *ler* a obra que será objeto de avaliação. E, em nossa opinião, mesmo que o livro apresente imperfeições ortográficas, gramaticais e semânticas, não deve ser condenado nem descartado, de imediato. Convém verificar:

— Qual a mensagem principal (auxílio espiritual) do livro?

— Há acertos doutrinários ou só foram encontrados senões?

— Nada que se aproveite, doutrinariamente?

E mais:

— Foi ouvida ou captada a reação de, ao menos, dois ou três jovens leitores, mormente não-espíritas?

— Tem-se idéia de quantos leitores passaram a se interessar pelo Espiritismo após tal leitura?

A crítica deve ser construtiva e realizada com moderação, observando-se os preceitos evangélicos apregoados pelo Espiritismo. Autores e editores precisam estar abertos para receber as críticas e aperfeiçoar o trabalho no que for pertinente.

Só para compreendermos, na Literatura, o quanto é oscilante o valor de uma crítica desfavorável, cruel por vezes, vejamos alguns exemplos de incríveis "massacres" que a Revista *Veja* (13 out. 99) estampou:

1) Crítica do filósofo e escritor francês Voltaire, sobre *Hamlet*, de Shakespeare:

> "*Um drama bárbaro e vulgar, que não seria tolerado pelo mais vil populacho na França ou na Itália. Pode-se imaginar que é a obra de um selvagem bêbado*".

Realidade: Shakespeare é o mais conhecido escritor da literatura ocidental. *Hamlet* é sua obra-prima.

2) Crítica de Emile Zola, romancista francês, sobre as *Flores do Mal*, coletânea do poeta Charles Baudelaire:

"*Dentro de 100 anos, as histórias da literatura francesa mencionarão esta obra apenas como uma curiosidade*".

Realidade: A poesia francesa continua a ter no livro de Baudelaire uma de suas referências básicas.

3) Crítica do editor francês Marc Humblot, ao rejeitar o primeiro volume de *Em Busca do Tempo Perdido*, de Marcel Proust:

"*Caro colega, talvez eu esteja morto do pescoço para cima, mas por mais que dê tratos à bola não consigo entender por que alguém precisa de trinta páginas para descrever como se revira na cama antes de dormir*".

Realidade: Proust consagrou-se como um dos pilares da literatura moderna.

4) Crítica da escritora inglesa Virgínia Woolf sobre *Ulisses*, do irlandês James Joyce:

"*Concluí a leitura do livro e considero que é um fracasso. O texto é difuso. É desagradável. É pretensioso. É inculto. Um escritor de primeira linha respeitaria mais a escrita e não lançaria mão de tantos artifícios*".

Realidade: Ulisses é um dos romances mais inovadores do século XX. Um clássico do modernismo.

5) Crítica do pensador e ensaísta brasileiro Sílvio Romero, sobre Machado de Assis:

"*Esse romântico em desmantelo, esse pequeno representante do pensamento retórico e velho no Brasil é hoje o mais pernicioso enganador, que vai pervertendo a mocidade. Essa sereia matreira*

deve ser abandonada... O autor de Brás Cubas, *bolorento pastel literário, assaz o conhecemos por suas obras, e ele está julgado*".

Realidade: Machado, que já era admirado na época, foi entronizado como o maior escritor brasileiro.

Há mais.

Contudo, continuar para quê?

Os exemplos citados bem já nos devem falar de como proceder ante críticas:

a) Em primeiríssimo lugar, ajuizarmos se o crítico tem razão, nem que seja *mínima razão;* não importa como se manifestou: a questão é definir se, de fato, ele tem razão...

b) Depois, o óbvio: procurarmos uma forma de corrigir o que estiver mesmo precisando de correção;

c) Se em nada concordarmos com a crítica, será útil apresentarmos a questão para uma terceira pessoa, competente o suficiente para opinar;

d) Em qualquer caso de crítica ofensiva, não devolvamos ao crítico um pensamento negativo; isso, com certeza, é difícil, mas nunca será demais recordarmos de Jesus quando recomendava-nos que "*orássemos pelos que nos perseguem e caluniam*".

Ante uma crítica intolerante, qual nosso sentimento?

Não é o de que estamos sendo perseguidos e caluniados? Então...

(Da resposta, poderemos extrair o próximo passo...).

Sem masoquismo. Com educação. Agradeçamos ao crítico o favor que ele nos fez, eis que em decorrência, "nossa" obra foi otimizada.

3.8.2 "Será Possível?"...

É.

Pois vejam:

O jornal *A Folha de S.Paulo* (21 abr. 99) noticiou que enviou a seis editoras do país, sem identificar, originais do romance *Casa Velha*, pouco conhecido, de *Machado de Assis* (Joaquim Maria, 1839-1908), um dos maiores nomes da literatura em língua portuguesa.

Resultado: três não responderam, três rejeitaram.

Com o "leite entornado", isto é, divulgada a armadilha, as justificativas se multiplicaram. Mas, convencer-se, quem háverá?

Ao recusarem Machado de Assis, eis os argumentos que os livreiros brasileiros haviam registrado:

Disse-lhe um:

"O parecer de uma comissão de leitura não lhe foi favorável".

Estimulou-o outro:

"Desejamos sorte nos seus futuros contatos".

Outro foi mais longe:

"Gostaríamos que você nos enviasse seu endereço".

A esse, Machado de Assis, se puder, responderá:

"Desde 1908, no Plano Espiritual..."

3.9 Direitos Autorais

Jesus ordenou aos Apóstolos:

"Convocou assim os seus doze discípulos e deu-lhes autoridade sobre espíritos impuros, para os expulsarem e para curarem toda sorte de moléstias e toda sorte de padecimentos".

A estes doze enviou Jesus, dando-lhes as seguintes ordens: *"(...) Curai doentes, ressuscitai mortos, tornai limpos os leprosos, expulsai demônios. (...) De graça recebestes, de graça dai". (Mateus, 10: 5 e 8)." (Grifo nosso.)*

3.9.1 O "Direito Autoral" e a Lei

1°) Pela Lei n° 5.988, de 14/12/1973, o direito autoral foi largamente explicitado, obtendo consagração legal, eis que, inclusive, encontrou guarida junto ao texto constitucional. Com efeito, reza o art. 5° da Constituição Federal de 1988, em seu inciso XXVII:

"Aos autores pertence o direito exclusivo de utilização, publicação ou reprodução de suas obras, transmissível aos herdeiros pelo tempo que a lei fixar".

2°) Em razão do crescimento do número de atores (teatro, televisão e cinema), grupos vocais (sertanejos, pagodeiros e outros), "bandas", "trios elétricos", artistas plásticos (óleo sobre tela, escultores e outros), a breve tempo a Lei 5.988 mostrou-se carente de atualização. Foi promulgada então, em seu lugar, a Lei n° 9.610, de 19/2/1998 (publicada no DOU de 20/2/1998), que a alterou, atualizou e consolidou a legislação sobre direitos autorais e deu outras providências.

Sumamente interessante e útil será a leitura e estudo detalhado dessa Lei, particularmente de dois dos seus títulos:

a) *Título III - Dos Direitos do Autor* e

b) *Título V - Dos Direitos Conexos.*

Nessa Lei, como na precedente, há silêncio pétreo quanto ao direito autoral da obra psicografada...

3.9.2 Certidão de Nascimento do Livro Espírita

Buscando a maior distância possível dos sofismas e dos eufemismos, com cautela e objetivo puro de contemplar a verdade, cuja realidade bate à porta dos médiuns psicógrafos ou escritores espíritas, julgamos que nos é permitido refletir que:

a) O livro espírita, antes de ser editado, demandou tempo na sua feitura, em ambiente próprio; sugerimos o Centro Espírita (CE), para a psicografia.

b) No caso de autor espiritual, o médium utilizou as dependências do CE, certamente com dispêndios de manutenção predial.

c) No caso de autor encarnado, a elaboração do livro é mais demorada, ocupando-lhe multiplicadas horas, por vezes em períodos que poderia estar exercendo alguma atividade profissional remunerada.

d) Para dirigir-se à Editora (ou às Editoras...) visando a edição do livro pronto, o médium e o autor, necessariamente, têm gastos, com telefonemas e com os Correios.

e) Considerando que as Editoras preferem receber o livro em disquete, deduz-se que, para tanto, o médium ou escritor utilizaram equipamento de informática.

f) O computador e seus periféricos, sabe-se, custam caro para aquisição, bem como são de manutenção técnica custosa; igualmente há despesas com os periféricos (fita ou cartucho para impressora, papel, disquete).

g) O custeio resultante da edição e distribuição do livro exigem despesas iniciais a serem pagas, imaginem por quem?...

h) Voltando ao CE: ao que sabemos, não existe (graças a Deus!) nenhum que não exerça a assistência a necessitados; aqui, sem eufemismos também, o "simples" exercício mediúnico, ressaltando-se a desobsessão, já constitui caridade inestimável; a propósito, assevera-nos o Espírito André Luiz, na lição n° 64 de *Desobsessão*, psicografado por Francisco Cândido Xavier e edição da FEB:

"(...) *nenhum pesquisador encarnado na Terra está em condições de avaliar os benefícios resultantes da desobsessão quando está sendo corretamente praticada*".

3.9.3 Dinheiro

— Hum...

— Será que convém mexer em caixa de marimbondos? Vamos lá: seja o que Deus quiser!

Brincadeira ou não, à boca pequena se diz que a parte do corpo que mais dói é o bolso: mexeu ali, surge a dor.

Muita gente considera o dinheiro "a coisa mais imunda do mundo". Espíritas, então, muitos deles condenam veementemente quase tudo relativo a ele, taxando-o de "coisa completamente fora da ética espírita".

Não é essa nossa opinião. Concordamos com Chico Xavier quando afirma que "o dinheiro é como o sangue: em movimento, produz vida; parado, traz trombose" (*Lições de Sabedoria*. São Paulo: Ed. FE, 1996, p. 249).

Tratando-se de dinheiro na mão do médium psicógrafo ou do autor encarnado, resultante de livro espírita que tenha tido sua participação (os chamados "direitos autorais"), antes de mais nada, antes de qualquer reflexão, decretam muitos: *culpados!*

Louvam-se tais *juízes* no texto acima ("*De graça recebestes...*").

Feitas estas considerações, estaremos comentando o que pensamos e o que sentimos sobre esse complicado assunto — livro espírita e direitos autorais.

Só que vamos, não aos marimbondos (ferroadas condenatórias), mas às abelhas (mel da caridade...).

Se alguém discordar, por favor aprecie ao menos nossa sinceridade.

São tantos os ângulos envolvidos na questão, que não é possível abordá-los todos, um a um, senão alguns apenas. Para formar um criterioso juízo de valor, muitos outros quesitos teriam de ser focalizados, além do mérito incontestável, eterno e sublime, do já citado ensino de Jesus sobre a gratuidade recíproca, na recepção e na doação dos bens espirituais.

Entendemos que a lição do Mestre, em se tratando de ajudar ao próximo, tanto na área espiritual, quanto na material, tem aplicação eterna, seja por meio da doação pelo exercício da mediunidade, seja pela doação inclusive de bens materiais.

De fato: consideramos lamentável a atitude alguém ministrar um passe e cobrar; alguém fazer uma palestra doutrinária e cobrar; alguém participar de uma reunião mediúnica e cobrar; alguém dar alimento, agasalho ou remédio e exigir favores em troca.

Contudo, relativamente ao livro espírita, pode e deve ele ser enquadrado nessa ou naquela latitude?

É o que pretendemos responder.

3.9.4 Indenização de Gastos

Abstração feita a quaisquer outras conotações, somos de parecer que ao médium e ao autor encarnado, assiste pleno direito de serem indenizados dos gastos efetuados na elaboração das respectivas obras espíritas, se para tanto não tiverem suporte financeiro.

Porém, se o médium tem vida financeira que dispensa tal indenização, sob a ótica cristã não lhe será prudente captá-la, vez que não lhe faz falta. Nesse caso, sim, prevalece o ensino

de Jesus quanto à gratuidade do exercício mediúnico (psicografia) ou da jamais negada e sempre presente assistência do Plano Maior às obras de lavra própria (inspiração ao autor encarnado).

Reduzindo os termos do nosso parecer:

1. Quando o médium ou o autor encarnado não podem arcar com as despesas da elaboração dos livros, consideramos de justiça que a Editora os indenizem desses gastos.

2. Quanto ao complemento dos "direitos autorais" (pois uma vez feita a indenização das despesas de elaboração, com certeza há sobra legal de valor), sua destinação caridosa deverá ser de livre escolha do médium ou autor encarnado.

3. Antes de mais nada, será conveniente ao médium ou autor encarnado contemplar o CE que freqüenta com parte do direito autoral, uma vez que ali é acolhido no seu labor (se for o caso), disso gerando despesas, mesmo que pequenas; o restante, destinar a Entidades necessitadas. Neste sentido, temos observado que os Espíritos amigos que acompanham o médium e o autor espírita, respeitando-lhes o livre-arbítrio, mediante solicitação destes por meio de preces, os intuem quanto à melhor destinação caridosa de eventuais repasses financeiros advindos de direitos autorais do livro espírita com sua participação.

4. A Editora deverá entrar em acordo legal com o médium ou autor encarnado e saber dele a qual entidade assistencial será destinada a verba correspondente aos "direitos autorais" que ela, Editora, deve-lhes por Lei (Lei 9.610, de 19/2/1998).

5. Essa doação deverá estar expressa logo nas primeiras páginas do livro, o que caracteriza conhecimento da Entidade beneficiada e a seriedade (e sinceridade) das partes. Em anexo a este opúsculo, estamos apresentando, como simples sugestão, um modelo de contrato legal de "Cessão de Direitos Autorais".

6. No caso de a Editora pertencer a um CE, ou se é a própria responsável por assistência social a alguma Entidade juridicamente instalada, aí pode ser acordado que os "direitos autorais" se destinem a esse fim.

7. No caso de empregar os "direitos autorais" em atividade assistencial própria, será de bom-tom que a Editora oferte a indenização devida ao médium ou autor encarnado das despesas que eles fizeram para elaborar o livro, isso porque além da sua devoção, não seria justo que eles se sobrecarregassem de gastos para os quais não têm suporte.

3.9.5 Livro Editado...

Pois bem: considerando todos os passos narrados anteriormente, muitos deles, voltamos a repetir, passíveis de outros desdobramentos correlatos, podemos avançar um pouco.

Imaginemos que o livro foi analisado, aprovado e editado. Com ou sem a digitação do texto pelo médium ou autor encarnado.

Com certeza, muitos meses se passaram desde que foi escrita a primeira palavra.

Nesse patamar, tanto o médium ou autor encarnado, quanto a Editora, querem ver a obra divulgada, o máximo possível. Partimos do pressuposto que ambos os segmentos desse processo têm consciência de que o mais importante é a divulgação do Espiritismo. Da parte da Editora, contudo, o êxito da vendagem é, também, uma questão de sobrevivência comercial.

Ao vender os livros que editou, uma editora tem todo o direito de, ao final, apurar ganho, até porque, não é incomum que uma ou outra obra, dentro do universo editado, não produza o retorno financeiro nela despendido.

Em outras palavras: nem todos os livros são lucrativos, podendo até ocorrer eventuais prejuízos (grande quantidade de exemplares ficar empilhada nas prateleiras da Editora...).

É provável, mas essa seria outra história, à qual não estamos aptos a contar, menos ainda afirmar — o que seria leviandade — que talvez haja Editora que só imprima a quantidade de exemplares constantes dos pedidos, justamente visando não arcar com estoque sem perspectiva de vendas. Contudo, mesmo nesse hipotético caso, numa primeira edição, para qualquer número de exemplares, têm de ser feitas despesas (revisões, digitação, diagramação, fotolitos, capa, papel, etc.) que não existirão nas reimpressões.

De qualquer forma, a realidade é que o lucro obtido com um livro, eventualmente poderá vir a cobrir aquele outro cuja venda não tenha prosperado na medida da expectativa ou do gasto com a sua edição.

Se a Editora for departamento de um Centro Espírita, poderá vir a ser a pilastra mestra da sustentação das despesas gerais, incluindo-se a assistência às famílias pobres.

Espírita ou não — pois se nos referimos a todas as editoras, estamos com olhos na atualidade, em que livros espíritas já começam a ser editados por editoras que não são espíritas. Ainda assim a Editora terá sempre emprego para o lucro, seja atualizando seu equipamento, para melhorar a qualidade das próximas obras, seja fazendo ampliações das instalações físicas, seja dilatando sua área de atuação, com a benéfica resultante social de contratar mais funcionários.

Em última análise, tal emprego do lucro caracteriza o salutar movimento financeiro denominado "capital de giro". Por tudo isso, o lucro da Editora deve ser visto como normal, jamais com outro entendimento, que seria distorção da realidade.

Agora, no caso da Editora espírita, em particular, deverá ela ter como mais importante objetivo a divulgação do Espiritismo! Fato que a Editora Aliança bem exemplifica.

♦

Não poderíamos concluir este capítulo sem remeter os interessados na matéria à leitura do livro *Direito Autoral na Obra Psicografada*, de autoria do confrade Dr. Eliseu F. da Mota Júnior, resultado de sua dissertação de Mestrado, em Curso de Pós-Graduação da Unesp.

A edição é da Editora A Nova Era, Franca, 1999.

A obra é de fôlego!

Nela, Eliseu tem oportunidade de descortinar todo um vasto panorama que até então esteve oculto das vistas legais, como se houvesse brumas jurídicas sobre a mediunidade. O autor, qual atento observador, dirigiu seu sextante e situou no universo do Direito a latitude legal dessa belíssima nuança do Espiritismo (a obra psicografada), determinando-lhe a longitude: o respectivo direito autoral.

Com efeito, podemos dizer que as apropriadas considerações expostas neste livro criaram um *fato novo* no Direito, eis que ao seu empós, nada objetará ao juiz usá-las como embasamento para decisões em eventuais processos tramitando pelo *direito autoral na obra psicografada*.

CONCLUSÃO

4

MÉDIUNS "Modelo"
Francisco Cândido Xavier, Yvonne do Amaral Pereira, Divaldo Pereira Franco

Ao encerrarmos esta obra, estaríamos falseando a verdade se calássemos os sentimentos, a gratidão e as muitas emoções que trazemos na alma, desde quando conhecemos algo da intimidade da missão dos médiuns: Chico, Yvonne e Divaldo.

Visitados por toda sorte de dificuldades, a todas superaram, com Jesus!

Injustos estaremos sendo com os muitos outros médiuns missionários, mas o espaço (que já se alongou demais) não nos permitiria abrigá-los aqui e igualmente situá-los, por merecimento, numa hipotética galeria dos seareiros do livro espírita.

Sobre esses três abençoados tarefeiros do Espiritismo, tantas são as obras que os biografam, que nos dispensamos de fazê-lo, reservando apenas fracos comentários sobre seu vitorioso exercício mediúnico, altamente catalisador para nós outros, andarilhos de trôpegos passos iniciais na estrada luminosa do Livro Espírita.

Tarefa difícil comentar-lhes as mediunidades: têm-nas, praticamente todas!

Fiquemos com a psicografia.

4.1 Chico Xavier

Pela obra *Testemunhos de Chico Xavier* (De Suely Caldas Schubert. Rio de Janeiro: FEB, 1986), ficamos sabendo tantas coisas "de bastidores" (testemunhos ocultos) sobre a psicografia dele, que somente leitura e releitura poderão melhor dimensioná-la:

• De 1927 a 1931 Chico escreveu poesias, sem saber que eram psicografadas, ou melhor, era uma fase de hesitação, conforme diria mais tarde. Era apenas treino psicográfico. À sua revelia, o irmão José C. Xavier e outros amigos remeteram-nas para publicação no jornal espírita *Aurora*, do Rio de Janeiro, sob autoria de "F. Xavier", sendo editadas num livro. Por isso, quando terminada a fase de treinamento,Chico passou a colocar o nome dos autores, foi injustamente considerado por algumas pessoas como pastichador (imitador grosseiro).

• Seu primeiro livro, de impacto nacional, *Parnaso de Além Túmulo*, publicado pela FEB em 1932, teve sucessivas revisões, alterando-lhe substancialmente o conteúdo; só a partir da sexta edição é que se tornou definitivo.

• Houve um profícuo intercâmbio de cartas (de 1943 a 1964) entre Chico e Antônio Wantuil de Freitas, que nesse período foi presidente da FEB; nas cartas, seguiam os originais das psicografias do Chico, para Wantuil analisar, corrigir, selecionar e, em alguns casos, até modificar, excluindo ou acrescentando algo; nessas ocasiões, era comum o Chico consultar o autor espiritual, para decisão, sendo certo que depositava integral confiança na consagrada competência de Wantuil para a revisão geral.

• No início dessa correspondência, Wantuil enviou um livro para o Chico, sobre pontuação; em agradecimento, Chico

manifestou: "*o livro sobre pontuação que me enviaste, certamente chegará no correio amanhã. (...) Achei admirável a regra-síntese que me deste — "não separar o sujeito do verbo e do objeto direto*".

- Todos os livros psicografados pelo Chico tiveram os direitos autorais doados por ele a várias Entidades assistenciais, e não somente à FEB.
- O exercício mediúnico trouxe para o Chico todo tipo de dissabores; até bofetões ele recebeu...
- Em determinada obra o Espírito Emmanuel fez intermediação entre o autor, de elevada condição espiritual (Veneranda, de *Nosso Lar*) e o médium (ele, Chico).
- As obras que psicografou de André Luiz, quanto à vida na Espiritualidade, com detalhes inéditos, tiveram supervisão direta de Emmanuel e do dr. Bezerra de Menezes.

Há muito mais. Só lendo o livro *Testemunhos*...

Em 2002, Chico retornou ao andar bem acima...

4.2 Yvonne do Amaral Pereira

No seu livro *Recordações da Mediunidade*, editado pela FEB, Yvonne confidencia suas enfermidades e sua "via crucis" no exercício mediúnico. É obra comovente!

Sua vida foi, por inteiro, um hino de louvor a Jesus, demonstrando-nos como a força de vontade pode e deve prevalecer em nossa mente para que, pela auto-reforma preconizada pelos bons Espíritos, depuremo-nos de tantas e tantas seqüelas trazidas dos muitos ontens.

São poucos os exemplos de criaturas que têm a humildade de confessar seus clamorosos erros do passado e numa epopéia sublime de regeneração, demonstrar como corrigi-los, tal como fez Yvonne, sem jamais abandonar a fé na Justiça Divina, desde que em sua alma adentrou esse entendimento.

Yvonne escreveu 2 (duas) obras espíritas e psicografou 12 (doze), dentre elas o monumental "*Memórias de Um Suicida*", sublime bênção que fluiu do Plano Maior para a Terra!

Pelo livro *O Vôo de Uma Alma* (De Augusto Marques de Freitas. Rio de Janeiro: Edições Celd, 1999) passamos a conhecer particularidades da vida dessa notável médium, que só enobrecem-lhe o "mandato mediúnico".

O autor foi feliz em sua obra. Tendo convivido com Yvonne, seus registros são de inquestionável fidelidade. Ali, percebemos que ao desencarnar, essa alma peregrina alçou vôo rumo às esferas mais felizes, mas permanece com o olhar voltado para baixo, contemplando-nos e incentivando-nos ao bem.

Como resistir à emoção profunda?

4.3 Divaldo Pereira Franco

Para falar de Divaldo nosso coração pede a palavra e só nos resta reproduzir, com pálidas cores, os ecos de admiração, profundo respeito e sincero carinho pelo desempenho missionário que ele, Divaldo, vem exemplificando há mais de meio século, seja como médium de incomparável oratória doutrinária, quanto na psicografia.

Já tendo psicografado mais de 180 (cento e oitenta) livros, com tiragens por volta dos cinco milhões de exemplares, muitas dessas obras foram vertidas para outros idiomas: albanês, alemão, castelhano, dinamarquês, esperanto, francês, húngaro, inglês, italiano, polonês, sueco, checo, turco e braille.

É de sua criação a Leal (Livraria e Editora Alvorada).

O médium reverteu todos os direitos autorais para a "Mansão do Caminho", que fundou em 1952, num bairro periférico, carente, de Salvador/BA.

Para termos uma idéia da grandiosidade da Mansão do Caminho, eis alguns detalhes:

- ocupa 83.000 m², tem 43 edificações, sendo que 20 são casas-lares, acolhendo órfãos em regime familiar;
- além das casas-lares, possui escolas, oficinas e cursos profissionalizantes (sapataria, marcenaria, gráfica, padaria, artesanato, tapeçaria, datilografia, mecânica e auxiliar de enfermagem);
- o posto médico-odontológico atende cerca de 30 mil pacientes/ano;
- 3.000 crianças e jovens carentes são atendidos no complexo educacional;
- são atendidas gestantes (850 enxovais/ano);
- creche (150 bebês), jardim de infância (350 crianças), três escolas de 1° grau (1.400 jovens), escola de meninos de rua (75 crianças); 3 bibliotecas, um laboratório de análises clínicas, etc.

Fundou o Centro Espírita Caminho da Redenção, em pleno funcionamento, atendendo milhares de aflitos, encarnados e desencarnados.

Miguel de Jesus Sardano, amigo e companheiro inseparável de Divaldo, registra no livro *Nas Pegadas do Nazareno*, de sua autoria:

"*O trabalho (do Divaldo) tem sido a tônica marcante de sua vida, não conhecendo ele 'a hora vazia'. Concentrou todo o poder de sua capacidade de trabalho na fé do ideal espírita, que abraça desde adolescente. Sua paixão pelo Mestre Galileu, tem sido responsável pelo resultado positivo de sua tarefa apostolar*".

Decididamente, Chico, Yvonne e Divaldo são exemplos!

ANEXOS

Contrato de Cessão de Direitos Autorais Para Edição de Livros
(modelo)

(*Nome do médium ou autor*............................), brasileiro, casado, identificado sob o n° RG ..../SSP-UF, CPF/MF n°................, residente à Rua ...., n°.............., na cidade de ....Estado de ...., de ora em diante denominado AUTOR; de outra parte, (*Nome da Editora*.............), com sede à Rua......................., n°......., na cidade de ...., Estado de ...., aqui representada por seu proprietário, o Sr. ...., brasileiro, casado, profissão, identificado sob o n° RG......................../ SSP-UF, CPF/MF n°......................., residente à Rua ...., n°.............., na cidade de ....Estado de ...., de ora em diante denominada EDITORA; e, ainda, de outra parte (*Nome da entidade assistencial à qual foram doados os direitos autorais*.....), CGC..........................., estabelecida à Rua ...., n°............, no bairro de ...., na cidade de ...., Estado de ....CEP ...., representada por seu presidente (Nome do presidente...............), brasileiro, casado, identificado sob o n° RG ..../SSP-UF, CPF/MF n° ...., daqui por diante denominada CESSIONÁRIA, entre si têm acordado e contratada a cessão de direitos autorais de edição de livro, cujas cláusulas são as seguintes:

Já por esta abertura do Contrato observa-se que existem três personalidades envolvidas: AUTOR, EDITORA, CESSIONÁRIA;

É o óbvio, mas vamos frisar: só haverá CESSIONÁRIA se o AUTOR decidir passar para ela os direitos autorais; ou então, a própria Editora mantém entidade assistencial, fato que no caso deverá ser especificamente declarado, de preferência citando-se o nome da beneficiária.

Essa personalidade contratual tríplice tem a vantagem de dispensar o AUTOR de incluir o montante do direito autoral na sua "Declaração anual de Imposto de Renda", da qual ele se isenta; nesse caso, a CESSIONÁRIA é que fica com essa responsabilidade legal.

CLÁUSULA 1ª

1.1 - O AUTOR é titular da obra que liga seu nome, denominada (Nome do livro..................), daqui por diante denominada OBRA, sobre a qual exerce direito de autor, capacitando-o a autorizar a respectiva edição.

1.2 - A OBRA foi ditada pelo Espírito (Nome do Autor Espiritual..................), tendo sido psicografada pelo AUTOR, no exercício de mediunidade.

CLÁUSULA 2ª

2.1 - O AUTOR concede à EDITORA o direito de edição da publicação da OBRA, na língua portuguesa.

A concessão para edição em outros idiomas, dependerá de decisão do médium ou autor.

2.2 - A EDITORA fixará a tiragem de cada edição contratada com o AUTOR, realizando a promoção, venda e distribuição da OBRA.

CLÁUSULA 3ª

O AUTOR obriga-se a:

3.1 - Responder pela autenticidade da OBRA, bem como por sua boa origem.

3.2 - Não vender nenhum dos exemplares que receber da EDITORA, por brinde.

3.3 - Participar do lançamento da OBRA, em Centros Espíritas ou em livrarias, bem como comparecer a seminários e conceder entrevistas à mídia, tudo dentro de suas possibilidades e mediante entendimento com a EDITORA.

Aqui é preciso muito cuidado ao aceitar o comparecimento nos eventos citados: dependendo do sucesso do livro, os convites chegam ao AUTOR, vindos de várias partes, o que pode onerá-lo; nesse caso, será necessário definir quem indenizará os gastos com viagens, hospedagem, alimentação, etc., (se o próprio AUTOR, a EDITORA ou quem convidar).

CLÁUSULA 4ª

4.1 - Ilustrações, desenhos, fotografias, gráficos, etc. — se houver —, serão objeto de entendimento entre o AUTOR e a EDITORA.
4.2 - A presente CESSÃO DE DIREITOS AUTORAIS refere-se à publicação de 1 (uma) edição da OBRA e no idioma português.
4.3 - Reedições da OBRA, bem como edições em línguas estrangeiras, e ainda exploração dela para fins de teatralização, cinematografia, televisão, etc., deverão ser objeto de novo contrato entre as partes.

Os dispositivos dessa cláusula resguardam o futuro, pois pode acontecer que a OBRA venha a obter estrondoso sucesso e nesse caso tais eventos são prováveis.

Reconhecemos que não será fácil ao médium ou autor impor tais condições, pois o que geralmente ocorre é que a EDITORA exija cessão integral de exploração comercial da OBRA e dos respectivos direitos autorais, não os discriminando...

É desejável que haja um item prevendo isso, de forma a resguardar direitos de ambos.

CLÁUSULA 5ª

A EDITORA obriga-se á:

5.1 - Remunerar a CESSIONÁRIA na base de ..... % — (escrever por extenso qual a porcentagem) sobre o preço de capa de cada exemplar da OBRA efetivamente vendido, sendo efetuados os descontos previstos em Lei;

O citado pagamento está sujeito a várias nuanças:

1ª - Não havendo CESSIONÁRIA: nesse caso será citado o AUTOR;

2ª - A Editora não indenizará em dinheiro ao AUTOR ou à CESSIONÁRIA e sim integralizará o montante devido, em quantidade de exemplares e ao preço de capa, de comum acordo com o AUTOR e aceito pela CESSIONÁRIA; nesse caso, tal deverá constar desta cláusula;

3ª - Se a Editora espírita fizer venda aos Clubes do Livro Espírita por preço reduzido e disso não consignar "direito autoral", tal deverá ser enunciado no contrato.

5.2 - Informar à CESSIONÁRIA .... (mensalmente, bimestralmente, trimestralmente ou em outro período) as vendas efetuadas;

5.3 - Fixar e informar ao AUTOR e à CESSIONÁRIA o preço de capa, pelo qual o livro será vendido normalmente aos consumidores;

No caso do LIVRO ESPÍRITA é comum que a primeira edição tenha vários preços, reduzidos para os CLE (Clubes do Livro Espírita). Distribuidoras e/ou livrarias, e outro, para outros eventuais consumidores.

No caso das vendas para os CLE, considerando que o livro é vendido quase que, ou mesmo a preço de custo, via de regra, não são atribuídos direitos autorais.

5.5 - Se alguma venda for cancelada, por devolução ou por outra razão, o respectivo valor será abatido do cálculo de direitos autorais;

5.6 - Permitir à CESSIONÁRIA, a qualquer instante, o exame da documentação fiscal referente à OBRA.

5.7 - Informar à CESSIONÁRIA, quando solicitado, a quantidade de cada edição, das vendas efetuadas, das doações, bem como dos exemplares em estoque.

5.8 - Pagar ....: (mensalmente, bimestralmente, trimestralmente, ou em outros prazos) à CESSIONÁRIA a quantia prevista no item 5.1.

5.9 - Informar ao AUTOR os créditos feitos à CESSIONÁRIA.

Essa informação, baseada tão-somente na ética, tem um duplo efeito: permite que o AUTOR mantenha-se informado quanto ao cumprimento do CONTRATO, por parte da EDITORA, bem como da boa aplicação de sua doação, por parte da CESSIONÁRIA.

5.10 - Fornecer gratuitamente ao AUTOR .... (quantidade de exemplares), a cada edição, para divulgação; nos referidos exemplares não deverá constar menção a essa gratuidade.

Por esse dispositivo, não haverá o carimbo "CORTESIA DO EDITOR" (ou outros dizeres com o mesmo sentido) nos exemplares doados pela EDITORA ao AUTOR; tal providência possibilita que o AUTOR ceda aos Centros Espíritas que quiser os exemplares que puder, que serão vendidos por esses CE, revertendo às respectivas obras sociais a quantia apurada; e também, quando der exemplar para alguém, o presente estará sendo dele e não da Editora.

CLÁUSULA 6ª

Este CONTRATO terá validade de 3 (três) anos; decorrido esse prazo, AUTOR e EDITORA poderão prorrogá-lo ou renovar suas bases contratuais.

CLÁUSULA 7ª

Desde já ficam obrigados AUTOR, EDITORA e CESSIONÁRIA, por si, herdeiros e sucessores, a respeitar integralmente as condições e demais bases contratuais estipuladas neste contrato.

CLÁUSULA 8ª

8.1 - Os casos omissos serão dirimidos pelas leis em vigor no

que lhes forem aplicáveis, elegendo as partes o FORO da Comarca de .... (citar o nome da cidade) para qualquer ação derivada do presente contrato, com exclusão de outro, por privilegiado que seja.

8.2 - E por estarem de acordo com as condições expressas neste documento, firmam-no em 3 (três) vias de igual teor — destinando uma a cada parte — , na presença de 2 (duas) testemunhas, que também assinam o presente, para fins de direito.

Quando não houver CESSIONÁRIA, o Contrato poderá ter apenas duas vias.

(nome da cidade e data)

_______________	_______________	_______________
AUTOR	EDITORA	CESSIONÁRIA

_______________________	_______________________
Testemunha	Testemunha
Nome:	Nome:
RG:	RG:
Endereço:	Endereço:

Referências Bibliográficas

CAMPETTI SOBRINHO, Geraldo. Editoração espírita no Brasil: alguns subsídios. *Reformador*. Rio de Janeiro: FEB, v. 117, n. 2.041, p. 12-14, jan. 1998.

_____. Literatura espírita: uma breve reflexão. *Reformador*, Rio de Janeiro: FEB, v. 116, n. 2.026, p. 106-108, abr. 1999.

_____. Não esqueça as fontes. *Reformador*, Rio de Janeiro: FEB, v. 116, n. 2.036, p. 340-341, nov. 1998.

FRANZOLIM, Ivan René. *Como escrever melhor e obter bons resultados*. 2. ed. São Paulo: USE, 1996.

MARTINS FILHO, Eduardo Lopes. *Manual de redação e estilo*: O Estado de S. Paulo. 3. ed. São Paulo: Moderna, 1997.

MANUAL de estilo: Editora Abril. Rio de Janeiro: Nova Fronteira, 1990.

MOISÉS, Massaud. *A criação literária*. 3. ed. São Paulo: Melhoramentos, 1969.

MORENO, Cláudio; GUEDES, P. Coimbra. *Curso básico de redação*. 11. ed. São Paulo: Ática, 1996.

MOTA JÚNIOR, Eliseu Florentino. *Direito autoral na obra psicografada*. Franca: A Nova Era, 1999.